근대 용어의
탄생

America	law / justice / equity
business	machine / engine
capitalism	president
competition	progress
constitution	project
consumption	reasonable
currency	reform / reformation
democracy	review
empire	revolution
enlightenment	transportation / traffic
freedom / liberty	university / college
industry	utopia

역사의 행간에서 찾은
근대문명의 키워드

윤혜준 지음

The Birth of
the Modern Key Words :

근대 용어의
탄생

Reading Between the Lines of
Historical Conjuncture

교유서가

차례

일러두기

✦ 이 책은 연세대학교 학술연구비 지원으로 이루어진 것이다.

✦ 이 책의 내용 중 일부는 네이버 프리미엄콘텐츠 「근대문명의 키워드: 태동과
진화」로 발행된 바 있다.

머리말

이 책은 '근대문명의 키워드'인 말의 역사를 다룬다. 여기서 말하는 근대문명의 키워드는 전문학자들에게 중요한 용어가 아니라 '문명'을 구성하고 살아가는 모든 일반인이 자주 쓰는 말, 일상생활에서 중요한 역할을 하는 말이라는 의미로 사용한 표현이다. '키워드'는 영어 원어 그대로 '열쇠가 되는 말'을 뜻한다. 이 책에서 소개할 말들은 '근대문명'의 내력과 내면을 살펴보고 탐색할 수 있게 해주는 '열쇠'들이다. 이러한 면에서 검색어로서 '키워드'의 뜻도 포함하고 있다.

　'근대', '문명', '역사'. 모두 무거운 말이다. 먼저 제목과 부제에 올라간 이 말들부터 설명하는 것이 순서일 터다.

　'근대'는 학자들이 때로는 '근대성'이라 부르는 대상, 즉 근대적 의식, 담론, 사상 등과 부분적으로 일치한다. 그러나 그것만을 염두에 둔 것은 아니다. 이 책에서 '근대'는 '담론'이기도 하지만 시대와 공간이기도 하다. '시대'는 영국을 기준으로 영국이 근대로 이행할 준비 단계인 17세기부터 '해가 지지 않는' 제국주의 전성시대인 19세기까지가 중심축이다. 무게중심은 18세기에 있다. '공간'은 영국이다. 우리가 '근대문명'이라고 할 때 떠올리는 중요한 요소인 의회정치, 시장경제, 자유출판시장, 제국주의 등이 모두 18세기 영국에서 발원했기 때문이다. 그러나 근대 영국 외에도 다른 시대와 다른 나라, 영어 외에도 다른 언어가 필요할 경우에는 기꺼이 함께 다루었다.

'문화'나 '사회' 같은 말을 선호하는 요즘 분위기에 비추어볼 때 '문명'은 다소 촌스럽게 들릴 수 있다. 그러나 이 책에서 다루는 '키워드'들은 경제와 정치 영역에서 활발히 사용되었다. 좁은 의미의 '문화'나 '사회'에 해당되는 말도 있으나 이 '키워드'들의 화려한 현실 참여를 반영하기 위해 '문명'이라는 포괄적인 말을 택했다.

'역사'에 대해서는 말이 좀 많아질 듯하다. 동양에서 '역사' 또는 '사史'라고 할 때, 특히 대한민국에서 늘 따라다니는 말이 하나 있다. '사관史觀.' 특정 학파가 구축한 '사관'에 근거하여 사실을 기술해야 마땅하고, 그러한 '사관'에 어긋난다고 판정된 역사 기술은 '역사 왜곡'으로 단죄하기를 즐기는 풍토가 깊이 뿌리박혀 있다. '역사'란 원래 그러한 것일까?

서구 전통에서 '역사'를 만들어낸 원조는 기원전 5세기에 활동한 헤로도토스Herodotos다. '역사'를 뜻하는 말 'historia'(라틴어), 'history'(영어), 'histoire'(프랑스어), 'storia'(이탈리아어, 에스파냐어)는 그의 저서 제목 'Historiai'에서 기원했다. 고대 그리스어

'historiai'는 동사 'historeo'에서 비롯되었다. 이 동사는 '탐구하다, 조사하다'를 뜻한다. 헤로도토스는 본인이 탐구, 탐사, 조사한 것들을 모아놓았다는 의미에서 자신의 저서 제목을 그와 같이 지었다.

　헤로도토스의 『역사』는 '역사'라고 하면 으레 떠올리는 연대기뿐 아니라 풍습과 지리, 전설 등을 모두 두툼한 책 속에 싣고 있다. 헤로도토스는 고대 그리스와 페르시아제국에서 샘솟는 풍성한 소재들을 '탐구하고 조사한' 리포트를 제공한다. 그는 뛰어난 이야기꾼이다. 이러한 연유로 프랑스어 'histoire'와 이탈리아어 'storia'는 '이야기, 서사'를 뜻하기도 한다. 영어에서는 이러한 기능을 'history'의 변형된 형태인 'story'에게 나누어주었으나 18세기까지도 영국에서 'historian(역사가)'에게 기대하는 능력 중 큰 몫을 차지하는 것은 스토리텔링 재주였다.

　이 책은 헤로도토스를 먼발치에서나마 따라가려 시도한다. 여러 분야의 다양한 주제에 걸쳐 있는 역사 이야기를 각 '키워드'에 따라 탐사하고 수집한 결과를 공유한다는 점에서 그렇다.

　물론 '역사'를 말하는 책이 재미있는 이야기만을 좇을 수는 없다. 흥미와 함께 '의의'도 중요하다. 이 책은 '근대문명'이라는 용어가 포괄적으로 뜻하는 체제, 제도, 문화, 가치, 정서 등이 한반도에 도입되어 유지되는 현실을 전제로 한다. '키워드'로 선정된 말들은 외래어는 물론이요, 한자어로 옮겨서 사용할 경우에도 사실상 모두 다른 나라에서 들어온 것이다. 말들의 번역 그 자체는 이 책의 관심사가 아니다. '근원지'에서 이 말들이 어떻게 생겨났고 흘러갔는지를 이야기할 따름이다. 우리말에서 외래어나 번역어의 모습으로 권세를 부리는 이 말들의 내력을 아는 것은 현재 우리의 삶을 살펴보는 데 도움이 될 수 있다.

그렇기에 차례를 가나다순이 아니라 알파벳순으로 배열했다. 이러한 배열은 특정 '사관'에 비추어볼 때 부적절한 것으로 비칠 수 있다. 게다가 이 책에 함축된 '사관'이 뚜렷한 목표를 향한 역사 '발전'을 지지하지 않는다는 비난도 할 법하다. 그러나 '근원지'의 실상을 직시하면 세기가 바뀌고, 기계화가 더 진전되고, '민주화'가 정착되어가는 과정에서, 쉽게 말해 '세상이 점점 더 좋아지는' 과정에서 우리의 주인공인 '키워드'들의 의미가 더 풍부해졌다고 하기는 어렵다. 오히려 이 말들의 '역사'를 살펴보면 근대 이전 시대에 말속에 담겨 있던 지혜와 가치가 손상되고 마모되다가 마침내 단순하고 경직된 의미에 제한되고 마는 추세가 전반적으로 발견된다.

그러나 이 책에서 저자의 '사관'이나 '역사철학'은 중요하지 않다. 특정 입장이나 이론에 대한 반박이나 지지를 표명하는 데는 지면을 할애하지 않았다. 저자는 1차 자료들을 인용하고 이 자료들을 증인으로 소환하는 변호인의 역할에 만족했다. 각 장의 분량은 길지 않다. '중개인'의 현학적 언변이나 다른 '중개인'(학자들)과의 대담을 최소화했고 1차 자료 위주로 구성했다. 모든 인용은 저자가 직접 번역했다. 성서의 경우는 주로 기존 번역을 제시했다.

번역은 정확성을 기하면서도 가급적 이해하기 쉽도록 노력했다. 인용하는 1차 자료들은 예외 없이 주석으로 출처를 밝혔다. 반면 역사적 사실이나 배경을 언급할 때는 일반적 지식을 넘어서는 전문적 사실들만 주석을 달아 출처를 명시했다.

키워드들로 구성된 차례나 책 뒤의 '참고문헌'을 훑어보는 독자는 이 책의 성격을 단 한 가지로 단정하기 어렵다고 생각할 수 있다. 독일에서 쓰는 용어로 '개념사Begriffsgeschichte'라고 할 수 있는 부분도 있으나 사상가들과 철학자들이 공들여 정립해놓은 '개념'이라고 할 수 없는 일상적인 말들도 많다. 영어권에서 주로 사용하는 용어로 '지성사intellectual history'라고 할 수 있는 요소가 많기는 하다. '긴 18세기' 영국의 주요 사상가들인 로크, 흄, 스미스 등이 자주 인용되는 편이다. 그러나 셰익스피어, 밀턴 등 영국문학사의 거장들도 등장하고 18세기 영국 출판계나 법원의 세미한 역사나 기독교 교회사, 서구대학의 역사 등도 포함된다.

이 책에 담긴 몇 가지 갈래의 관심사들은 '근대문명'이라는 주제와 연관된 것일뿐더러 방법론 차원에서도 함께 묶여 있다. 그것을 설명하기 위해 우리 시대의 이런저런 서구 학자들의 이름을 나열하지는 않을 것이다. 대신 18세기 초 이탈리아 나폴리왕국에서 활동한 잠바티스타 비코Giambattista Vico를 소환한다.

왜 비코인가? 비코는 날로 드세지는 자연과학의 위세로부터 인문학의 입지를 수호할 방향을 고민했다. 과학에 열광하고 그 힘을 맹신하는 사람들은 종교와 역사를 모두 무시하는 이성주의를 무기로 휘두른다. 여기에 맞서는 비코의 무기는 '역사'다. 인간은 역사적 존재다. 따라서 인간들이 남긴 흔적들을 탐구함으로써 인간에 대해 알 수 있다. 역사를 초월하는, 또는 역사로부터 독립해 있는 '인간의 속성natura umana'은 따로 존재하지 않는다. 따라서 인문학은 역사학이다.

비코는 자신의 대표 저서인 『새로운 학문$^{Scienza\ nuova}$』에서 다음과 같은 명제를 제시한다.

어떤 사안의 속성이란 그 본질상 특정 시간들 속에서 특정 방식으로 탄생된 그대로일 수밖에 없다. 그것은 그러한 조건 때문에 늘 그러한 모습이고, 그것과 다르게 탄생되지 않는다.

이 인용에서 '특정'으로 옮긴 말은 "certo"로 '확정'이라는 뜻도 함께 갖고 있다. 비코가 말하는 "새로운 학문"으로 재정비된 인문학은 역사를 건너뛴 채 특정 철학이나 신념에 의거하여 곧장 "진리$^{il\ vero}$"를 말하지 않는다. "새로운 학문"은 역사적 맥락을 확정할 수 있는 문자적 기록들의 "진실$^{il\ certo}$"을 탐구한다. 탐구의 명칭은 "문헌학^{filologia}"이다. 이 명칭은 '특정' 시대와 '특정' 공간에서 표현되고 기록된 된 바를 해당 맥락 속에서 이해하고자 하는 노력을 가리킨다. 탐구의 목표는 역사 속에 흐르는 하느님의 "섭리$^{provvedenza\ divina}$"를 깨닫는 데까지 이르는 것이다.[1]

이 책의 주인공인 '근대문명의 키워드'들은 바로 이와 같은 비코식 탐구의 이정표다. 각 이정표는 말들이 쓰이고 행동한 역사적 실상으로 독자를 이끈다. 비코가 말한 그대로 "특정 시간들 속에서 특정 방식으로 탄생된" 원문들과의 만남을 주선하는 것이 저자의 역할이다. 저자는 역사를 주관하는 그분의 섭리를 말할 자격까지 감히 주장하지 않는다. 다만 행간에서 그것을 읽어낼 여지는 남겨두었다.

두껍지 않은 책에 장황한 서문은 맞지 않는다. 이제 본문에서 독자들과 만나기 위해 이만 말을 줄이겠다.

1   Giambattista Vico, *La scienza nuova*, ed. Paolo Rossi(Milano: Rizzoli, 1959) 83-86, 99, 138.

A C

America

아메리카

'미국'이라는 말처럼 대한민국에서 다양한 반향을 불러일으키는 나라 이름도 아마 없을 것이다. 조선왕조 멸망 시기에는 미국 선교사들이 한국에 들어와 근대화를 도왔다. 미국은 일본제국을 무너뜨린 후 한반도에 진주했다. 얼마 후 발발한 한국전쟁에서 미국의 역할은 절대적이었다. 전쟁이 끝난 후 대한민국이 날로 변화하던 시대에도 미국의 영향력은 엄청났다. 한국전쟁 직후에 비해 나라의 위상이 현저히 높아진 현재의 대한민국도 국가안보의 상당 부분을 미국에 의존한다. 미국은 대한민국의 주요 무역 파트너다. 문화적으로도 미국의 입지는 견고하다. 미국 문화는 대한민국에 깊이 스며들어 있다. 학문도 마찬가지다. 대한민국 지식층은 주로 미국으로 유학하여 그곳에서 최종 학위를 받는다.

이와 같이 우리에게 너무나도 중요한 나라 미국의 공식 영어 명칭은 'United States of America'다. 이 이름이 '미국'으로 변환된 것은 청나라 시절 중국어 표기를 그대로 따른 결과다. '아름다울 미美' 자를 중국인들이 택한 것은 딱히 이 거대한 대륙국가가 세계에서 유독 아름다운 나라여서가 아니다. '아메리카'의 '메이' 소리를 이 글자가 내었기 때문이다. 우리말에는 그러한 음가가 전혀 없음에도 불구하고 우리는 오늘날까지 중국어의 '미' 자를 그대로 전수받아 사용하고 있다.

　　미국은 영국의 식민지였다. 영국인들이 17세기부터 본격적으로 북아메리카로 이주하여 1776년 독립을 선언하기 직전까지 '13개 식민지Thirteen Colonies'로 분화되어 있었다. 오늘날 뉴욕 지역은 네덜란드인들이 먼저 개척했고, 미시시피강 유역은 프랑스 식민지였으며, 18세기부터 19세기까지 많은 독일인이 미국으로 이주했다. 그러나 영국에서 건너온 이민자의 후손들이 미국을 주도했고 이들의 언어인 영어가 미국의 공식 언어가 되었다. 미국이 위치한 신대륙 쪽으로 처음 뱃길을 개척한 이는 에스파냐 국왕의 후원을 받은 이탈리아의 제노바 사람 크리스토퍼 콜럼버스Christopher Columbus였다. 그러나 그가 발견한 대륙은 그의 이름으로 불리지 않았다. '아메리카'라는 지명은 같은 이탈리아반도지만 당시에는 다른 국가였던 피렌체공화국 출신 아메리고 베스푸치Amerigo Vespucci의 이름에서 유래했다.

　　1492년 크리스토퍼 콜럼버스는 오늘날의 바하마, 쿠바, 아이티 섬들을 돈 후 1493년에 다시 에스파냐로 돌아갔다. 아메리고 베스푸치는 그로부터 4년 후인 1497년에 에스파냐 배를 타고 그쪽으로 항해했다고 주장하는 내용의 편지를 피렌체공화국의 정치 지도자 피에로 소데리니Piero Soderini에게 보냈다. 아메리고 베스푸치는 이 지역 원주민들이 "자연이 준 바에 만족"해하며 살고 "이들의 땅에서 값진 물건들이 나오지만 그것을 얻기 위해 노동하거나 귀하게 여기지 않는다"고 묘사했다.[1] 이 편지는 1505년 피렌체에서 출간된 후 이탈리아 및 전 유럽에 알려졌다. 독일의 지리학 연구자 마르틴 발트제뮐러Martin Waldseemüller는 아메리고 베스푸치의 여행 및 그의 여행기를 전적으로 사실로 받아들였다. 그리고 1507년에 출간한 12쪽짜리 세계 전도에 다소 홀쭉한 아메리카대륙을 그려넣었다. 이 출판물의 라틴어 제목을 그대로 옮기면 "프톨레마이오스의 전승과 아메리고 베스푸치와 다른 이들의 여행에 의거하여 지구 전체를 그리다"이다.[2] 이와 같이 마르틴 발트제뮐러의 세계 전도가 실린 출판물 제목에는 크리스토퍼 콜럼버스가 아니라 아메리고 베스푸치의 이름이 들어갔다. 그 이후로 유럽인들 사이에서는 대서양 서쪽 신대륙의 이름을 '아메리카'로 부르는 관행이 굳어지게 되었다.

콜럼버스건 베스푸치건 그들은 에스파냐 배를 타고 신대륙을 탐험했고 그들의 탐험은 에스파냐왕국을 위한 것이었다. 반면 오늘날 에스파냐어권 아메리카는 군이 '라틴아메리카'라는 말로 구분하고 '아메리카'는 에스파냐어권이 아닌 나머지 문화권에서는 영국

[1]   Amerigo Vespucci, "Account of His First Voyage, 1497," *Internet History Sourcebooks Project,* https://sourcebooks.fordham.edu/mod/1497vespucci-america.asp

[2]   Martin Waldseemüller, *Universalis Cosmographia.* https://www.loc.gov/collections/discovery-and-exploration/articles-and-essays/recognizing-and-naming-america

계가 장악한 북아메리카를 가리킨다. 영국인들이 최초로 '아메리카'에 개척한 식민지는 버지니아Virginia다. 1606년 영국 국왕 제임스 1세James I는 '특허장Charter'을 발부하여 "플리머스 회사"와 "버지니아 회사"가 "일반적으로 버지니아로 불리는 아메리카의 그 지역"을 소유하고 개발하는 것을 허용했다. 이 문서에서는 때로 "버지니아와 아메리카의 해안" 같은 표현을 쓰므로 버지니아를 마치 아메리카와 구분되는 별도의 지역으로 취급하기도 했다.³ 이 '특허장'의 목적은 새로운 영토의 이름을 '버지니아'로 확정하고 그곳에 영국 왕의 백성들을 이주시키는 것이었다. '버지니아'는 법적인 정체성을 부여받은 지명이었다. 반면 '아메리카'는 순전히 지리적인 명칭으로 새로운 식민지를 가리키는 주요 개념이 아니었다. 1620년 북아메리카 북쪽 해안에 정착한 영국인들의 식민지를 '뉴잉글랜드'로 확정하는 특허장도 이 점에서는 마찬가지였다. 제임스 1세는 "지금부터 그 지역의 공식 명칭은 아메리카에 있는 뉴잉글랜드New-England, in America"임을 선언했다.⁴ 여기서 '아메리카'라는 명사는 또다른 명사인 '뉴잉글랜드'가 위치한 지역을 가리키는 보조적 역할만 한다.

18세기 중반까지도 영국인들이 북아메리카 식민지들을 말할 때는 '버지니아'나 '뉴잉글랜드' 등의 지명을 사용했다. '아메리카'라는 말을 써서 지리적 개념 이상의 문화적·정치적 단위를 가리킬 경우에는 오늘날의 '미국'이 아니라 에스파냐와 포르투갈이 개척한 라틴아메리카를 일컫는 경우가 대부분이었다. 1758년 데이비드 흄David Hume은 "아메리카의 광산 발견" 덕에 유럽으로 은과 금이 대거 유입되었으나 그 여파로 오히려 아메리카 광산을 소유한 나라들은 쇠락하고 나머지 유럽 국가들이 경제 발전을 이룰 수 있었음을 지적했다.[5] 데이비드 흄이 말하는 '아메리카'는 현재 쓰이는 명칭을 따르면 '라틴아메리카'다. 18세기 후반 영국 최고의 역사가로 존경받던 윌리엄 로버트슨William Robertson의 역저 『아메리카의 역사History of America』(1777)는 크리스토퍼 콜럼버스 이후 '아메리카'의 정복과 정착에 대해 서술한다. 영국인들의 '아메리카' 대륙 진출은 윌리엄 로버트슨이 사망한 후 출간된 1796년 판본에서 부분적으로만 언급될 뿐이다. 윌리엄 로버트슨이나 그의 독자들이 이해하는 '아메리카'의 역사는 '라틴아메리카'의 역사였다.

'아메리카인American'이란 말도 오늘날의 용례와는 달랐다. 이 말은 북아메리카 백인이 아니라 영국인들이 '야만인'으로 여긴 원주민들을 가리켰다. 존 로크John Locke는 『통치론Two Treatises of Government』(1692)에서 노동이 들어가지 않은 자연 상태에서는 그 누구도 소유권을 주장할 수 없다고 하며 "아메리카의 텅 빈 공터들"을 예로 들었다. "땅 부자인 아메리카인 민족들은 삶의 편의에서는 빈곤"하다. 그 이유는 그들이 "노동으로 자연을 개척하지 않았기 때문"이다. 그 결과 "그곳에서는 넓고 비옥한 영토를 가지고 있는 왕도 영국의 일

3   The First Virginia Charter(April 10, 1606). http://www.let.rug.nl/usa/documents/1600-1650/the-first-virginia-charter-1606.php

4   The Charter of New England, 1620. http://www.let.rug.nl/usa/documents/1600-1650/the-charter-of-new-england-1620.php

5   David Hume, Essays Moral, Political, and Literary, ed. Eugene F. Miller (Indianapolis: Liberty Fund, 1987) 286.

용직 노동자보다 먹고 자고 입는 생활 형편이 더 초라하다." 존 로크는 노동을 통한 자연의 가공과 그러한 가공에서 비롯되는 사유재산 소유가 없는 단계를 '아메리카'가 생생하게 보여준다고 믿었다. 아메리고 베스푸치의 이름을 따서 명명한 '아메리카' 대륙의 원주민들을 묘사하는 존 로크는 이 점에서 아메리고 베스푸치의 편지에서 묘사한 내용을 그대로 따르고 있다. 더 나아가 존 로크는 다음과 같이 주장했다.

태초에는 온 세상이 아메리카였다.

존 로크에게 '아메리카'는 노동에 근거한 사유재산이 부재한 원시 상태를 가리키는 일반명사이기도 했다.[6]

법률가이자 정치인이었던 윌리엄 블랙스톤William Blackstone은 법전이 아니라 법원 판례와 의회 제정법으로 구성되는 영국법을 체계적으로 설명한 저자로 당시는 물론 후대까지도 명성이 자자했다. 그의 1765년 저서 『영국법 주해Commentaries on the Laws of England』는 독창적 업적이기는 했지만 '아메리카'에 관한 한 존 로크의 논리를 재활용했다. "유럽인들이 발견했을 당시의 아메리카인 민족들"은 사유재산 없는 공유자산의 단계에 머물러 있었다. 반면 윌리엄 블랙스톤이 상세히 기술했듯이 영국법의 핵심은 사유재산권이었다.[7] 윌리엄 로버트슨의 『아메리카의 역사』에서도 "아메리카의 글을 모르는 거주자들"과 같은 표현이 나온다. 윌리엄 로버트슨은 그들이 기록 문자를 쓸 줄 몰랐기에 '아메리카인'들의 역사를 기술하기가 매우 어렵다는 고충을 토로했다.[8] 이렇듯 18세기 후반부에도 영국의 주요 지식인들이 '아메리카인'이라는 말을 사용할 때는 대체로 그곳으로 이주한 유럽인들 및 그들의 후손이 아니라 '아메리카'에 원래 살던, 그리고 문명 수준이 지극히 저열한 원주민들을 가리켰다.

북아메리카에 영국인들의 식민지가 처음 들어선 것은 17세기지만 대서양을 끼고 본국과 '아메리카' 사이를 오가는 인적·물적 교류가 확대된 것은 18세기다. 북아메리카대륙의 영국 영토를 두루 일컬을 때는 '13개 식민지'나 '영국령 아메리카British America' 등의 명칭을 사용했다. 후자는 일반적으로 통용되던 '아메리카'(즉 라틴아메리카)와 구별하기 위한 용어였다. '영국령 아메리카' 식민지들은 각기 독자적인 자치권을 행사하며 본국과 거래했다. 본국의 시각에서 볼 때 그곳에 사는 사람들은 상업과 무역의 역사를 편찬한 애덤 앤더슨Adam Anderson이 정리해주었듯이 "아메리카에 있는 우리의 동포 백성들"이었다.[9] 식민지의 '동포'들도 영국을 '모국'으로 여겼다. '영국

6   John Locke, *Two Treatises of Government,* ed. Peter Laslett(Cambridge: Cambridge University Press, 1988) II.§36, §39, §49.

7   William Blackstone, *Commentaries on the Laws of England*(Philadelphia: Lippincott, 1908) vol. 1, 305.

8   William Robertson, *The Works of William Robertson,* vol. 6: *History of America, Vol. 1.*(London, 1840) 252.

9   Adam Anderson, *An Historical and Chronological Deduction of the Origin of Commerce, from the Earliest Account to the present Time. Containing, An History of the great Commercial Interests of the British Empire*(London, 1764) xvii.

령 아메리카'를 구성하는 '13개 식민지'가 영국으로부터 독립했음을 선언한 1776년의 '독립선언문Declaration of Independence'에도 "우리의 영국 형제들"이라는 표현이 나온다. 이 문서는 본국의 '형제들'에게 줄곧 북아메리카대륙 식민지들의 정당한 권리를 주장하고 평화적 협의를 시도했으나 거절당한 것이 독립해야 할 이유라고 주장한다. 그러나 영국 왕에 대한 반역을 주도하는 이들도 본국의 '동포'들에 대한 정서적 유대감마저 부인하고 싶지는 않다는 뜻을 '형제들'이란 말에 담아놓았다.

　　독립을 선언할 무렵 아메리카대륙의 영국계 식민지들의 자존 감은 드높았다. 또한 이들의 물리적 역량은 어느덧 본국에 대항할 수준에 이르러 있었다. 그러나 본국의 입장에서 훨씬 더 실속 있는 '아메리카' 식민지들은 카리브해 연안의 섬들이었다. 근대 통계학의 선구자 윌리엄 페티William Petty는 1690년에 "우리의 아메리카 농장에서 봉사하도록 아프리카에서 데리고 온 노예들의 가치는 2만 파운드"가 된다고 평가했다.[10] 이들의 경제 가치는 18세기에 들어와 더욱더 급격히 증가했다. "우리의 아메리카 농장", 즉 카리브해 섬들의 농장에서 아프리카인 노예들이 사탕수수를 재배하면 그것을 본국으로 가져가 정제하여 설탕을 만들고 거기에서 생기는 부산물로 럼주를 만들어 파는 장사에 숱한 상인들이 뛰어들었다. 영국인들의 저서나 언론에서는 이 섬들을 "우리의 아메리카섬들" 또는 "설탕 식민지들sugar colonies"로 불렀다. 사탕수수무역을 다룬 저자 존 캠벨John Campbell이 정리해준 바대로 이 지역 식민지의 거주자는 "백인과 흑인, 다른 말로 하면 영국 백성과 아프리카 노예들" 이 두 부류로 명확히 구별되었다.[11] 두 부류 모두 '아메리카인'으로 불리지 않았다. 백인들은 '영국인' 또는 '유럽인', 흑인들은 '노예들' 또는 '흑인들'로 부르는 것이 일반적인 관행이었다.

영어에서 '아메리카'가 아메리카대륙을 일컫는 지리적 개념으로 쓰이거나 에스파냐와 포르투갈이 미리 개척한 라틴아메리카 지역을 이르는 말이 아니라 북아메리카의 영국계 식민지들을 가리키는 말로 확정된 시기는 언제부터였을까? 그 시기가 이 식민지들이 본국으로부터 독립을 도모하던 시기와 겹칠 것임을 추론하기는 어렵지 않다. 이미 살펴본 '독립선언문'은 '아메리카'라는 말의 '독립'과도 밀접히 연관되어 있다. 이 문서의 정식 명칭은 '아메리카의 열셋 연합국가의 만장일치 선언'이다. 이와 같은 명칭은 영국인들이 개발한 '13개 식민지'가 지금부터는 '13개의 국가States'로서의 새로운 지위를 누릴 것임을 선포하는 내용과 부합한다. 이때 쓰인 'state'라는 말을 오늘날 우리말에서는 '주'로 옮기지만 문자적 의미는 '국가'다. 이 문서는 새로 독립하고 서로 단합한 '13개 국가'에 강조점을 둔다. 아직 '아메리카'는 여전히 지리적 의미만을 부여받았다. 이 문서를 작성하고 선포하는 주체들을 "아메리카의 연합한 국가들의 대표자들"로 지칭할 때도 '아메리카'는 이 '국가'들이 위치한 지역

10   William Petty, *Political Arithmetick*(London, 1690) 84.

11   John Campbell, *Candid and Impartial Considerations on the Nature of the Sugar Trade*(London, 1763) 20.

을 뜻한다. '독립선언문' 마지막 문단은 "연합한 국가들", "이 식민지들", "연합한 식민지들"로 말을 조금씩 바꾸어 선언의 주체를 명명한다. 이 "식민지들"은 각기 모두 "자유롭고 독립적 국가들임"을 두 번씩이나 강조하고 있다. 반면 '아메리카'는 한 번만 언급될 뿐이다.

1776년 '독립선언문'에서 'united(연합한)'는 줄곧 소문자로만 쓰였다. 오늘날 미국을 간략하게 일컫는 명칭 'United States'에서 'united'가 대문자로 시작하는 것과는 확연히 다르다. '13개 식민지'가 영국 왕과 의회로부터 독립은 했으나 13개의 다른 '국가'로 남아 있는 한 이들의 '연합'을 유지하고 확보하는 것은 쉬운 일이 아니었다. 소문자 'united'를 대문자 'United'로 격상할 방법을 모색하던 독립운동 지도자들은 곧바로 '연합'에 방점을 찍을 방안을 강구했다. 『연방주의자Federalist Papers』(1787)라는 제목으로 발표된 일련의 논설문들 중 제2호의 저자 존 제이John Jay는 "아메리카의 인민들"에게 다음과 같이 근사한 말로 호소하며 이들 모두 공동의 운명체임을 상기시켰다.

> 독립한 아메리카가 서로 멀리 떨어져 있는 영토들로 이루어진 것이 아니고, 하나로 연결된 비옥하고 널찍한 땅을 우리 서쪽 자유의 아들들의 몫으로 하느님께 받았음을 생각할 때 나는 자주 기쁨을 느낀다.[12]

어차피 서로 나란히 곁에 붙어서 살아야 하는 "자유의 아들들"은 서로 '연합'할 수밖에 없음을 그는 『연방주의자』에서 유려한 문체와 선명한 논리로 누차 강조했다.

America

"독립한 아메리카"에 사는 "자유의 아들들"의 독립에 대해 '부모' 나라 지식인들도 이제는 부자관계의 연을 끊는 편이 더 낫겠다는 생각에 대체로 동의했다. 일단은 이 "아들들"이 매우 배은망덕하다는 정서가 지배적이었다. 북아메리카 영국 식민지들의 경제 발전상에 대해 매우 호의적인 입장을 견지하던 애덤 스미스^{Adam Smith}도 『국부론<i>The Wealth of Nations</i>』(1776) 마지막 5권에 이르면 '아메리카' 독립이 다소 뻔뻔한 시도임을 시인한다. "아메리카의 식민지들"은 영국이 과도한 국채를 발행하여 빚을 내서 유지해온 군사력 덕분에 "자유, 안정, 재산을 지금껏 누려왔음"을 강조한다. 아울러 북아메리카 대륙에서 프랑스와 치열하게 벌인 7년전쟁(1756~1763) 때 진 빚은 "순전히 아메리카를 방어하다 생긴 것"임을 지적한다. 이러한 사실들을 부인할 수 없다면 그 비용을 분담하는 세금을 내지 못하겠다며 무장봉기를 일으킨 것은 합당하지 않다는 결론을 내릴 수밖에 없다고 애덤 스미스는 말한다.[13] 애덤 스미스와 동시대의 경제사상가이자 성직자였던 조사이아 터커^{Josiah Tucker}는 더욱더 단호했다. 그는 "아메리카에 있는 조카에게 런던에 있는 상인이 보낸 편지"라는 형식을 차용하여 '조카'에게 다음과 같이 충고했다.

12　　*Federalist Papers*, No. 2, https://guides.loc.gov/federalist-papers/full-text

13　　Adam Smith, *An Inquiry into the Nature and Causes of the Wealth of Nations*, ed. R. H. Campbell and A. S. Skinner(Oxford: Clarendon, 1976) V.iii.88. 스미스 연구자들의 관행에 따라 권, 장, 문단 번호로 인용 출처를 표시한다.

우리가 아메리카인들을 통치할 수 없고 그들에게 통치를 받을 수도 없다면, 우리가 그들과 연합할 수 없고 그들을 제압하면 안 된다고 한다면 남은 방안은 무엇이 있겠는가? 가급적 사이좋게 서로 헤어지는 것 말고는?[14]

조사이아 터커의 이 글은 1774년에 발표되었다. 이후 역사는 그의 바람과는 정반대로 흘러갔다. 본국과 식민지 사이의 피비린내 나는 전쟁을 겪은 후인 1783년에야 다시 '부모'와 '아들' 나라 사이에 정상적인 외교관계가 맺어질 수 있었다. 그후 두 나라는 '사이좋게' 지내기는 했다. 그러나 19세기 후반부에 들어와 '아들'은 '부모'를 능가하는 국력을 빠른 속도로 키워가기 시작했다. '부모'가 쇠퇴의 길로 들어선 20세기에 너무나 거대하게 성장한 '아들' 나라 '아메리카의 연합국가'의 힘은 동아시아 한반도에까지 그 위세를 떨쳤다.

---

14 Josiah Tucker, *Four Tracts, Together with Two Sermons, on Political and Commercial Subjects* (Glocester, 1774) 195.

business

비즈니스

'비즈니스'는 우리말에 견고하게 자리잡은 외래어를 대표한다고 할
만하다. 일본인들의 서양문화 매개 역할이 약화된 해방 이후 미군
과 함께 들어온 영어문화의 한 갈래가 '비즈니스' 등의 경제 관련 외
래어에 포함되어 있다. 오늘날 대한민국에서 '비즈니스'는 단독으
로 쓰이기도 하고 다른 외래어와 함께 사용되기도 한다. 국립국어
원 『표준국어대사전』에는 '비즈니스' 외에도 '비즈니스 게임', '비
즈니스 닥터', '비즈니스맨', '비즈니스 유니언', '비즈니스 코스트',
'비즈니스 호텔' 등 총 여섯 개의 항목이 더 등재되어 있다. 그중에
서 '비즈니스'나 '비즈니스맨'은 비교적 그 뜻이 명확한 일반명사구
인 반면, '비즈니스 게임'(모의회사 경영 연습), '비즈니스 닥터'(회
사 경영 자문인), '비즈니스 유니언'(실리를 추구하는 보수적 노동
조합)은 그 뜻풀이를 보면 사뭇 전문적인 용어임을 알 수 있다. '비
즈니스 호텔'(일반 호텔보다 저렴한 실속 호텔)은 이 두 부류 중간

정도에 위치해 있다.[1]

    '비즈니스'의 근원지는 영국이다. 『옥스퍼드 영어사전 _Oxford English Dictionary_』은 'business'의 뜻을 22개의 대항목으로 분류해놓았다. 다른 단어와 결합된 어구는 무려 140여 개나 나온다. 아예 별개의 단어로 분리된 'businessman'과 'businesswoman'까지 굳이 포함하지 않더라도 매우 방대한 단어 집단이 'business'에서 파생되었다.[2] 그러나 정작 이 단어의 출발점은 다소 소박했다. 또한 그 의미도 '비즈니스' 하면 으레 떠올리는 '돈 버는 일'과 본질적인 연관성이 있었던 것도 아니었다.

    윌리엄 셰익스피어 William Shakespeare 의 『템페스트 _The Tempest_』(1610~1611)[3] 1막 2장에서 추방된 전 밀라노공이자 마법사인 프로스퍼로가 딸 미란다에게 밀라노에서 신하들이 자신을 배반하고 어린 미란다와 함께 자신을 쫓아버린 이야기를 해주는 대목에서 'business'가 몇 번 나온다. 프로스퍼로는 "지금의 이야깃거리business로 되돌아올 테니 좀더 들어보거라"라고 하더니 역도들이 자신을 몰아내면서도 자신을 죽이지 않은 이유는 "그 음모business"를 너무 "잔혹하게 실행하기는 싫었기" 때문이라고 한다. 두 경우 모두 'business'는 경제적 의미와는 거리가 먼 뜻으로 사용되었다. 반면 같은 장에서 프로스퍼로가 자신이 마법을 사용하여 노예로 부리는 원주민 캘리번에게 나무를 해오는 일 외에도 "너한테 시킬 다른 일business이 있다"고 할 때는 경제적 의미가 포함된다. 그러나 이것은 보수도 받지 못하고 억지로 해야 하는 노예 캘리번의 '일'이므로 'business'가 후대에 부여받은 의미인 '자신의 이익을 위해 수행하는 영리사업'과는 전혀 상관없다.

월리엄 셰익스피어의 『템페스트』와 동시대의 존 던John Donne의 시 「동이 트다The Break of Day」에서는 'business'가 에로틱한 사랑의 원수로 설정된다. 밤새 사랑을 나누고 이제 날이 밝았다고 자신을 두고 가겠다는 남자 애인을 시의 화자인 여인은 다음과 같이 꾸짖는다.

일(business)이 있어서 날 두고 간다고?
아, 그것은 사랑에는 제일 나쁜 병이야.
멍청이, 못생긴 놈, 거짓말쟁이, 모두 사랑이
받아주지만, 바쁜 사내(busied man)는 질색.
일로 바쁘면서도(hath business) 연애질을 하는 사내는,
유부남의 구애만큼이나 해를 끼치는 거야.[4]

우리의 주인공 단어인 '비즈니스'가 이 시에서는 '심각한 업무'라는 의미는 얻었으나 아직 '돈벌이'와는 직결되지 않았다. 단지 연

1 국립국어원 『표준국어대사전』, https://stdict.korean.go.kr. 이하에서 이 사이트 인용시 출처는 생략한다.

2 *Oxford English Dictionary,* https://www.oed.com. 이하에서 이 사이트 인용시 출처는 생략한다. 또한 별도의 출처를 밝히지 않은 영어 용례들은 모두 이 사전에서 가져온 것이다.

3 판본은 William Shakespeare, *The Tempest,* ed. Frank Kermode(London: Methuen, 1977).

4 John Donne, "The Break of Day," *The Complete Poetry and Selected Prose of John Donne,* ed. Charles M. Coffin(New York: Modern Library, 1994) 20.

인과의 달콤한 밀월을 방해하는 역할만 할 뿐이다.

　월리엄 셰익스피어의 『템페스트』와 존 던의 위트 넘치는 시를 선보였던 17세기 초를 지나 후반에는 존 버니언John Bunyan의 『천로역정 The Pilgrim's Progress』(1678)이라는 유명 작품이 등장했다. 이 우화 겸 소설 1부에서 순례자 '기독교도'와 그의 동반자 '신앙인'은 '허영의 시장'을 통과해야 한다. 존 버니언은 여기가 "새로 생긴 장터business가 아니라 오래전부터 서 있던 곳"이라는 말로 이 시장 도시를 소개한다.[5] 여기서 'business'는 확실한 경제적 의미를 부여받기는 하지만 그 맥락은 사뭇 부정적이다. 세계 각지에서 수입해온 온갖 물건을 전시하여 사람을 현혹하여 진리의 길에서 벗어나게 하는 것이 '허영의 시장'이 맡은 역할이다. 도시의 설립자는 사탄과 함께 창조주에게 반역했던 마귀 대장 '바알제붑'이다. 이곳에서 두 순례자는 장터 물건에는 일체 관심을 보이지 않는다. 이곳에서 그러한 무관심은 범죄다. 두 순례자는 체포되어 재판을 받는다. 판결은 잔혹하다. '신앙인'은 사형당하고 '기독교도'는 감옥에 갇힌다. 『천로역정』에서 '비즈니스'는 상업과 거래의 터전을 가리키지만 존 버니언은 이 말에 노골적으로 악마적인 색채를 덧칠해놓았다.

　존 버니언이 경건한 독자들에게 경종을 울리기 위해 지어낸 '허영의 시장'은 현실 속에서는 매우 빠른 속도로 사람들의 마음과 영혼을 잠식하고 있었다. 17세기 말에서 18세기 초 근대적 상업 및 소비 도시로 급속히 성장하기 시작한 런던은 그 자체가 거대한 '허영의 시장'이었다. 또한 소매치기, 강도, 매춘부가 우글거리는 범죄의 소굴이기도 했다. 온갖 '비즈니스'에 몰두하느라, 또한 그렇게 번 돈을 쓰느라 분주한 속물들의 도시로 빠르게 진화하던 시기인 1728년, 런던의 이러한 음흉한 면모를 속속들이 들추어낸 연극이 런던 극장가에 등장했다. 덩달아 이 작품은 당대의 유력 정치인들을 돈밖에 모르는 도둑놈으로 풍자했다. 대사 사이사이에 손쉽게 따라 부를 수 있는 노래를 삽입해놓은 '오페라'이기도 한 존 게이John Gay의 『거지 오페라The Beggar's Opera』는 연일 표가 매진되는 대히트작이었다.

이 작품에서 가장 실속을 잘 챙기는 인물은 장물아비 피첨이다. 그는 범죄자들이 훔치거나 강탈한 물건을 인수한 후 처분하여 돈을 남기는 사업을 한다. 그뿐 아니라 그는 아예 좀도둑을 고용하여 재고를 채우다가 적절한 시기에 그들을 공권력에 신고하여 보상금도 챙긴다. 도둑들의 '고용주'이자 유능한 사업가인 피첨이 늘 입에 달고 사는 말은 '비즈니스'다. 다음과 같은 대사가 좋은 예다.

살인이 뭐가 문제야? 그것을 하지 않고 비즈니스가 안 된다면 어쩔 수 없잖아?

피첨의 세계에서 '비즈니스'는 모든 가치에 우선한다. 살인도 정당화되는 마당에 자신이 고용한 좀도둑을 신고하여 돈을 받는 일은 전혀 문제될 것이 없다. "각자 자기 비즈니스를 할 뿐이니 무슨 악의가 있는 것은 아니야."(2막 2장) 피첨은 이렇게 단언한다.[6]

---

5   John Bunyan, *The Pilgrim's Progress,* ed. W. R. Owens (Oxford: Oxford University Press, 2003) 110.

존 게이가 만들어낸 장물아비 피첨은 존 던의 「동이 트다」의 화자 여인과도 말이 통할 법하다. 피첨의 딸 폴리는 좀도둑 대장이지만 미남 난봉꾼으로 뭇 여성을 사로잡은 매키스와 사랑에 빠져 그와 결혼까지 하겠다고 한다. 피첨은 아버지다운 훈계를 한다며 다음과 같은 원칙을 제시한다.

> 이거 봐, 폴리. 나는 네가 비즈니스의 일환으로, 아니면 무슨 비밀을 캐내려고 고객과 장난으로 놀아나는 것에는 반대 안 해. 그러나 네년이 바보처럼 정말 결혼을 하기만 해봐. 잘 들어, 내가 네년의 목을 따버리고 말 테니.
>
> ─『거지 오페라』 2막 7장

피첨의 신조는 분명하다. 사랑과 비즈니스는 철저히 구분되어야 한다. 존 던의 시에서 '비즈니스'가 "사랑에는 제일 나쁜 병"이었다면 존 게이의 장물아비 사업가에게는 '사랑'이 '비즈니스'에 "제일 나쁜 병"이다.

존 던에서 존 버니언을 거쳐 존 게이로 이어지는 종교적·윤리적 정서만 감안하면 '비즈니스'가 부정적 뉘앙스를 떨쳐내고 건전한 사업을 일컫게 될 가능성은 희박해 보인다. 그러나 또다른 계보가 존 게이와 동시대의 런던에서 활동한 한 작가에게서 시작된다. 그는 바로 대니얼 디포^{Daniel Defoe}로 오늘날에는 주로 『로빈슨 크루소^{Robinson Crusoe}』(1719)의 작가로 널리 알려져 있지만 그는 소설 외에도 수많은 시사 소책자를 출간했던 왕성한 문필가였다. 글을 써서 시장에 내다

파는 것은 그의 생업이자 '비즈니스'였다. 당시 출판시장의 '비즈니스'에서는 저자가 실제로 누구인지는 관심사가 아니었다. 개인 저자가 이름을 숨기거나 밝히지 않는 경우가 밝히는 경우보다 훨씬 더 많았다. 대니얼 디포의 글들 역시 소설을 포함하여 모두 익명이나 가명으로 출간되었다. 『로빈슨 크루소』도 크루소 본인이 직접 썼지 대니얼 디포가 지어낸 이야기가 아니라고 표지에서부터 강력히 주장한다.[7]

　　대니얼 디포가 앤드루 모턴Andrew Moreton이라는 필명으로 출간한 일련의 소책자 중에는 『모든 사람의 비즈니스는 그 누구의 비즈니스도 아니다Every-Body's Business, Is No-Body's Business』(1725)가 있다. 제목에 '비즈니스'라는 말이 두 번 반복되는 이 책이 다루는 문제 중 하나는 '하녀들의 오만함과 과도한 임금'이다. 앤드루 모턴 씨는 하녀 일자리를 알아보러 온 젊은 여성들에게 "나의 비즈니스를 흔쾌히 수행해 준다면" 기꺼이 "연봉 5파운드에서 6파운드"를 주겠다고 했으나 그녀들은 전혀 그럴 자세를 갖추지 않고 있다. 그녀들은 모두 쉬운 일만 하겠다고 하며 힘든 일을 할 사람은 따로 구하라고 요구한다. 돈

6　　판본은 John Gay, *The Beggar's Opera: Libretto,* Oxford Text Archive. https://ota.bodleian.ox.ac.uk

7　　1719년 초판본의 제목은 다음과 같다. "The life and strange surprizing adventures of Robinson Crusoe, of York, mariner: who lived eight and twenty years all alone in an un-inhabited island on the coast of America, near the mouth of the great river of Oroonoque ... Written by himself." Daniel Defoe, *The Life and Strange Surprizing Adventures of Robinson Crusoe* (London, 1719) title page.

많은 귀족 저택에서라면 여러 하녀가 각자 "그녀의 특정 업무business"만 하면 되겠지만 재산이 얼마 안 되는 보통 시민들은 하녀 한 명이면 족한데도 분수에 넘치게 많은 인력을 고용해야 하는 현실을 저자는 개탄한다.[8]

대니얼 디포의 이 글에서 '비즈니스'는 한 세기 전 윌리엄 셰익스피어의 『템페스트』에서 프로스퍼로가 노예 캘리번에게 시키는 '일'을 지칭한 용례와 매우 흡사하다. 그러나 프로스퍼로와 캘리번의 관계와는 달리 임금을 받는 하인이 고용주에 대해 오히려 '갑'이되는 사태가 대니얼 디포의 시대에 벌어졌다. 게다가 '비즈니스'의 소유주가 누구인지도 애매하다. 하녀가 임금을 받고 하는 일은 "나의 비즈니스"지만 동시에 그것은 각 하녀의 고유 업무이기도 하다. 장물아비 피첨의 '비즈니스'는 전적으로 본인이 그것을 소유하고 관리하지만 앤드루 모턴이 설정한 일반적인 런던 중류층 가정에서 하녀들의 '비즈니스'는 고용주가 조정하거나 통제하지 못한다.

어떻게 하면 '비즈니스'가 내가 고용한 노동자들의 일을 지칭하면서도 동시에 그들의 노동이 나에게 유익한 '비즈니스'가 되게 할 것인가? 당시에 이러한 고민을 하는 가장들은 '앤드루 모턴' 외에도 많이 있었을 것이다. 그들이 '비즈니스' 걱정을 하며 이 단어를 새뮤얼 존슨Samuel Johnson의 『영어사전A Dictionary of the English Language』(1755)에서 찾아본다 해도 답답함은 쉽게 떨쳐버리지 못했을 것이다. 새뮤얼 존슨은 대니얼 디포 못지않게 지칠 줄 모르는 왕성한 필력과 한없는 근면함을 바탕으로 온갖 용례를 수집하여 홀로 이 방대한 사전을 편찬했다. 그는 '비즈니스'의 첫번째 뜻을 "직업상 하는 일, 다양한 업무"라고만 정의했다. 두번째와 세번째, 네번째 의미도 "일", "신경써야 하는 일이나 일거리", "심각한 사무"로 규정했다. 여덟번째까지도 '이익을 창출하는 일'이라는 뜻은 등장하지 않는다.[9]

다른 여러 가지 면에서도 그렇지만 '비즈니스'의 의미와 맥락을 바꾸어놓는 데 애덤 스미스의 『국부론』이 결정적 기여를 했다. 아마도 이 두꺼운 저서의 시작 부분은 누구나 알고 있을 법하다. 애덤 스미스는 "노동의 분화division of labour(분업)"가 생산성을 획기적으로 늘린다는 명제를 예시하기 위해 핀 제조공장을 묘사한다. 애덤 스미스는 이 대목에서 핀 제조업을 하나의 '비즈니스'로 지칭한다.[10] 노동자들에게 각자 단순한 작업을 반복하게 하는 이 공장은 같은 시간에 최대한 많은 핀을 생산해낸다. 그렇게 함으로써 고용주의 이윤 창출을 극대화한다. 이처럼 건전한 사업장이 '비즈니스'이기에 범죄 사업가 피첨의 '비즈니스'라는 말에 깃들어 있던 범죄의 그늘은 말끔히 사라진다.

『국부론』에서 '비즈니스'는 이전 시대에서 이어진 전통적인 뜻으로도 쓰인다. 애덤 스미스는 핀 제조공장의 분화된 노동, 즉 "한 사람은 철사를 풀고, 다른 사람은 그것을 펴고, 세번째 사람은 그것

8   Daniel Defoe, *Every-Body's Business, Is No-Body's Business, Political and Economic Writings of Daniel Defoe,* vol. 8: *Social Reform,* ed. W. R. Owens(London: Pickering and Chatto, 2000) 228.

9   Samuel Johnson, *A Dictionary of the English Language*(London, 1755-56). 이하에서 이 자료 인용시 출처는 생략한다.

10   Adam Smith, *The Wealth of Nations,* I.i.3, I.vii.27.

을 자르고, 네번째 사람은 뾰족하게 만들고, 다섯번째 사람은 끝을 날카롭게 가는" 작업을 각기 "고유한 비즈니스"라고 말한다. '비즈니스'가 영리를 추구하는 사업을 일컫는 용례와 함께 이와 같은 일반적인 업무를 뜻하는 용례가 『국부론』에서는 같이 나온다. 그러나 전자의 용례가 상대적으로 더 빈번한 편이다. 애덤 스미스는 노동의 분화에 이어 화폐, 그리고 상품 가격을 다루는 장에서 독점 가격이 그 어떤 경우에도 가장 비싼 반면, 자유경쟁 아래에서의 가격은 가장 낮다는 이 저서의 핵심적 주장을 펼친다. 그는 이 대목에서 "가장 낮다는 말은 구매자가 그것을 받아들이고도 자신의 비즈니스를 계속할 수 있는" 수준이라는 부연 설명을 한다. '비즈니스'를 유지할 수 있는 가격은 달리 말해 이윤을 남길 수 있는 가격이다.

아직은 '경제학'이라는 분야가 따로 존재하지 않던 시대에 나온 『국부론』은 일련의 경제 관련 저술의 발원점이 되었다. 그중에서 출간된 지 가장 오래된 책 축에 속하는 것이 제러미 벤담Jeremy Bentham 의 『고리대금 변호Defence of Usury』(1787)다. 책 제목이 시사하듯이 저자의 의도는 정당한 금융업을 '고리대금'으로 비난하는 도덕적 편견을 타파하자는 것이다. 애덤 스미스도 이러한 전근대적 시각에서 자유롭지 못함을 비판하는 제러미 벤담은 "대부업자의 비즈니스"가 경제 활력을 위해서는 반드시 필요한 것임을 역설한다.[11] 『고리대금 변호』는 '고리대금'이라는 고루한 용어를 '비즈니스'라는 말로 대체한다.

제러미 벤담의 영향을 많이 받던 시절에 존 스튜어트 밀John Stuart Mill이 쓴 『정치경제학의 원리들Principles of Political Economy』(1848)에 이르면 다음과 같은 구절이 나온다.

사업가가 추구하는 정당한 보상은 비즈니스의 언어로 표현하면
이윤이라고 한다.

존 스튜어트 밀은 이 저서에서 수요에 맞추어 적절한 공급을 해
주는 것이 '비즈니스'의 핵심이라거나 사업가들 간의 "비즈니스 거
래business transactions"는 신용이 입증된 바탕 위에서 이루어진다는 등의
기술에 '비즈니스'라는 말을 사용했다.[12] 이러한 맥락에서 '비즈니
스'는 전적으로 합리적이고 정상적인 이윤 추구 행위를 일컫게 된다.

존 스튜어트 밀의 『정치경제학의 원리들』이 출간된 19세기
중반 이후로 '비즈니스'는 활개를 치며 사방으로 퍼져나갔다. 특
히 광활한 아메리카대륙에서 이 말은 '비즈니스 칼리지'(상업학교,
1860대), '비즈니스 코스'(상업 관련 교육과정, 1890대) 등으로 발
전하며 '비즈니스 연구'(경영학, 1904)라는 번듯한 전공 분야로 진
화한다. 또한 20세기에 미국이 주도하는 사회와 경제의 변화 속에서
이 글 서두에서 살펴본 『옥스퍼드 영어사전』의 140여 개의 파생어

11 Jeremy Bentham, *Defence of Usury; Shewing the Impolicy of the Present Legal
Restraints on the Terms of Pecuniary Bargains; in Letters to a Friend*(London, 1818)
102.

12 John Stuart Mill, *Principles of Political Economy, with Some of their Applications to
Social Philosophy*(London, 1848) 32, 112.

가 우후죽순처럼 생겨났다. 이 모든 '비즈니스'는 정도와 방식의 차이는 있으나 '비즈니스의 언어로 표현하면 이윤'을 추구한다는 점에서는 같은 뿌리의 단어들이다.

capitalism

자본주의

'자본주의'는 '자본'과 '주의'가 결합된 합성어다. '자본資本'은 물질을 가리키지만 '주의主義'는 "굳게 지키는 주장"이나 "체계화된 이론"(『표준국어대사전』)을 뜻한다. 물질과 '주장'의 결합은 어딘가 어색해 보인다. 그러한 어색함은 번역 때문이 아니라 '자본주의'의 원어인 'capitalism(영어), capitalisme(프랑스어), Kapitalismus(독일어)'에서 비롯되었다. 그 이유를 알아보려면 먼저 'capital'의 어원을 살펴볼 필요가 있다.

'자본'으로 번역되는 'capital'의 어원은 라틴어 'capitalis'다. '머리'를 뜻하는 'caput'의 형용사다. 이 말은 18세기까지도 거액의 자금이나 목돈을 뜻하기보다는 주로 '머리'와 관련된 의미로 쓰였다. 정변과 권력투쟁이 소재인 윌리엄 셰익스피어의 사극에서 'capital'은 주로 '머리 / 목을 쳐서 죽일 반역죄'를 이르는 말로 사용되었다. 긍정적 의미로 쓰인 예도 있는데, 『헨리 5세 *King Henry V*』 5막 2장에서

프랑스에 승리한 영국 왕 헨리 5세의 다음 대사가 그렇다.[1]

> 짐의 사촌 캐서린은 짐에게 남겨주시오.
> 그녀가 나의 가장 으뜸가는 요구사항(capital demand)이오.

그가 프랑스 공주 캐서린과 결혼하게 되면 둘 사이에서 태어난 아들은 영국 왕과 프랑스 왕을 겸할 수 있게 되므로 캐서린을 달라는 것은 "요구사항" 중 "으뜸가는" '머리'에 해당된다.

새뮤얼 존슨의 『영어사전』에도 'capital'의 첫번째 뜻은 "머리와 관련된"이고, 두번째 뜻은 교수형을 당할 급의 "죄질이 가장 나쁜 범죄"다. 세번째 뜻은 여기에서 파생된 것으로 "생명에 영향을 주는 것"이다. '머리'가 잘릴 정도로 위중한 문제나 사안을 의미하는 것도 'capital'의 몫이다. 윌리엄 셰익스피어의 사극 대사처럼 '가장 으뜸인'의 뜻은 그다음에 나열된다. 그리고 마지막으로 "으뜸이 되는 자금capital stock, 사업가나 회사의 주된 자금 내지는 최초 출자금"을 가리키는 뜻을 포함한다.

새뮤얼 존슨의 사전이 나올 무렵까지도 영국에서 'capital'이 단독으로 '자본'을 뜻하는 경우는 거의 없었다. 영리사업을 이르는 말로는 'trade(생업, 상업, 무역)'와 'commerce(교역, 상업)'가 널리 사용되었고 '자본'을 일컫는 말은 'stock'이었다. 오늘날 'stock market(자본시장, 주식시장)'에 그 흔적을 남겨놓은 이 단어는 18세기에 전성기를 누렸던 경제 용어다. 니컬러스 바본Nicholas Barbon의 『상업론A Discourse of Trade』(1690)에 나오는 "이자는 자본stock의 지대이기에 토지의 지대와 그 성격이 같다"와 같은 명제가 좋은 예다.[2] 앞에서 언급한 새뮤얼 존슨의 정의 중 "으뜸이 되는 자금"에서 'capital'은 형용사고 자금을 뜻하는 명사는 'stock'이다. 니컬러스 바본과 동시대의 경제 저술가였던 더들리 노스Dudley North도 "한 나라가 부유해지면 여러 사람이 상업용 자본stock을 소유하게 된다"라는 문장에서 'stock'으로 자본을 말한다. 그뿐 아니라 더들리 노스는 '지주landlord'라는 말을 원용하여 "자본주stock-lord"라는 말도 제시한다.[3]

그렇다고 해서 명사 'capital'의 쓰임이 'stock'에 완전히 가려져 있던 것만은 아니었다. 프랑스에서 활동한 아일랜드인 사업가 겸 경제론자 리처드 캉티용Richard Cantillon의 『상업 일반의 속성에 대한 에세이Essai sur la nature du commerce en général』(1730 집필, 1755 프랑스어로 출간)에는 "영국이 외국인들에게 500만 파운드스털링의 자금capital을 빌려 공적 자금에 투자했다고 가정했을 때"와 같은 표현이 나온다.[4] 다만 이 용례에서 엄밀히 말하면 'capital'은 채무 원금을 뜻하므로 일반적으로 사적 개인들이 소유한 자본금과는 다르다. 리처드 캉티용처럼 프랑스에서 활약한 스코틀랜드 출신 존 로John Law는 1719년

1   William Shakespeare, *King Henry V,* ed. Gary Taylor(Oxford: Oxford University Press, 1994).

2   Nicholas Barbon, *A Discourse of Trade*(London, 1690) 19-20.

3   Dudley North, *Discourses upon Trade*(London, 1691) 4.

4   Richard Cantillon, *Essays on the Nature of Commerce in General,* trans. Henry Higgs(New Brunswick, NJ: Transaction Publishers, 2001) 114.

에서 1720년 프랑스를 뒤흔든 '미시시피 버블Mississippi Bubble' 주가 폭락 사건의 주범으로 기억된다. 많은 이의 신세를 망쳐놓은 존 로가 늘 주가 조작에만 몰두한 것은 아니다. 그는 『돈과 상업을 고려함, 국가의 돈을 공급하는 제안과 함께Money and Trade Consider'd; with a Proposal for Supplying the Nation with Money』(1720)라는 저서도 집필했다. 이 책에서 그가 목돈이나 자금을 이르는 말은 'capital'도, 'stock'도 아니다. 그가 선호하는 명사들은 그냥 "돈money"이거나 "큰 액수sums"다.[5] 희대의 금융 사기범 존 로는 결제 수단으로서의 돈과 '자본'으로서의 돈을 명확히 구분하지 않는다.

영국에서는 18세기 후반부로 접어들며 'capital'이 일반적인 통화로서 'money'와 명확히 지위가 구분됨과 동시에 기존에 사용되던 'stock'과도 본격적으로 혼용되기 시작한다. 조사이아 터커('America아메리카' 참조)의 『정치와 상업 주제에 대한 네 편의 논설Four Tracts on Political and Commercial Subjects』(1774)에서 자주 쓰이는 단어는 'stock'이지만 'capital'도 제법 빈번하게 사용된다. "돈을 낮은 이자로 빌려주므로 거대 자본stocks과 장기 신용을 요구하는 사업에 파트너로 동참할 수 있다"는 전자의 예다. 반면 "우월한 자본capitals의 소유자들은 시장에서 주도권을 행사하여 언제나 가장 좋은 공급자로부터 원료를 공급받을 것이다"는 후자를 대표한다.[6] 오늘날 영어에서 '자본'을 의미할 때는 단수형으로만 쓰이는 'capital'이 복수형으로 사용된 점이 특이하다.

애덤 스미스의 『국부론』에서 'capital'은 자주 등장하는 명사다. 그러나 여전히 'stock'을 완전히 대체하지는 못했다. 이 저서의

장 제목만 살펴보아도 "자본·capital의 축적 또는 생산적 그리고 비생산적 노동"(2권 3장)처럼 'capital'이 '자본'을 뜻하는 경우도 있으나 "화폐를 사회 일반 자본·stock의 특별 지류로서 또는 국가 자본·capital 유지 비용으로서 살펴보다"(2권 2장)처럼 'stock'과 함께 사용될 때도 있다. 그러나 2권의 제목 "자본·stock의 속성, 축적 및 운영에 대하여"가 예시하듯이 일반적으로 '자본'을 뜻하는 명사는 'stock'이다. 금융자본을 다루는 장의 제목인 "이자를 받고 빌려주는 자본"에서도 자본을 가리키는 말은 'stock'이다. 새뮤얼 존슨의 『영어사전』에 나온 표현인 "capital stock"을 애덤 스미스도 쓰고 있을뿐더러 자본이 남기는 이윤을 언급할 때는 대개 'stock'을 사용하여 "profits of stock"이라고 한다.[7]

세기가 바뀐 후 1817년에 출간된 또다른 경제학의 고전 데이비드 리카도David Ricardo의 『경제학 및 과세의 원리에 대하여On the Principles of Political Economy and Taxation』에서도 '자본'을 뜻하는 'stock'과 'capital'이 함께 사용되었다. 데이비드 리카도는 책의 서문 첫 문단에서 "자본의 소유자"를 언급할 때 자본을 말하면서 "stock or capital" 두 가지 용어 모두 사용한다. 또한 1장 '가치에 대하여'에서는 같은 문단에서

5   John Law, *Money and Trade Consider'd; with a Proposal for Supplying the Nation with Money*(London, 1720) 32.

6   Josiah Tucker, *Four Tracts on Political and Commercial Subjects* 16, 20.

7   Adam Smith, *The Wealth of Nations* intro 6, I.vi.5.

"자본의 이윤"이라고 할 때는 'stock'을, "자본의 양"이라고 할 때는 'capital'을 쓴다.[8]

만약 'stock'이 좀더 오랜 세월 제 뜻을 고수했다면 이 말로 '자본주의stockism'를 만들어내기는 어려웠을 듯하다. 또한 'capital'도 홀로 남겨두면 '주의ism'와 쉽게 결합할 여지는 많지 않았을 것이다. 그 사이를 매개해주는 말이 필요했다. 바로 '자본가capitalist'다. 애덤 스미스의 『국부론』에서는 아직 이 'capitalist'가 등장하지 않는다. 애덤 스미스는 '자본가'를 말할 경우 "자본의 소유자owner of stock, owners of capital"라는 표현을 썼다.[9] 반면 데이비드 리카도는 자신의 저서에서 'capitalist'를 자주 쓴다. 그는 본인 스스로 런던 금융가에서 성공적으로 재산을 축적한 '자본가'다. 다음과 같은 그의 진술에는 '자본가'라는 말에 부정적인 뉘앙스가 전혀 가미되어 있지 않다.

> 자본가(capitalist)는 자신의 자금에서 이윤을 남길 방안을 찾을 것이므로 한 직종이 다른 직종에 비해 갖는 모든 장점을 자연스럽게 고려할 것이다.[10]

이와 같이 자연스럽게 자기 돈을 갖고 가장 합당한 투자처를 찾는 사람들을 비난할 이유가 있을까?

이 마지막 질문에 "있다!"라고 대답하는 이들이 19세기 중반부터 여기저기서 등장하기 시작했다. 그 무렵 산업혁명의 사회적·환경적 폐해는 영국 정치 담론의 논쟁거리 목록에 올라갔다. 산업혁명을 비판하는 쪽에서 창안한 전략 중 하나는 'capitalist'에 부정적 프레임을 씌우는 것이었다. "자본가^{capitalist}는 날로 번성하거든. 엄청난 부를 쌓잖아. 우리 노동자는 점점 더 밑으로 가라앉는 중이고. 당나귀보다도 더 못한 신세로 전락하고 있어." 1845년에 출간된 벤저민 디즈레일리^{Benjamin Disraeli}의 『시빌 또는 두 나라^{Sybil, or The Two Nations}』에서 한 하층민 인물은 이렇게 세상을 판단한다. 그의 논리는 다음과 같이 명료한 분석을 근거로 삼는다.

> 그것은 자본가가 남자의 노동과 재주를 대체할 노예를 하나 찾아놓았기 때문이지. 한때는 남성노동자가 수공업 장인이었으나 이제는 기껏해야 기계를 구경만 하고 있잖아. 그 역할도 이제 여자들과 아이들에게 빼앗기고 있어. 그럼에도 불구하고 무슨 노동과 자본의 이해관계가 같다는 그런 소리들을 해대잖아.[11]

산업화로 단순한 기계 조작 역할만 하는 형국에서는 성인 남성 육체노동자들의 경제적 가치와 인격적 위상이 급속히 쇠락한다. '자본가'는 그 결과 이익을 극대화하지만 노동자들의 존재감은 점점 더

---

8 David Ricardo, *On the Principles of Political Economy and Taxation* (Amherst, NY: Prometheus Books, 1996) 13, 37.

9 Adam Smith, *The Wealth of Nations* I.viii.10, I.vi.6.

10 David Ricardo, *On the Principles of Political Economy and Taxation* 62.

11 Benjamin Disraeli, *Sybil or The Two Nations,* ed. Sheila M. Smith (Oxford: Oxford University Press, 1981) 115.

약화된다. 이와 같은 판단을 소개한 벤저민 디즈레일리의 이 소설은 제목에서 공약한 대로 부자와 빈자의 나라, 자본가와 노동자의 나라 이 '두 나라'로 양극화된 현실을 묘사한다.

1845년 작품인 『시빌 또는 두 나라』에서 '노동자의 적'으로 지목된 'capitalist'에서 '-ist'를 떼어내고 대신 '-ism'을 붙이면 '자본주의'로 번역되는 'capitalism'이 된다. 이 말은 19세기 말에 본격적으로 사용되기 시작했다. 『옥스퍼드 영어사전』은 영국에서 "원시 기독교 공산주의 속으로 자본주의가 스며들 틈새" 같은 표현이 1884년에 등장했다고 기록하고 있다. 그러나 이 문장에서 'capitalism'은 종교와 신학 논쟁에서 나온 말이고 정확한 의미는 '배금주의'다. 경제 사회 체제 개념으로서 'capitalisme'은 프랑스에서 1880년대부터 사용되기 시작했다. 곧이어 영어나 독일어 등으로도 급속히 퍼져나갔다.

프랑스어에서 '-isme'이 붙는 단어는 다른 유럽 언어에 비해 상당히 많다. 이 말들을 무조건 기계적으로 '-주의'로 옮기면 의미가 왜곡될 수 있다. 예를 들어 'africanisme'이나 'américanisme'은 '아프리카주의'나 '미국주의'가 아니다. 아프리카나 미국에서 유래된 표현이나 그곳에서 들어온 외래어를 말한다. '-주의'와는 전혀 상관없는 'métabolisme(생물의 신진대사)'도 '-isme'으로 끝나고 'érotisme(성생활과 성문화의 다양한 요소를 포괄하는 말)'처럼 한 단어로 번역하기 쉽지 않은 여러 의미와 뉘앙스를 품고 있는 단어에도 '-isme'이 붙는다. 물론 의식적인 정치운동과 이념으로서 'socialisme'을 '사회주의'로 옮기는 것은 적절하다. 그러나 시장경제의 한 측면이나 단계를 나타내는 의미로 쓰이는 'capitalisme'을 '-주의'를 집어넣어 번역하는 것이 과연 옳은지는 의문의 여지가 있다.

프랑스어에서도 'capitalisme'보다 앞서서 'capital'이나 'capitaliste'가 19세기 중반에 사용되고 있었다. 『리트레 *Le Littré*』 사전은 장바티스트 세 Jean-Baptiste Say의 "한 나라의 자본은 특정 자본들의 총합으로 구성된다"는 1840년 문장을 용례로 든다. 이 사전은 '자본가'를 일컫는 의미로 'capitaliste'를 쓴 용례도 같은 인물에게서 찾는다. 장바티스트 세의 다음과 같은 문장이 그것이다.

> 사람들이 '자본가'라는 명칭을 쓸 때는 오직 수입의 전부 또는 상당 부분이 자신들의 자본에서 나오는 이자(intérêt)인 사람들을 염두에 둔다.

'자본가'는 19세기 프랑스에서 주로 금융자산가를 가리키는 말로 쓰였음을 증언하는 예문이다. 반면 '자본주의'는 '사회주의'와 맞물려 등장한 정치적 용어였다. 19세기 말에서 20세기 초 프랑스에서는 '자본주의'를 배척하자는 '사회주의 socialisme'가 유행했다. 당시 프랑스 '사회주의'를 대표하는 사상가 겸 정치인 장 조레스 Jean Jaurès는 "자본주의 capitalisme 폐지와 사회주의 도래"(1901)와 같은 표현을 통해 '자본주의'를 '사회주의'의 대립항으로 적시했다.[12] 장 조레스는

---

12 *Le Littré*, https://www.littre.org. 이하에서 이 사이트 인용시 출처는 생략한다.

『사회주의적 연구*Études socialistes*』(1901)에서 '자본주의'를 "익명사회"로 규정한다. 이윤을 취하는 '자본가*capitaliste*'에게는 그 돈이 어디에서 나오든, 국내든 외국이든 상관없다. 장 조레스의 '자본가'도 장바티스트 세의 경우와 마찬가지로 금융자산가를 염두에 둔 개념이다. 다만 그 분석은 더 정교해졌다. "자본주의의 확산"은 익명성 뒤에 숨어 돈이 되는 곳이면 어디에서든 그 누구를 이용해서든 수익을 추구하는 경제구조를 고착화한다. 그 결과 "자산은 그 소유자에게 매우 생소한 대상이 되고 소유자는 신문 기사를 통해 자기 자산에 대한 소식을 접하게 될" 지경에 이른다.[13]

카를 마르크스*Karl Marx*의 『자본론*Das Kapital*』(1867 1권 출간)은 '자본'과 '자본가', '자본주의'를 논할 때 빼놓을 수 없는 기념비적 저서다. 카를 마르크스는 '자본가*Kapitalist*'를 중요한 개념으로 정립해놓았다. 『자본론』의 시각에서 볼 때 '자본가'는 "자본의 의식적 담지자*Träger*"에 불과하다. 독립된 인격체가 아니라 "자본이 인격화되어 의식과 의지를 부여받은" 자라는 의미에서 그러하다. 그러나 정작 이 책의 본문에서는 '자본주의*Kapitalismus*'가 나오지 않는다. 대부분 앞의 인용이 보여주듯이 '자본'이 단독으로 명사로 쓰이며 주어나 목적어 자리를 차지한다. 카를 마르크스는 '자본'을 형용사로 쓰고자 할 때 "자본적 생산양식*kapitalistisch Produktionsweise*"과 같은 표현을 선택한다. '자본*Kapital*'에 '-istisch'가 붙었다고 해서 '자본주의적'으로 옮겨야 할까? 독일어에는 '피아노'의 형용사 'pianistisch'가 있다. 이 말을 '피아노주의적'이라는 괴상한 말로 번역하는 음악학자는 없을 것이다.[14]

카를 마르크스의 『자본론』 1권에서 '자본주의'가 등장하지 않고 "자본적 생산양식"이라는 표현으로 '자본주의' 체제를 일컬은 것은 단지 프랑스어 'capitalisme'이 아직 광범위하게 사용되지 않아서만은 아니다. 카를 마르크스는 "자본적 생산양식"을 '이념'과 '사상'의 문제가 아니라 개인의 의지와 성향을 뛰어넘는 물질 체제와 구조로 파악하고자 했다. 그는 온갖 '-주의'를 만들어내는 관념의 유희를 경멸했다. 그의 유물론적 신념은 그의 용어 선택에도 그대로 녹아 있다. 카를 마르크스가 '–ism(주의)'이라는 '이념'의 차원에서 '자본'을 분석했다면 아마 그 작업은 손쉽게 끝냈을 것이다. 그러나 그는 10년 가까이 소비한 힘겨운 과정 끝에 겨우 『자본론』 1권을 발표했다. 카를 마르크스는 나머지 2, 3, 4권은 미완성 상태로 남겨놓은 채 1883년에 사망했다.

13 Jean Jaurès, *Études socialistes* (Paris: Éditions des Cahiers, 1901) 259-60.

14 Karl Marx, *Das Kapital: Kritik der politischen Ökonomie,* Erster Band (Berlin: Dietz Verlag, 1962) 421, 167-68.

competition
경쟁

'경쟁'의 한자어 '다툴 경競'과 '다툴 쟁爭'을 따로 또는 같이 놓고 그 뜻을 새겨보면 '경쟁'은 '전쟁'과 별로 다를 것이 없다는 결론을 피하기 어렵다. 근대 시장경제의 원조 영국에서 '경쟁'을 뜻하는 'competition'은 적어도 그 어원의 의미는 '전쟁'과 사뭇 다르다. 이 영어 단어의 라틴어 어원 'competere'는 '다툼'보다는 '협동'의 뜻에 더 가깝다. '함께com-'와 (어떤 대상을 얻기 위해) '노력하다petere'가 결합된 형태다. '함께 노력하는' 과정에서 같은 목표를 성취하려고 서로 겨루는 일은 '다툼'으로 비칠 수 있다. 그러나 그러한 겨루기는 '함께' 협의한 방식에 의거해야 함을 이 라틴어 단어가 상기시킨다. 라틴어에 뿌리를 둔 프랑스어와 이탈리아어에서 '경쟁'을 뜻하는 단어는 각기 'concurrence'와 'concorrenza'다. 라틴어 어원에 근접한 이 말들은 문자 그대로 '함께 달리다'를 의미한다. 같은 목표를 향한 달리기 시합을 하기 위해서는 경주 규칙에 미리 합의해야 한다. 규칙에 대한 '다툼'이 있다면 애초에 '경주'로서 경쟁은 가능하지 않을 것이다.

근대시대로 진입하던 시기의 영국에서 '경쟁'을 '협동'의 요소를 아예 배제한 배타적 '전쟁'으로 해석한 사상가가 있다. 토머스 홉스Thomas Hobbes는 『리바이어던Leviathan』(1651)에서 인간사회의 본모습이 원래 어떠한 것인지 다음과 같이 단정한다.

자연은 모든 인간을 신체적·정신적으로 평등하게 창조했다. 비록 한 사람이 어떤 사람보다 신체적으로나 정신적으로 더 우월하다고 할지라도 모든 것을 다 감안했을 때 사람과 사람 사이의 차이는 한 사람이 다른 사람이 취하는 이득을 자기도 갖겠다고 주장하지 못할 만큼 그다지 크지 않다. 신체적 힘만을 고려한다고 해도 가장 힘이 약한 자들도 비밀스러운 음모를 꾸미거나 자기와 같은 위험에 처한 다른 자들과 연맹하여 가장 강한 자를 죽일 수 있다. 바로 이러한 능력의 평등에서 원하는 바를 얻고자 하는 희망의 평등이 생긴다. 따라서 두 사람이 같은 대상을 욕망하지만 그것을 동시에 누릴 수 없을 경우 그들은 적이 된다.

토머스 홉스는 이러한 적대관계에 처할 수밖에 없는 인간들을 분쟁하게 만드는 원인 중 첫번째를 '경쟁competition'으로 지목한다. 그 결과는 무엇인가?

인간들은 모두를 위압할 수 있는 공통의 권력이 존재하지 않는 상태에서는 전쟁에 돌입하게 되는 형국에 이른다. 이 전쟁은 인간이 다른 모든 인간에게 벌이는 전쟁이다.

이것이 토머스 홉스의 결론이다.[1] 그가 이 책을 쓸 당시 영국은 극심한 내전 상태에 빠져 동포끼리 서로를 죽이던 시기였다. 그가 말하는 '자연 상태'는 인간의 자연스러운 모습이라기보다는 특정 역사 국면에서 전개된 지극히 예외적인 정치 상황을 반영하고 있다.

물론 토머스 홉스가 말하는 '경쟁'은 일상적인 현상이기도 하다. 누구나 쉽게 얻을 수 있거나 아무도 원하지 않는 물건은 돈과 교환될 상품으로서의 가치를 얻기 어렵다. 함께 공유할 수 없는 대상을 개인과 개인이 동시에 욕망하는 것은 시장경제의 기본 구도다. 그렇다면 이러한 '희망의 평등'이 토머스 홉스가 말하는 '전쟁'을 유발하는 것이 불가피할까? '전쟁'은 몰라도 개인 경제 주체들이 서로 같은 목표를 실현하기 위해 노력하는 과정에서 '경쟁'은 불가피하다. 애덤 스미스는 『국부론』에서 여러 차례 강조한다. 그중 한 대목은 다음과 같다.

시장으로 가져온 어떤 상품의 분량이 유효 수요에 비해 부족할 때 해당 상품을 시장에 가져오려면 꼭 지불해야 할 지대, 임금, 이윤의 가치 총합을 지불하고자 하는 모든 이가 각자 원하는 분량만큼 공급받지 못한다. 이때 모든 이가 똑같이 결핍을 겪는 것이 아니라 그중 몇몇은 보다 더 많은 값을 지불하려 할 것이다. 그러면 즉각 이들 사이의 경쟁(competition)이 시작될 테고,

시장 가격은 경쟁자(competitor)들의 자금이 부족하거나 풍족하거나 사치 성향이 경쟁을 과열시키는 정도에 따라 자연 가격(natural price)보다 일정 수준 올라가거나 내려갈 것이다.[2]

애덤 스미스의 '경쟁'은 유사한 지불 능력을 갖춘 개인 구매자들이 제한된 공급에 반응하는 양상 및 방식이다. 토머스 홉스의 '전쟁' 같은 경쟁과는 달리 애덤 스미스가 묘사한 시장 참여자들은 상대방을 제거하려 하는 대신 최상의 상품을 적정 가격에 판매하거나 구매하기 위해 각자 노력한다. 그들은 서로를 배려하는 시민사회의 협력자들이 아니라 '경쟁자'들일 뿐이다. 이러한 측면만 고려한다면 분명히 '경쟁'은 '협동'과는 다르지만 서로의 목숨을 빼앗는 것이 목적인 '전쟁'은 아니다. 경쟁을 통해 자연 가격을 유지하는 일은 시장 경제 체제를 토대로 하는 공동체에서는 반드시 필요하다.

애덤 스미스의 『국부론』보다 대략 40년 후에 데이비드 리카도가 『경제학 및 과세의 원리』를 출간할 무렵에는 '경쟁'을 홉스식의 '전쟁'으로 이해하는 이들보다는 스미스식의 가격 결정 게임으로 생각하는 이들이 교육받은 계층 중에는 훨씬 더 많았다. 데이비드 리카도는 특정 노동의 가치를 결정하는 경쟁을 통해 해당 노동자의 임금이 결정되는 과정을 기술한 후 이것이 "모든 공동체의 가장 큰 부

1   Thomas Hobbes, *Leviathan,* ed. Richard Tuck(Cambridge: Cambridge University Press, 1996) 86-88.

2   Adam Smith, *The Wealth of Nations* I.vii.9.

분을 차지하는 사람들의 행복을 좌지우지한다"고 한다. 대부분의 사람은 임금을 받아 사는 '월급쟁이'이기 때문이다.

> 다른 모든 계약이 그러하듯이 임금은 시장의 공정하고 자유로운 경쟁에 맡겨야 하지, 입법부의 간섭에 의해 조정되도록 하면 절대로 안 된다.[3]

데이비드 리카도가 특별히 강조하고 싶은 말은 이것이었다. '경쟁' 앞에 '자유로운'이 붙고 아울러 '공정한fair'까지 더해지면 그러한 경쟁을 방해하고 간섭하는 모든 행위는 불공정하게 보이기 마련이다.

'경쟁'은 임금 결정 등 수요와 공급이 조정되는 계약이나 거래 과정 밖에서도 충분히 일어날 수 있다. 이 경우 '공정'은 더욱더 중요한 문제가 된다. 애덤 스미스의 또다른 명저 『도덕 감정론*The Theory of Moral Sentiments*』(1759)에서는 경제활동도 언급하지만 거기에 국한되지 않는 삶의 종합적인 영역을 다룬다. 이 책에서 그리는 '경쟁'의 모습을 대표하는 대목은 다음과 같다.

> 부와 명예, 출세를 향한 경주에서 경주자는 모든 신경과 근육을 긴장한 채 온 힘을 다해 경쟁자들보다 앞서기 위해 달리기 마련이다. 그러나 그 누가 경쟁자의 발을 걸거나 상대방을 쓰러뜨린다면 관객들은 그것을 결코 용인하지 않는다. 그것은 페어플레이(fair play)를 위반한 것이므로 관객들은 그것을 허용할 수 없다.[4]

competition

이 대목에서 '경쟁'이란 말은 라틴어 어원 내지는 그 어원에 충실한 프랑스어나 이탈리아어의 뜻(함께 달리다)에 매우 가깝게 쓰였다. 인생의 '경쟁자'들은 물질적 또는 상징적 목표를 획득하려 달리는 '경주'에 참가한다. 각자 자신의 모든 기량을 동원하고 최선을 다해 뛴다. 그러나 절대로 반칙하면 안 된다. 우리말에도 이미 들어와 있는 표현인 '페어플레이'를 위반한 선수의 경주 / 경쟁은 인정할 수 없다. 애덤 스미스의 이와 같은 지적에 누구나 공감할 것이다. 또한 실제 현실 제도 속에서도 '공정경쟁', '공정거래' 등은 대한민국을 비롯한 모든 시장경제 국가들이 매우 중시하는 기준이자 가치다.

그러나 경쟁은 공정한 '페어플레이'가 되도록 제어하기만 하면 되는 자연스럽고 불가피한 경제활동의 본모습이라는 생각을 거부하는 이들도 늘 있기 마련이다. 특히 이런저런 경쟁에서 밀린 경험을 한 사람들이라면 경쟁 자체를 부정적으로 볼 가능성이 많다. 경쟁의 도덕적 지위를 끌어내리려면 다시 경쟁을 전쟁과 동일시한 홉스식 논리로 돌아가는 방법이 가장 간편할 법하다. 다만 대놓고 서로 죽고 죽이는 현장이 아닌 상황에서 전쟁이라는 말을 쓰기를 다소 주저할 수 있다. 이러한 표현의 어색함을 해결해주는 매우 요긴한 역할을 맡은 말이 있다. '투쟁', 특히 '생존투쟁'이 바로 그것이다.

---

3   David Ricardo, *On the Principles of Political Economy and Taxation* 73.

4   Adam Smith, *The Theory of Moral Sentiments,* ed. D. D. Raphael and A. L. Macfie(Oxford: Clarendon, 1976) II.ii.2.1. 스미스 연구자들의 관행에 따라 출처를 권, 장, 문단으로 표시한다.

찰스 다윈 Charles Darwin 은 '경쟁'을 '투쟁'과 동일시했다. 1859년에 처음 출간된 『종의 기원 *The Origin of Species*』의 당시 제목을 그대로 옮기면 "자연 선택, 또는 생명투쟁에서 유리한 종이 보전되는 방법에 의한 종들의 기원"이다. 제목에 쓰인 "생명투쟁 struggle for life"은 본문에서의 "생존투쟁 struggle for existence"과 호환된다. 다른 한편 'struggle'은 'competition'과도 자주 호환된다. 원문의 그러한 애매성은 '생존투쟁'이 우리말로는 '생존경쟁'으로 번역되는 결과를 가져왔다. 그러나 두 말은 엄연히 그 뿌리와 뜻이 다르다. 라틴어 어원의 'competition'과 달리 게르만 계열 언어인 'struggle'은 원래 뜻이 상대방을 '완력으로 제압하다'이다. 전자가 규칙에 따라 함께 달리기하는 모습을 떠올리게 한다면, 후자는 격투기나 레슬링을 연상시킨다. 현대 영어에서도 'struggle'은 '살기 위해 발버둥치다'라는 어감을 품고 있는 사뭇 살벌한 말이다.

찰스 다윈은 '투쟁'을 "한 존재의 다른 존재에 대한 의존까지 포함한 포괄적이고 은유적인 의미"로 "편의상" 사용한다는 취지를 밝힌다. 그러나 그가 말하는 '투쟁'이 독자의 편의를 배려한 '은유'가 아님은 본문의 여러 대목에서 증명된다. 예를 들면 다음과 같다.

같은 종의 개체들 사이에서 투쟁은 늘 예외 없이 가장 극심하다. 왜냐하면 그들은 같은 지역을 돌아다니고, 같은 음식을 먹고, 같은 위험에 노출되어 있기 때문이다.

찰스 다윈이 말하는 개체들 사이의 '생존투쟁'은 토머스 홉스의

"인간이 다른 모든 인간에게 벌이는 전쟁"과 크게 다르지 않다. 생존 투쟁은 "자연의 정치 체제" 전반에 걸쳐 전개된다. 투쟁의 주체들은 지속적으로 서로를 "제거하고 파괴하는" 일에 몰두한다. '투쟁'에서 패배한 쪽은 점차 그 수가 줄어들다가 마침내 "멸종"에 이른다.[5]

　　설마 사람과 사람 사이에서도 '경쟁'이 그와 같이 매정한 '투쟁' 으로 이어질까? 게다가 '멸종'으로 끝나지는 않지 않을까? 이와 같은 반문을 마음씨 따뜻한 많은 사람은 할 법하다. 그러나 찰스 다윈은 동식물 사이의 '생존투쟁'을 주로 다루었던 『종의 기원』과 달리 인간세계의 '생존투쟁'을 본격적으로 다룬 『인간의 유래와 성선택 *Descent of Man and Selection in Relation to Sex*』(1871)에서 이러한 반문에 대한 명확한 답을 다음과 같이 제시한다.

　　멸종은 주로 부족과 부족 사이, 인종과 인종 사이의 경쟁에서 비롯된다.

　　이러한 멸종은 주로 "야만 부족"들의 몫이다.[6] 문명화된 서구인들에게는 해당되지 않는다. 따라서 문명인들은 안심해도 좋다. 또한 문명인들은 야만인들의 멸종을 담담하게 '과학적으로' 받아들

5　Charles Darwin, *The Origin of Species,* ed. Gillian Beer(Oxford: Oxford University Press, 1996), 51-53, 63, 91, 103-4.

6　Charles Darwin, *Descent of Man and Selection in Relation to Sex*(Princeton: Princeton University Press, 1981) 238.

일 수 있다.

　인간의 '멸종'을 찰스 다윈보다 먼저 거론한 이는 찰스 다윈에게 커다란 영향을 준 토머스 맬서스Thomas Malthus다. 그는 『인구론An Essay on the Principle of Population』 1798년 초판본의 한 대목에서 한 야만 부족이 다른 부족을 침공하면 "그 싸움은 생존투쟁"으로 이어지고 "이 야만적인 싸움에서 여러 부족은 완전히 멸종된다"고 기술했다.7 토머스 맬서스가 '투쟁'이라고 말한 부족 사이의 전쟁을 찰스 다윈은 '경쟁'이라 일컬었다. 반면 경제학자이기도 한 토머스 맬서스는 '경쟁'과 '투쟁'을 동일시하지 않는다. 토머스 맬서스의 『정치경제학 원리Principles of Political Economy』(1820)에서 '투쟁'은 경쟁으로 인해 가격이 조정되는 과정의 한 단계일 따름이다.

　생산자들 사이의 경쟁으로 인해 시장에는 실제 소비될 수 있는 양보다 더 많은 상품이 출시될 것이다. 이에 따라 가격이 하락하면 가격이 상승할 때와 마찬가지로 공급되고, 소비되는 상품의 실제 양은 아마도 잠시 투쟁하기는 하겠지만 곧 이전과 같아진다.8

　토머스 맬서스의 『인구론』을 탐독한, 그러나 토머스 맬서스의 경제학에는 별 관심이 없었던 찰스 다윈에게는 '투쟁'이 곧 '경쟁'이었고, '경쟁'이 곧 '투쟁'이었다.

　찰스 다윈과는 달리 생물학에는 관심이 없고 경제에 관심이 많은 이들 중에서 '투쟁'을 '경쟁'과 동일시한 사람들이 있었다. 노동자를 '도태'와 '죽음'으로 몰아가는 '자본주의'의 야비한 '경쟁'을 비판하며 '사회주의'를 대안으로 제시한 사회주의자들이 바로 그들이다('capitalism자본주의' 참조). 찰스 다윈(1809생)과 동시대의 지식인인 존 스튜어트 밀(1806생)은 사회주의자들의 이러한 입장에 동의하지 않았다. 그는 '경쟁'이 '투쟁'과는 성격이 근본적으로 다름을 다음과 같이 지적했다.

사회주의자 저자들은 사회가 실제로 어떻게 돌아가는지에 대해 대체로 매우 혼란스럽고 그릇된 관념을 갖고 있다. 그들의 가장 큰 오류는 현재 존재하는 모든 경제적인 해악을 오로지 경쟁의 탓으로 돌리는 것이다. 그들은 경쟁이 없는 곳에는 독점만 있음을, 그리고 독점은 그 모든 형태에서 근면한 자들이 태만한 자들을 먹여 살리는 세금임을 망각한다. 또한 그들은 노동자끼리의 경쟁을 예외로 하면 다른 모든 경쟁은 노동자들이 소비하는 물품을 저렴하게 만들기에 노동자들에게 유익함을 망각한다. 또한 노동시장 내에서의 경쟁도 노동자를 채용하려는 경쟁이 노동을 제공하려는 경쟁을 능가할 때는 저임금이 아니라 고임금의 원천이 됨을 망각한다.[9]

7   Thomas Robert Malthus, *An Essay on the Principle of Population,* Online Library of Liberty pdf. 25. https://oll.libertyfund.org.

8   Thomas Robert Malthus, *Principles of Political Economy*(London, 1836) 67.

9   John Stuart Mill, *Principles of Political Economy* 792.

존 스튜어트 밀이 보기에 시장경제의 유연성은 '부족과 부족' 사이의 '생존투쟁'과는 그 성격이 근본적으로 다르다. 경쟁에서 밀린 개인이나 단체는 '도태'나 '멸종', 즉 죽음으로 곧장 내몰리지 않는다. 본인이 성공할 가능성이 있는 다른 일터나 업종을 선택할 길은 활기찬 시장경제에서는 늘 열려 있기 마련이다. 대한민국에서는 불행히도 경쟁에서 밀린 개인들이 '극단적 선택'을 하는 사례가 비일비재하지만 존 스튜어트 밀의 지적에 동의할 이들도 많을 것이다.

constitution

헌법

지금의 대한민국은 1987년에 출범한 제6공화국이다. 제1공화국이 수립된 해는 1948년이다. 반세기도 안 되는 시간에 한반도 남쪽의 공화정은 여러 차례 틀과 구조가 변경되었다. 그러다보니 대한민국에서 '헌법'은 변하는 시대의 요구에 맞추어 뜯어고치면 되는 합의문 정도로 이해하는 경향이 있다. 게다가 '헌법재판소'에서 정치적 쟁점을 정치적으로 판결해주는 사례가 누적되고 있기에 한국어 사용자들은 '헌법'을 정치놀음의 한 종류로 인식할 소지가 있다.

대한민국이 채택한 대통령 중심 민주정은 주로 미국을 모델로 한다. 미국을 통해 서구문명을 접한 메이지시대 일본에서는 미국의 체제를 규정하는, 또한 그러한 문서를 일컫는 데 사용되는 'constitution'을 '憲法'으로 옮겼다. '법 헌憲' 자와 '법 법法' 자를 결합해놓은 것이다. '법 중의 법'이라는 의미를 담으려는 의도가 담긴 번역이다. '헌' 자는 '헌병憲兵'에도 쓰인다. 무력을 전유하는 군대에서도 특권적인 무력을 사용할 수 있는 집단은 '헌병'이다. 이와 유사하게 '법 위의 법'인 헌법은 법 조항 사이에서 '헌병'의 지위를 갖고 있는 가장 '무서운' 법이다.

'헌법'은 '법 위의 법', '법의 헌병'인가? 성문 헌법에 기초한 미국에서도 'constitution'을 그대로 '헌법'으로 옮기면 난처한 문제가 생긴다. 미국에서 'constitution'에 대한 법학적 논의를 이르는 말은 'constitutional law'다. 법학 교육과정의 과목이기도 한 이 말을 번역하여 'constitution = 헌법'의 공식을 적용하면 '헌법법'이라는 어색한 결과를 얻는다. 일본이나 한국 학계에서는 '헌법학'이라는 말을 만들어 'constitutional law'에 대응하는 개념으로 삼는다. 창의적인 대응이기는 하지만 근본적으로 'constitution'을 '법전'으로 단정한 성급한 결정을 보완하는 데는 미흡하다.

미합중국 'constitution'이 탄생한 18세기에 이 말은 상당히 포괄적인 의미를 지니고 있었다. 그중에는 비정치적 용례도 적지 않다. 18세기 영국에서 가장 존경받는 철학자 겸 신학자 중 한 명이었던 조지프 버틀러Joseph Butler는 『자연 종교와 계시 종교가 자연의 구성 및 전개와 갖는 유비적 관계The Analogy of Religion, Natural and Revealed, to the Constitution and Course of Nature』(1736)를 집필했다. 이 책 제목에서 'constitution'을 자연의 '헌법'으로 옮기면 완벽한 오역이 된다. 이 책에서는 창조주가 만든 자연의 구성 원리를 뜻한다. 예를 들어 조지프 버틀러는 자연의 'constitution(구조, 구성)'에 따라 인간은 일종의 "기절 상태"인 수면중에도 의식이 지속되고, 이를 통해 기독교가 일깨우듯이 죽음으로 영혼이 사라지는 것이 아님을 유비적으로

보여준다고 지적한다.[1]

　같은 단어는 자연 전반뿐 아니라 가장 정교한 자연의 구성물인 인간의 신체구조나 상태를 가리킬 경우도 많았다. 그러한 용례가 중요했음을 입증하는 저자는 의사이자 생리학자인 조지 체인George Cheyne이다. 그의 저서 『영국병, 또는 모든 종류의 신경 질병에 대한 논고 The English Malady: or, a Treatise of Nervous Diseases of all Kinds』(1733)에서 자주 등장하는 'constitution'은 대체로 오늘날 우리말의 '체질'과 같은 뜻이다. 부모가 자식들의 "신체 및 체질"을 만들어내는 "도구 및 통로"라는 진술이나 오염된 공기는 "가장 건강한 체질"의 소유자도 병들게 한다는 주장 등에서 '체질'로 번역한 말이 'constitution'이다. 이 말은 '건강' 그 자체를 의미하기도 했다. 조지 체인은 "건강constitution이 완전히 망가진 사람들"은 "소모병consumption"('consumption소비' 참조) 증상을 보인다고 단언한다.[2]

　신학이나 생리학뿐 아니라 이 시대의 정치 담론에서도 'constitution'이 자주 쓰였다. 그러나 그럴 경우에도 의미의 한 부분은 자연의 '구조'나 인간의 '체질'을 말하는 용례에 연결되어 있었다. 데이비드 흄은 고대 로마공화정의 정치구조를 'constitution'으로 명명

[1]　Joseph Butler, *The Analogy of Religion, Natural and Revealed, to the Constitution and Course of Nature*(London, 1736) 22.

[2]　George Cheyne, *The English Malady: or, a Treatise of Nervous Diseases of all Kinds, as Spleen, Vapours Loweness of Spirits, Hypochondriacal, and Hysterical Distempers* (London, 1733) 26, 162-3.

한다. 공화정시대 로마의 'constitution'은 인민에게 입법적 권리 전체를 부여했고 귀족들에게는 이를 거부할 여지를 남겨두지 않았다. 로마의 인민들은 이러한 무한 권력을 "대표자를 통하지 않은 집단행동"을 통해 행사했다. 다시 말해 인민들은 정교하고 명료하게 기술되어 있는 문서로 성문 헌법에 호소하는 대신 그때그때 집단행동을 통해 자신들의 세력을 과시하고 의지를 관철했다. 따라서 이 맥락에서 'constitution'은 '법 위의 법'으로서의 '헌법'이 아니라 정치의 '체질'이나 '체제' 정도로 옮기는 것이 적절하다.[3]

데이비드 흄이 '법치국가'임을 자랑하던 당대 영국의 'constitution'을 언급할 때도 그 의미의 실상은 크게 다르지 않다. 데이비드 흄은 당시 영국의 가장 막강한 권력기관으로 부상한 하원House of Commons(평민원)이 'constitution'의 '구성원member' 중 하나라고 한다. 다른 '구성원'들은 '국왕/행정부Crown'와 '상원House of Lords(귀족원)'이다. 하원은 '헌법'의 한 '조항'이 아니라 'constitution'의 한 '구성원'이다. 따라서 이 말은 '체제', 또는 굳이 '헌' 자를 고집하려면 '헌정질서' 정도로 옮겨야 옳다. 왕정의 요소와 공화정의 요소 둘 다 갖고 있는 영국의 'constitution'이 시대가 변하면서 한쪽으로 기울게 된다면 어느 쪽이 더 나을까? 이 문제를 논하는 글에서 데이비드 흄은 영국인들에게는 완전한 공화정보다는 절대왕정이 더 적합하리라는 소견을 피력한다. 이때도 'constitution'을 '헌법'으로 번역하면 뜻이 잘 통하지 않는다.[4] 헌법 문서 개정 차원이 아니라 헌정 체제를 유지하는 균형이 변화함에 따라 야기되는 결과를 언급하기 때문이다.

18세기 후반 하원의원 겸 사상가이자 당대 최고의 웅변가였던 에드먼드 버크Edmund Burke는 영국동인도회사의 벵골 식민지총독 워런 헤이스팅스Warren Hastings를 탄핵하는 데 자신의 열정과 정치력을 한껏 쏟아부었다. 워런 헤이스팅스가 영국의 법치주의를 무시했고, 현지인들을 자의적으로 착취했으며, 뇌물수수와 공금횡령 등의 범죄를 저질렀다는 것이 에드먼드 버크와 그의 동료 하원의원들의 주장이었다. 에드먼드 버크가 워런 헤이스팅스를 기소하는 연설에서 'constitution'은 주요 쟁점 중 하나였다. 워런 헤이스팅스는 탄핵 재판장에서 자신이 통치한 인도 지역의 토착 'constitution'이란 원래 다수의 민중을 소수의 지배자가 "저급하고 미천한" 상태에 머물도록 억압하는 구조라고 주장했다. 따라서 영국인들의 눈에는 탄핵 사유가 될 만한 일들도 현지의 'constitution'에는 맞는 것이고, 자신은 현지 정치의 관행을 따랐을 뿐이라는 것이 그의 변명이었다. 이때 'constitution'이 벵골 지역의 문서화된 '헌법'을 언급하는 것이 아님은 쉽게 알 수 있다. 반면 에드먼드 버크는 벵골의 정치문화가 그렇게 무법천지고 무자비한 억압을 용인하는 것이 아니라 철저한 이슬람 율법에 근거한 법치주의를 따르고 있었음을 역설하며 워런 헤이스팅스를 공격했다. 에드먼드 버크는 고유의 억압적인 정치문화가 아니라 영국인 지배자 워런 헤이스팅스가 주도한 "부패"가 "그 나라

3　　David Hume, *Essays Moral, Political, and Literary* 16.

4　　David Hume, *Essays Moral, Political, and Literary* 35, 51-2.

헌정질서^{constitution}의 모든 이득을 상실하게 한 진정한 원인"이라고 단언했다.[5]

에드먼드 버크의 워런 헤이스팅스 탄핵 연설에 등장하는 'constitution' 논쟁에서는 데이비드 흄의 논설과 비교하면 분명히 '원칙'의 측면이 강조된다. 그러한 면에서 이 말은 헌법적 원리를 뜻한다고 할 수 있다. 18세기 내내 북아메리카 및 서인도제도(카리브해) 영국 식민지에 아프리카인 노예들을 파는 노예무역은 영국의 중요한 '기간산업' 중 하나였다. 워런 헤이스팅스를 탄핵하던 시기인 1780년대 후반에는 온갖 사업자와 투자자가 관여하던 영국의 노예무역을 법으로 금지하라고 요구하는 목소리가 의회 안팎에서 터져나왔다. 이 운동을 주도하는 이들은 '폐지론자^{Abolitionist}'로 불렸다. 그랜빌 샤프^{Granville Sharp}를 비롯한 폐지론자들은 노예무역이 영국의 'constitution'에 위배되는 행위라고 비판했다.[6] 그들은 구체적으로 영국의 특정 헌법적 문서가 노예제도나 노예무역을 금지했음을 언급한 것이 아니었다. 다만 그것이 영국의 '헌정 원리'에 맞지 않음을 지적한 것이었다. 또다른 폐지론자 제임스 램지^{James Ramsay}의 다음과 같은 주장은 그들이 '원리'의 측면에서 'constitution'을 이해하고 있었음을 잘 보여준다.

> 우리의 헌정 원리(constitution)는 워낙 개인의 자유를 극도로, 거의 편중될 정도로 보호한다. 잘 통치되는 국가들의 일반 원칙을 반박하는 것으로 보일 정도로 개인의 사적 행동에 국가가 간섭할 가능성이나 방법을 차단한다.

이와 같이 제임스 램지는 개인의 자유를 강력히 보호하는 영국이 남의 자유를 무참히 빼앗는 노예무역에 뛰어들고 노예노동으로 이득을 보는 것이 말이 되느냐고 묻는다.[7]

이 시대에는 노예무역 외에도 영국의 다른 치부를 도려낼 필요성을 절감한 이들이 적지 않았다. 재산권, 소송 등 민사 영역을 극도로 섬세하게 발전시킨 영국법은 형사법에서 매우 뒤처져 있었다. 법률가이자 정치인인 윌리엄 이든William Eden은 이러한 영국법의 현실이 결코 바람직하지 않다고 생각했다. 그의 전제는 다음과 같다.

> 자유로운 인민들에게는 그들의 헌정 원리(constitution)에 따른 법률들, 즉 행동의 규칙이 있어야 한다.[8]

그러나 현실은 그렇지 못했다. 절도 행위를 어떻게 처리해야 하는지를 명시한 문서화된 헌법은 존재하지 않았다. 다만 암묵적으로 재산권을 가장 중시하는 '헌정 원리'만이 법 집행 및 재판

---

5   Edmund Burke, *The Writings and Speeches of Edmund Burke*, vol. 6: *India: The Launching of the Hastings Impeachment 1786-1788*. ed. P. J. Marshall(Oxford: Clarendon, 1991) 349, 353-4.

6   Granville Sharp, *An Essay on Slavery, Proving from Scripture its Inconsistency with Humanity and Religion*(Burlington, 1773) vi.

7   James Ramsay, *An Essay on the Treatment and Conversion of African Slaves in the British Sugar Colonies*(London, 1784) 64.

8   William Eden. *Principles of Penal Law*(London, 1771) 210.

에서 존중되고 있었을 뿐이다. 그 결과 남의 물건을 훔치거나 강탈한 행위를 살인과 마찬가지로 사형으로 처벌하는 것이 영국 형사법의 원칙이었다. 그러나 실제로 모든 좀도둑을 모조리 사형하기도 쉽지 않았기에 이러한 엄격한 원칙이 범죄를 줄이는 효과는 미미했다('transportation / traffic교통' 참조).

18세기 영국 의회와 국왕으로부터 독립하며 미국이 작성한('America아메리카' 참조), 그리고 오늘날까지 이어지는 'constitution'은 지금까지 살펴본 '체제 구성'과 그러한 체제의 '헌정 원리'라는 두 가지 의미를 계승했다. 그들은 몇 가지 기본 정신에 따라 새로운 국가 체제를 구성하는 문서 그 자체를 'constitution'이라고 명명했다. '헌정 원리'의 측면만을 강조할 때는 '법 위의 법'으로서 '헌법'으로 간주할 수 있다. 그러나 이 문서의 핵심 과제는 새로운 연방공화국의 권력기관을 구성하는constitute 것이었다. 미합중국 헌법의 '전문Preamble'을 원문 그대로 옮기면 다음과 같다.

우리 연합주들(United States)의 인민들은 보다 더 완전한 연합체를 형성하고, 정의를 확립하고, 국내의 평안을 보장하고, 공동 방위를 규정하고, 공공 복리를 증진하고, 우리와 우리 후손들이 누릴 자유의 축복을 지켜주기 위해, 아메리카 연합주들을 위해 이 체제 구성(Constitution)을 제정하고 확립한다.

이렇게 운을 뗀 후 이 문서는 본문에서 체제의 각 구성단위인 입법부, 행정부, 사법부를 이 순서대로 다루며 각 단위의 구성방식

및 권한을 기술한다. '미합중국 헌법'의 모든 문장의 동사 형태는 'shall'이 포함된 명령형이다. 이러한 동사구를 통해 새로 출범한 미합중국이 이 문서에서 요구하는 대로 구성되고 유지될 것을 바라는 의지와 희망을 표명한다. 이 문서 그 자체를 '헌법'으로 여기지 않을 이유는 없다. 다만 영국의 입헌군주제를 대체하는 새로운 체제 구성을 'constitution'으로 지칭하고 있음을 기억할 필요는 있다.[9] 나라의 '국부들Founding Fathers'의 뜻과 의지가 그러했기에 이 문서를 이어받은 '후손들'은 쉽게 이 'constitution', 즉 새로운 나라의 구성과 체질을 함부로 바꾸지 못하고, 또한 그렇게 하기를 주저한다.

북아메리카의 영국 식민지들이 독립 연방공화국으로 합쳐지기 전에도 각 식민지는 '헌법'이라고 할 수 있는 법적 문서를 갖고 있었다. 앞서 'America(아메리카)'에서 살펴본 버지니아와 뉴잉글랜드 '특허장'이 그러한 예다. 캐롤라이나 식민지의 경우 이러한 기초 문서 제목에 'constitution'이 포함되어 있다. 1669년에 존 로크가 그의 후견인 앤서니 애슐리 쿠퍼Anthony Ashley Cooper의 지시를 받아 작성한 이 문서의 이름은 "Fundamental Constitutions of Carolina"다. '체제 구성' 및 '헌정 원리'를 뜻하는 'constitution'이 단수가 아니라 복수로 쓰였고 해당 명사 앞에 '근본적'이라는 술어가 붙어 있다. 이 문서는 새로운 식민지의 구성단위 각각의 위상과 역할을 규정해놓았기에 복수형을 썼다. 시대가 다르고 상황이 달랐던 만큼 이 문서

9   *The Constitution of the United States: A Transcription.* https://www.archives.gov

에 담긴 '헌정 원리'는 민주주의를 장려하기는커녕 "민주주의를 예방하기 위한" 것임을 서두에 밝힌다. 국왕에게 특허를 획득한 앤서니 애슐리 쿠퍼를 비롯한 '소유주 경들Lords Proprietors'이 새 식민지의 지주들이고 이주자들은 이 대지주들에게 토지를 임차하는 것임을 이 문서는 누차 강조한다.[10]

국왕이나 '경들'이 아니라 인민들이 주체가 되고 그들 스스로 '자유의 축복'을 수호하기 위해 제정한 미합중국의 헌법은 핵심 단어인 'constitution'을 복수가 아니라 단수로 사용한다. 흥미롭게도 새로운 공화국 미국의 '헌정 원리'를 구체화하는 데 크게 기여했다고 평가받는 『연방주의자』에서 미국의 헌법을 복수로 사용한 문장이 발견된다. 제임스 매디슨James Madison이 쓴 『연방주의자』 10호는 다음과 같이 새로 구성된 미국의 체제를 예찬한다.

미국의 체제 구성(constitutions)이 고대와 현대의 대중정치 유형들을 값지게 개선해낸 점은 아무리 칭찬해도 부족할 정도다.[11]

'미합중국 헌법'이라는 단수 주체가 아닌 이 복수형 명사구는 복수의 문서를 지칭하는 것이 아니기에 17세기 캐롤라이나 식민지 특허장의 용례처럼 체제를 구성하는 단위를 가리키는 것으로 보아야 할 것이다. '법 위의 법'으로 군림하는 '헌법'이 아니라 체제 구성을 뜻하는 이 말은 제임스 매디슨의 글에서는 구체적으로 "대중정치 유형들popular models"을 말한다. 고대 아테네부터 내려온 다양한 민주주의 체제 선례 중에서('democracy민주주의' 참조) 미국의 체제가 가장 우월하다는 것이 제임스 매디슨의 주장이다. 여러 '주'가 연방으로 단합할 필요성을 호소하는 『연방주의자』도 'constitution'에 부여한 기능은 특정 문서를 지목하는 것이라기보다는 새로운 체제의 구성을 가리키는 것이었다.

미국의 독립을 이끈 그들은 문서 그 자체를 맹신하지 않았다. 반면 에드먼드 버크는 1790년에 프랑스혁명을 주도하는 세력을 비판하며 그들이 문서만 근사하게 새로 작성하면 새로운 체제가 자동으로 구성되리라는 환상을 갖고 있고 그러한 착각은 엄청난 폐해를 낳을 것임을 경고했다. 에드먼드 버크가 보기에 정치 체제^{constitution}는 무조건 다수결로 만사를 해결하는 '산술문제'가 아님을 다음과 같이 지적한다.

국가의 체제 구성(constitution)과 권력의 적절한 배분에는 매우 섬세하고 정교한 솜씨가 필요합니다. 인간 본연의 속성과 인간에게 필수적인 요소, 정치제도의 장치가 추구하는 다양한 목표로 이끄는 것이 무엇이며 방해하는 것이 무엇인지에 대한 깊은 지식이 필요합니다.[12]

---

10   *The Fundamental Constitutions of Carolina* (London, 1669) 1, 9.

11   *The Federalist Papers*, No. 10, https://guides.loc.gov/federalist-papers

12   Edmund Burke, *The Writings and Speeches of Edmund Burke*, vol. 8: *The French Revolution 1790-1794*, ed. L. G. Mitchell(Oxford: Clarendon, 1998) 103, 111.

에드먼드 버크가 생각하는 'constitution'은 인간의 성향과 속성부터 역사, 전통, 풍습 등에 이르기까지 모든 것을 포용한 종합적인 '구성'과 '체질'을 고려하는 '정교한' 예술이다. 짧은 공화정 역사에도 불구하고 벌써 '헌법' 문서를 수차례 뜯어고친 대한민국에서는 받아들이기 어려운 주장일 듯하다.

consumption
소비

생산과 함께 경제의 양 축을 구성하는 '소비'의 한자어는 '사라질 소熇' 자와 '쓸 비費' 자로 이루어져 있다. 소 자에는 '삼수변氵'이 한쪽에 붙어 있고 비 자는 '돈'을 뜻하는 '조개패貝'가 받치고 있다. 한자어대로 풀이하면 '물처럼 돈을 써버리는' 행위가 소비다. '소비'에 해당하는 영어 단어 'consumption'과 프랑스어 'consommation', 이탈리아어 'consumo'는 모두 라틴어 'consumere'에서 유래했다. '다 가져가다'라는 뜻의 이 라틴어 단어는 '사용해버리다, 먹어버리다, 낭비하다'라는 의미로 사용되었기에 대체로 부정적 뉘앙스가 포함되어 있었다. 예를 들어 '유산을 다 써버리다', '하루 시간을 다 써버렸다' 같은 표현에 'consumere'가 쓰였다.[1]

---

[1]   *Cassell's Latin-English/English-Latin Dictionary*, ed. D. P. Simpson(London: Cassell, 1968).

영국에서도 'consumption'에는 근세 초기까지 라틴어 'consumere'처럼 부정적 의미가 내포되어 있었다. 윌리엄 셰익스피어가 1590년대 후반부에 써서 공연한 『헨리 4세 2부』^{The Second Part of King Henry} ^{IV}에서 술주정뱅이 엉터리 기사 존 폴스타프가 자기 수종하고 나누는 다음과 같은 대화가 전형적인 예다.

> **폴스타프** : 내 지갑에 돈이 얼마 있니?
> **수종** : 4페니 은화 일곱 개와 2페니 동전이요.
> **폴스타프** : 내 지갑의 이 소모병(consumption)에는 처방이 없구
> 먼. 돈을 빌려봐야 그저 질질 끌 뿐, 이 병은 불치병이야.
> ─『헨리 4세 2부』 1막 2장, 235~239행²

폴스타프는 경제적인 '소비'를 말하고 있기는 하나 본인의 헤픈 씀씀이를 질병으로 진단하며 'consumption'을 의학적 용어로 사용했다. 이 단어는 셰익스피어시대는 물론 이후 한참 후까지 사람의 기력과 생명을 소모시키는 불치병을 가리켰다.

근세시대 영국 의학서에서 폐결핵을 포함한 매우 광범위한 증상들이 'consumption'으로 분류되었다. 리처드 모턴^{Richard Morton}은 『프티시올로기아, 또는 소모병에 관한 논고』^{Phthisiologia, or, A Treatise of} ^{Consumptions}(1694)에서 "신체의 근육 부분을 손실시키는" 모든 증상을 "소모병^{consumption}"에 포함시켰다. 리처드 모턴은 그중에서 폐의 질병 때문에 장기가 손상되는 증상, 즉 폐결핵을 가장 중요하게 다루었다. 그러나 마음의 병도 무시하지 않았다. 리처드 모턴은 '우울

증^{melancholia'}이 유발하는 소모병으로 인해 죽음에 이를 수 있음을 다음과 같이 경고한다.

> 이것은 대부분의 경우 고질적 증상으로 그 원인이 정신 병적 증세라 점진적으로 진행된다. 그러나 대부분의 경우 죽음에 이르게 하는 병이다. 그 이유는 진행 상태를 감지할 수 없기 때문에 병에 대한 두려움이 생기지 않은 상태로 환자가 오랜 기간 허약해지다가 마침내 심각한 소모병에 이르게 되기 때문이다.[3]

지칠 줄 모르는 술 소비를 견뎌내는 건강한 신체의 소유자 폴스타프는 그의 '지갑'이 앓는 '소모병'을 걱정하기는 하지만 리처드 모턴이 말하는 치명적인 '우울증'과는 거리가 멀다.

리처드 모턴의 명저가 출간된 지 한 세대가 지난 후에 나온 또 다른 유명 의사가 쓴 의학서에서도 'consumption'은 여전히 매우 넓은 범위의 증상을 가리키는 용어로 쓰인다. 조지 체인은 『영국병, 또는 모든 종류의 신경 질병에 대한 논고』('constitution헌법' 참조)에서 약으로 치유할 수 없는 "주요 장기 파괴"를 '소모병'으로 진단한

2   William Shakespeare, *The Second Part of King Henry IV* ed. A. R. Humphreys (London: Methuen, 1966).

3   Richard Morton, *Phthisiologia, or, A treatise of consumptions wherein the difference, nature, causes, signs, and cure of all sorts of consumptions are explained* (London, 1694) 218.

다. 조지 체인의 저서는 주로 신경과 정신 관련 질환을 다루고 있다. 그가 말하는 '소모병'은 리처드 모턴이 주목한 우울증으로 인해 신체기관이 점점 더 망가지는 증상을 이르는 명칭이다.[4] 의학 용어로서 'consumption'은 이후에도 계속 꾸준히 사용되었다. 가난한 이들의 구제를 목적으로 제정된 구빈법의 문제를 다룬 토머스 올콕^Thomas Alcock은 1752년에 출간된 글에서 폴스타프의 '소모병'(돈의 낭비)을 유발하는 주점들의 해악을 다음과 같이 고발한다.

> 우리나라 여러 주점의 이윤이 사람들의 소모병(consumption), 구걸, 파괴에서 발생되지 않을 다른 방법이 있나? 길가 사방에 주점이 널려 있을 뿐 아니라 시골에도 구석구석 술집들이 있으니 사람들이 그곳으로 들어가서 돈과 시간을 써버릴 유혹이 얼마나 큰가?[5]

저자는 주점에서의 소비 행위가 아니라 그로 인한 건강 악화를 'consumption'으로 표현하므로 이 단어에 긍정적 의미를 부여할 의도가 전혀 없음을 표명한다.

사람의 마음이나 몸에 잠복해 있다가 생명을 조금씩 갉아먹는 병이 'consumption'이라면 이 말이 생산을 유발하여 경제를 활성화하는 시장경제활동을 일컫기를 기대하기란 어려울 듯하다. 경제적 의미를 부여한다고 해도 폴스타프가 앓는 '지갑의 소모병'을 건전하고 합리적인 소비로 지위를 바꿀 필요도 있을 것이다. 이러한 작업을 수행한 선구자 중 한 명이 대니얼 디포다. 앞서 'business(비즈니스)'에서 지적한 바와 같이 소설가로만 주로 기억되는 대니얼 디포는 다양한 시사문제에 대해 여러 논설을 쓴 다재다능한 저술가다. 이러한 그가 새롭게 전개되는 시장경제의 여러 측면에 대해 관심이 없을 리 없었다. 그는 『영국 상업의 지형도*A Plan of the English Commerce*』(1728)에서 "인구 증가"를 "식용품 소모의 증가"와 연결한다. 더 많은 사람이 더 많은 음식을 먹는다? 그렇게 되면 각자 먹을 양이 줄어들므로 걱정해야 하나? 이 질문에 대한 대니얼 디포의 답은 다음과 같다.

식료품 소비가 증가하면 보다 많은 토지를 경작하게 되고, 노는 땅의 구획을 확정하고, 벌목하고, 숲과 공유지를 개간하고 개량한다. 그렇게 되면 더 많은 농업 사업가가 모여들고, 농가와 오두막이 지어지고, 상업을 통해 농업에 필요한 물품이 공급된다.

식료품 소비가 증가하면 일단 농업경제가 번창한다. 또한 그 덕에 제조업도 성장한다. 경제가 발전하면 일거리가 늘어나고 일거리가 많아지면 임금 수준이 높아진다. 그 결과 인구가 늘어나고, 인

---

4   George Cheyne, *The English Malady* 162-3.

5   Thomas Alcock, *Observations on the Defects of the Poor Laws, and on the Causes and Consequences of the Great Increases and Burden of the Poor*(London, 1752) 73.

구가 많아져 소비가 증가하면 더 많은 땅을 개간하게 되어 농업 생산은 더욱 늘어난다. 이와 같이 "개량을 향해 굴러가는 바퀴들"을 돌리는 선순환에서 소비의 역할은 매우 중요하다.[6] 대니얼 디포의 저서에서 'consumption'은 사람의 장기를 손상시키는 질병이 아니라 한 나라의 번영을 촉진하는 주역으로 부상한다. 따라서 그 말의 번역도 '소모'보다는 '소비'가 되어야 적절하다.

　　대니얼 디포는 『영국 상업의 지형도』를 출간하고 3년 후에 사망했다. 그러나 그가 구축해놓은 의미를 토대로 'consumption'은 계속 확장되었다. 조사이아 터커('America아메리카' 참조)는 부유한 잉글랜드가 가난한 스코틀랜드와 아무리 경쟁한다고 해도 여전히 우위를 차지할 것이라는 주장의 근거로 다음과 같은 사실을 제시한다.

　　런던의 가구업자 가게 아무 곳이건 들어가서 가장 흔한 물품을 조사해보라. 그곳에서 구할 수 있는 수준의 깔끔하고 튼튼한 물품을 스코틀랜드에서 더 싸게 사기는 어려울 것이다. 게다가 선박 제조를 예로 들면 이 업종처럼 목재를 엄청나게 소비하는(consumption) 경우도 없을 텐데, 그 어떤 크기의 배를 만들든 템스강 변에 있는 조선소에서보다 글라스고에서 배를 만드는 것이 비용이 덜 들어갈 리 있을까?[7]

　　조사이아 터커는 대니얼 디포와 달리 식료품 소비가 아닌 제조업에서의 원자재(목재) 소비를 'consumption'으로 표현한다. 대니얼 디포의 용례에서는 신체적 증상을 일컫던 함의가 남아 있었으나 조사이아 터커의 시대에는 그러한 연결고리에서 벗어났고 의미의 폭도 사뭇 넓어졌다.

이 말에 보다 안정적이고 고정적인 의미를 부여한 저서는 애덤 스미스의 『국부론』이다. 이 저서는 'consumption'을 오늘날 우리가 사용하는 의미로 확정할 뿐 아니라 소비 행위의 주체를 'consumer'라고 명명했다. 전자를 대표하는 대목은 수없이 많지만 그중 하나는 다음과 같다.

노동에 대한 임금이 증가하면 상품 가격에서 인건비가 차지하는 비중이 늘어나므로 여러 상품의 가격은 필연적으로 오른다. 그렇게 되면 국내 및 해외에서 이 상품들의 소비(consumption)는 그만큼 줄어들게 만드는 경향이 있다.

후자의 예도 그의 저서에서 풍부하게 발견된다. 가령 애덤 스미스는 국가의 부자연스러운 시장 개입으로 소가죽 가격이 인위적으로 높아지면 도축용 소 가격도 올라가는 경우를 가정하고 다음과 같은 명제를 제시한다.

---

6   Daniel Defoe, *A Plan of the English Commerce, Political and Economic Writings of Daniel Defoe, vol. 7: Trade*, ed. John McVeagh(London: Pickering & Chatto, 2000) 135-6.

7   Josiah Tucker, *Four Tracts on Political and Commercial Subjects* 19.

발전해 있고 잘 경작된 나라에서 지주나 축산업자의 이익은 이러한 규제에 별로 영향을 받지 않는다. 다만 이들도 소비자(consumer)로서의 이익은 식료품 가격의 인상으로 인해 영향을 받을 것이다.[8]

이와 같이 한 사람이 생산자로서의 입장과 소비자로서의 입장이 서로 다를 뿐 아니라 서로 대립되는 경우는 시장경제를 채택한 사회에서는 적지 않다. 그렇다고 해서 이와 같은 '자아 분열'이 우울증을 유발하고 건강을 좀먹는 '소모병'으로 귀착되는 경우는 그리 많지 않을 것이다.

소비로 인한 생산 유발과 이를 통한 경제 발전을 시장경제의 일상적이고 건전한 모습으로 인정해주는 시대가 열리자마자 다른 한편에서는 이러한 소비가 함축한 윤리적 문제점에 대한 문제 제기도 등장하기 시작했다. 특히 문제가 되는 것은 '아메리카'에서 생산되는 물품의 소비였다. 역사가 윌리엄 로버트슨('America아메리카' 참조)은 『아메리카의 역사』에서 에스파냐인들이 아메리카를 식민지로 만들고 나서 원주민들을 금광과 은광에서 혹사하여 죽음에 이르게 한 만행을 고발하는 대목에서 'consumption'을 다음과 같이 사용한다.

에스파냐인들의 폭정과 잔혹함보다 멕시코와 페루 원주민들에게 더 치명적이었던 것은 그들이 새로운 정착지를 건설하며 채택한 무분별한 정책이었다. 전자는 개인들에 대한 일시적인 재앙이었으나 후자는 항속적인 해악으로 점차 한 민족을 점진적 소모(consumption)를 통해 황폐화했다.

이들 원주민은 원래 따뜻한 평지에서 느긋하게 살던 사람들이었다. 그들은 추운 고지대 광산으로 끌려온 후 부실한 음식물과 "지금껏 겪어보지 못한 압제로 인한 절망"에 빠져 "매우 빠른 속도로 사라져갔다"고 윌리엄 로버트슨은 고발한다.[9] 금과 은을 캐내어 마음껏 소비생활을 즐기려던 에스파냐인들의 탐욕 때문에 광산에 갇힌 원주민들은 집단적 '소모병'을 앓다가 죽어나갔다. 윌리엄 로버트슨은 경제적 '소비'와 생리적 의미의 '소모병'이 서로 밀접히 연결되어 있는 사례를 예시한 셈이다.

윌리엄 로버트슨의 글을 읽는 당대 영국 독자들은 에스파냐령 아메리카 식민지 광산을 야만스러운 과거 역사의 한 장면으로 치부할 수 있었다. 그러나 당대 아메리카의 영국 식민지에서 벌어진 또 다른 만행은 생생한 현재의 문제였다. 영국인들이 소유한 카리브해 섬들의 농장에서 일하는 노예들은 사탕수수를 재배했고 거기에서 영국인들이 매일 소비하는 설탕이 생산되었다. 17세기 중반 윌리엄 페티William Petty는 마음 편히 "우리의 아메리카 농장"에서 일하는 노예들의 가치를 감정 평가했으나('America아메리카' 참조) 18세

---

8   Adam Smith, *The Wealth of Nations* I.viii.57, I.xi.m.12.

9   William Robertson, *History of America* 330.

기 말 영국에서는 카리브해 섬들에 갇혀 있는 아프리카인 노예들의 강제노동을 당연시하지 않는 이들이 대거 등장했다('constitution헌법' 참조). 노예무역 폐지론자들 중 한 명인 토머스 쿠퍼^{Thomas Cooper}는 'consumption'이란 말속에 윌리엄 로버트슨과 유사하게 인간 생명의 '소모'와 설탕의 '소비'를 다음과 같이 연결하고 있다.

내가 이 글을 쓰고 있는 이 순간 900만 명의 노예가 유럽인들에 의해 소비되었다. 이러한 통계도 이미 한 10년 전 것이므로 한 100만 명은 더 추가해야 한다. 노예 하나를 포획하기 위해 열 명씩은 살육해야 한다는 계산을 해보면 그렇다. 그중에서 5분의 1은 배에 실려오는 도중에 죽고, 3분의 1은 농장에 적응하는 과정에서 죽는다는 점을 감안하자. 전혀 과장하지 않은 계산을 해보아도 유럽인들의 탐욕이 보여주는 악마적인 게걸스러움은 무려 1800만 명의 우리와 같은 동료 인간에 대한 살인을 통해 채워지는 것이 아닌가! 하느님 맙소사, 그들은 도대체 무슨 목적에서 그렇게 하는가? 깜짝 놀란 독자는 이렇게 말할 법하다. "유럽의 신사 양반들이 마시는 차에 설탕을 타기 위해서!" 독자에게 해줄 답은 이것이다.[10]

우아하게 차를 마시며 설탕을 소비하는 '유럽의 신사 양반들'을 위해 숱한 아프리카인들의 생명이 '소모'되는 현실을 고발하는 이 글의 저자를 비롯한 노예무역 폐지론자들은 경제적 소비를 윤리적 기준에 종속시키려 애썼다. 경제활동의 일환으로 '소비'가 정당화되기 시작하던 시대에 도덕적 소비의 중요성을 강조한 운동도 함께 등장했다는 사실은 시장경제에 기초한 사회가 단순히 '자본'의 논리로 매사를 정당화하는 '자본주의'만을 추앙하지 않음을 상기시킨다.

10 Thomas Cooper, *Letters on the Slave Trade, The British Transatlantic Slave Trade*, vol. 3: *The Abolitionist Struggle: Opponents of the Slave Trade*, ed. John Oldfield (London: Pickering and Chatto, 2003) 45.

currency

통화

'통화'와 'currency'는 서로 잘 통한다. 동아시아에서 서구식 근대 시장경제를 받아들이기 한참 전부터 돈을 말할 때 '통할 통通'과 '재물 화貨'를 썼다. 한반도에서 사용한 고려의 '해동통보海東通寶', 조선의 '조선통보朝鮮通寶'·'십전통보十錢通寶'에 모두 '通' 자가 쓰였다. 'currency'를 '통화'로 옮긴 것은 현명한 선택으로 보인다.

    그러나 두 단어에는 한 가지 중요한 차이점이 있다. 말에 함축된 '속도'가 다르다. 한자어 '通'의 부수는 '갖은책받침辶'으로 '쉬엄쉬엄 갈 착'으로 불린다. 이웃끼리 서로 쉬엄쉬엄 왕래하듯이 느릿느릿 유통되는 것이 '通貨'다. 반면 'currency'는 '뛰다'라는 뜻의 라틴어 'currere'에서 유래했다. 이 말의 어감은 열심히 '뛰어야' 돈을 벌 수 있는 근대 시장경제 체제에 적합하다. 또한 'current'는 '달리고 있는' 또는 '달리듯이 계속 흘러가는 상태나 대상'을 뜻한다. 시냇물이건 큰 강물이건 물살은 '쉬엄쉬엄' 가는 법 없이 끊임없이 흐른다. 영어에서도 이 단어가 돈을 의미하게 된 시기는 경제활동의 리듬이 정신없이 빨라지기 시작한 18세기 이후다.

서구 언어에서 화폐를 뜻하는 단어들은 중세, 나아가 고대문명에서부터 이어졌다. 이 말들은 모두 예외 없이 단단한 금속 화폐를 가리킨다. 고대 로마의 직접적 후손인 이탈리아의 경우 돈을 의미하는 두 단어 'soldi'와 'denaro'는 각기 로마제국의 금화 'solidus'와 은화 'denarius'의 형태만 살짝 바꾼 것이다. 프랑스어 'argent'은 라틴어 'argentum(은)'에서 비롯되었다. 영국의 화폐단위인 '실링'이나 '파운드'는 모두 은의 함량을 나타내는 말이었다. 돈의 물질성은 영어에서 '현찰'을 뜻하는 'cash'의 어원에도 강하게 내포되어 있다. 이말은 프랑스어 'caissier(회계담당자)'가 관리하는 'caisse(돈 궤짝)'에서 유래했다.

'돈'이 근본적으로 금속 물체임을 중세와 근세 기독교 문명권 국가에서는 늘 기억했다. 누구나 잘 아는 '신약성서' 복음서도 그러한 사실을 상기시켜주었다. 대표적인 예는 유다가 예수 그리스도를 '은 삼십'을 받고 배반하는 장면이다. 유다는 예수가 붙잡혀 십자가형을 당하게 될 상황에 처하자 뒤늦게 자신의 행동을 후회한다. 그는 예루살렘의 교회 지도자들을 찾아가 받은 돈을 다시 가져가라고 한다. 그들은 이미 지불한 그 돈은 더이상 자신들과 상관없다고 한다. 그 이후 유다의 행동을 근세시대 표준 영어 성서인 『흠정역 *King James Bible*』(1611)은 다음과 같이 서술한다.

그는 성전에 은화들을 내던져놓더니 떠났고, 가서 스스로 목

맺다.**¹**

성전 바닥에 금속성 소리를 내며 흐트러진 은화들은 유다의 정신적 파탄 상태를 극명하게 대변한다. 이 영어 성서와 같은 시대에 출간된 윌리엄 셰익스피어의 『베니스의 상인 *The Merchant of Venice*』에는 '더컷 ducat'이라는 말이 자주 나온다. 베네치아공화국의 화폐 '두카토 ducato'를 영어식으로 표기한 것이다. 이 작품에서 유대인 고리대금업자 샤일록이 베네치아 귀족 바사니오에게 3000두카토를 다른 담보 없이 빌려주며 3개월 안에 갚지 못하면 가슴의 살 1파운드를 가져가겠다는 농담 같은 제안을 한다. 베네치아공화국의 화폐는 은화 '두카토 다르젠토 ducato d'argento'와 금화 '두카토 도로 ducato d'oro' 두 가지가 있었으나 상당한 액수의 대출금으로 피차 인식하는 것으로 보면 금화 '두카토 도로'라고 보아야 할 것이다. 샤일록의 금화 사랑은 남달랐다. 그의 딸 제시카가 로렌초와 눈이 맞아 자기가 애지중지 아끼던 금화를 들고 달아나자 그는 정신을 잃고 다음과 같이 외쳤다고 다른 인물이 전한다.

내 딸! 아 내 더컷들! 아 내 딸!
기독교도와 도주하다니! 아, 내 기독교도 더컷들!
　　　　　　　　　─『베니스의 상인』 2막 8장, 15~16행**²**

그가 절망하고 분노한 것은 딸이 사라져서가 아니라 딸보다 더 귀한 "내 더컷들"이 함께 없어졌다는 사실이었다. 샤일록이 "기독교도 더컷들"이라고 한 것은 그냥 막 질러대는 헛소리가 아니었다. 이 금화 한쪽 면에는 베네치아공화국의 수호성인 복음사가 마르코(마가)가 새겨져 있었고, 다른 면에는 예수 그리스도가 새겨져 있었다. 각 금화마다 금 함량을 엄격히 보장하는 믿을 만한 돈임을 수호성인과 예수 그리스도의 이름을 걸고 맹세한다는 의미가 담겨 있었다. 유대인 샤일록은 그리스도나 복음사가 마르코를 믿지 않았지만 "기독교도 더컷"의 가치만은 확고히 믿었다.

단단하기 이를 데 없고 은과 금의 함량을 철저히 보장하는 금속 화폐를 흐르는 액체를 뜻하는 말로 일컫게 된 역사적 배경에는 두 인물의 흔적이 남아 있다. 첫번째 인물은 돈이나 경제와는 전혀 상관없는 의사이자 해부학자 윌리엄 하비William Harvey다. 그는 고대 그리스 시절부터 그때까지 내려온 정설을 뒤집고 간이 아니라 심장에서 피가 만들어지고, 심장에서 내보내는 피가 온몸 혈관들로 순환한다는 사실을 실험을 통해 발견했다. 이 새로운 혈액순환이론을 정리하여 발표한 책이 생리학의 고전 『동물의 심장과 피의 운동에 대한 해부학적 연구*Exercitatio Anatomica de Motu Cordis et Sanguinis in Animalibus*』(1628)다. 윌리엄 하비는 자신의 연구와 실험에 근거하여 이 책 9장에서 심장에서 나간 피가 심장으로 다시 돌아온다고 주장했다. 그렇게 한 바

---

1   *The Holy Bible: Quatercentenary Edition* (Oxford: Oxford University Press, 2011) Matthew 27:5. 이하에서 『흠정역』 인용시 출처 표시는 생략한다.

2   William Shakespeare, *The Merchant of Venice,* ed. M. M. Mahood (Cambridge: Cambridge University Press, 2003).

퀴를 돈다는 의미에서 '순환circuitus'이라는 용어를 선택했다.[3]

두번째 인물은 정치학의 선구자 토머스 홉스('competition경쟁' 참조)다. 그는 화폐 유통을 혈액순환에 비유한 최초의 저자 중 한 명이다. 토머스 홉스는 『리바이어던』 24장에서 윌리엄 하비의 생리학 이론을 원용하여 국가경제에서의 화폐 역할을 일종의 소화작용에 비유한다. "당장 소비되지 않는 모든 상품을 향후에 사용할 수 있는 자양분으로 만들고, 같은 가치의 그 무엇으로 변환하여 사람이 갖고 다닐 수 있도록 하고, 사람이 어디에 있건 그 자양분이 제공하는 바를 얻을 수 있도록 해주는" 것이 바로 "금, 은 등의 화폐"다. 토머스 홉스는 다음과 같은 설명을 덧붙인다.

> 한 국가에서 찍어낸 화폐는 해당 국가 국민들 사이에서는 모든 다른 물건의 가치를 측정하는 단위로 충분하다. 이러한 가치 측정 덕분에 한 정치공동체 안에서 사람들이 본인 거주지 안이나 밖, 그 어디로 이동하건 간에 상품은 그와 동행하고 한 사람에게서 다른 사람에게 양도된다. 이처럼 돈은 여기저기 다니며 가는 곳마다 영양분을 주므로 한 국가의 혈액이라 할 수 있다. 대지의 소출을 섭취하면 혈액이 만들어져 사람 몸의 각 기관으로 순환하며(circulating) 자양분을 주는 것과 마찬가지다.[4]

토머스 홉스의 이와 같은 분석에서 돈 그 자체는 '금, 은' 등의 물질이다. 다만 금, 은 등의 화폐가 양도되고 주인이 바뀌는 과정을 혈액순환에 비유하고 있다.

17세기에서 18세기로 넘어가면서 혈액순환을 일컫는 'circulation'에 경제적 의미를 부여하는 경우가 점차 잦아졌다. 니컬러스 바본('capitalism자본주의' 참조)은 1690년에 '유행'이 '상업'에 기여하는 데 절대적으로 필요함을 다음과 같이 역설했다.

유행 또는 복식의 변화는 옷이 아직 다 낡지 않았는데도 옷을 사는 데 비용을 지출하게 하므로 상업을 크게 활성화한다. 유행은 상업의 정신이자 생명이다. 유행은 순환(circulation)되어 모든 상품에 골고루 가치를 부여하므로 상업이 잘 돌아가게 한다. 그것은 마치 사람이 지속되는 봄철 속에 사는 것과 같은 효과를 내며 사람의 옷을 바꾼다.[5]

니컬러스 바본은 분명히 화폐의 활발한 유통을 언급하고 있기는 하지만 그가 채택한 'circulation'은 토머스 홉스와 마찬가지로 생리학적 비유다. 그는 유행을 좇느라 "지속되는 봄철 속에" 살게 하는 소비 진작을 이 비유로 설명했다.

돈이 국가경제의 혈액처럼 순환하는 것으로 인식하는 그다음 단계는 그렇게 흘러다니는 대상 자체를 '흐름currency'이라는 말로 일

---

3   William Harvey, *Exercitatio Anatomica de Motu Cordis et Sanguinis in Animalibus* (Springfield, IL: Charles C. Thomas, 1928) 44-45.

4   Thomas Hobbes, *Leviathan* 174.

5   Nicholas Barbon, *A Discourse of Trade* 65.

컫는 것이다. 『옥스퍼드 영어사전』이 이러한 의미로 확장되는 용례로 제시한 것 중 가장 오래된 문장은 존 로크의 다음과 같은 진술이다.

> 사람들이 화폐를 양도하면 주인이 바뀐다는 사실에서 화폐의 권위와 '통화성(currency)'이 생겨난다.

존 로크의 표현에서 'currency'는 아직 화폐 그 자체보다는 통화로서의 자격과 속성을 뜻한다. 18세기 중반까지는 통화 그 자체가 아니라 '통화성'이라는 제한적 의미를 부여하는 것이 지배적인 관행이었다. 새뮤얼 존슨이 편찬한 『영어사전』에서 'currency'의 의미는 다음과 같다.

1. 순환, 한 손에서 다른 손으로 이동하는 역량
2. 일반적인 인정, 예를 들어 어떤 소식이 오랫동안 사실로 받아들여질 경우
3. 유창함, 말을 잘하고 발음이 부드러움
4. 지속성, 지속적인 흐름, 단절되지는 않는 흐름
5. 일반적인 평가, 사람들이 대개 가치를 인정하는 정도
6. 영국 식민지들에서 당국 직인이 찍혀 돈으로 통용되는 종이들

그중에서 돈과 관련된 것은 마지막 여섯번째 의미로 새뮤얼 존슨은 매우 지엽적이고 특수한 용례임을 상세한 설명을 덧붙여 밝히고 있다.

은과 금이 부족한 북아메리카 영국 식민지에서는 종이돈이 유통되고 있었다. 이러한 북아메리카의 '종이 화폐paper currency' 문제는 애덤 스미스도 『국부론』에서 몇 차례 언급한다. 예를 들면 다음과 같다.

뉴욕주에서는 일반노동자가 하루에 3실링 6펜스 통화를 버는데, 이것은 2실링스털링과 같은 가치다.

여기에서 '통화'로 번역한 단어는 'currency'이고 이는 종이 화폐를 말한다. 반면 '실링스털링'은 영국에서 발행된 은화다. 애덤 스미스는 종이와 금속의 가치가 서로 같을 수 있음을 이 문장에서 강조한 것이다. 애덤 스미스는 '통화currency', '종이돈paper money', '종이 화폐paper currency' 등을 같은 의미로 사용한다.

애덤 스미스는 거기에서 한 걸음 더 나아간다. 『국부론』에서 금속 화폐건 종이돈이건 통화 기능을 하는 매개체를 통틀어 일컫는 말은 'currency'다. 북아메리카와는 달리 이미 기존의 금속 화폐가 확고히 자리잡은 스코틀랜드에서도 새롭게 도입된 20실링 지폐가 "쉽게 유통되는circulate 통화currency"의 기능을 한다면 금화와 은화 가치를 혼란하게 할 일은 없을 것이다. 그가 보기에 문제는 화폐 자체의 재질이 아니라 사람들의 '신뢰'임을 다음과 같이 강조한다.

한 특정 국가의 사람들이 특정 은행가의 자산, 투명성, 신중함을 충분히 신뢰하여 그가 발행한 약속어음을 요구하면 언제든지 현금화할 수 있다고 믿는다면, 그러한 어음은 그 어느 때이건 금화나 은화와 바꿀 수 있다는 확신이 있는 한 금이나 은 화폐와 똑같이 통화의 기능을 하게 된다.⁶

그는 지폐에 대한 의구심이나 우려가 팽배했던 시대에 통화의 가장 중요한 요소가 무엇인지를 간파했다. '경제학의 아버지'답다.

그다음 세기로 접어들자 'currency'는 영어에서 통화 그 자체를 지칭하는 지위가 확정된다. 『국부론』이 이끄는 방향으로 의미가 진화한 것이다. 나아가 그 뜻을 바탕으로 한 비유도 등장한다. 누구나 겪기 마련인 삶의 고난은 인간 존재의 "일반적 통화common currency"(1806)라거나 풍기 문란을 "도덕적 통화moral currency"의 교란에 비유한 1879년 문장이 그러한 예다.

20세기로 들어와 돈의 흐름이 더욱 빨라지고 돈의 순환 경로가 한층 복잡하고 정교해지자 'currency'와 별도로 'liquidity(유동성)'도 등장했다. 자산의 현금화 또는 그러한 가능성을 의미하는 이 용어는 1920년대부터 은행과 관련하여 사용되었다. "영국 중앙은행의 발권 능력이 '유동성'을 보장한다"(1923)와 같은 표현은 초기 예다. 곧이어 'liquidity'는 그러한 형용사적 의미가 아니라 거액의 자금 자체를 가리키는 명사적 의미로 쓰이기 시작했다. '유동성'은 문자 그대로 번역하면 '액체성'이다. '뜀다'는 말에서 비롯된 'currency'보다 더 쉽고 빠르게 흘러다니는 것이 '유동성'이다. 액체 같은 속성을 강조하는 '유동성'은 무엇보다도 거액의 투자금을 운용하는 금융기관에게 중요했다. 돈을 '유동성'으로만 보는 자들의 이익이 사회

전체의 이익과 늘 부합하지 않을 수 있음을 J. M. 케인스^{Keynes}는 『고용, 이자 및 화폐의 일반이론*The General Theory of Employment, Interest and Money*』(1936)에서 다음과 같이 지적했다.

> 정통 금융의 원리 중 유동성의 물신, 즉 투자기관들이 자원을 '유동적' 증권 보유에 집중하는 것이 이 기관들의 미덕이라는 주장보다 더 반사회적인 것은 없다. 그것은 공동체 전체로 볼 때 투자 유동성은 존재하지 않는다는 사실을 망각하게 한다. 숙련된 투자의 사회적 목표는 미래의 불분명함과 무지의 어두운 힘을 패퇴시키는 것이어야 한다.[7]

J. M. 케인스의 경고에도 불구하고 금융자본주의가 "유동성의 물신"을 맹신하는 열정은 더욱더 강렬해진다. 급기야 돈과 금의 금속성 간의 연결 고리를 아예 제거하는 결정적인 변화마저 발생한다. 미국 정부는 1971년에 미국 달러와 금의 호환성을 금지한다. 금 보유 정도와 상관없이 마음대로 돈을 '찍어낼' 권리를 전 세계에 선포한 것이다. 이러한 시대의 투기 정신은 "자산 구축 계획을 재정적으로 지원하기 위해 유동성을 늘릴 필요가 있었다"(1972)와 같은 상투적인 표현에 담겨 있다.

6   Adam Smith, *The Wealth of Nations* I.viii.22, II.ii.100, II.ii.28.

7   John Maynard Keynes, *The General Theory of Employment, Interest, and Money* (Amherst, NY: Prometheus Books, 1997) 155.

‘통화currency’와 비교하면 ‘유동성 liquidity’은 그 어감부터 사뭇 전문적이고 다소 신비스럽다. 돈의 움직임이 ‘쉬엄쉬엄’ 다니던 시대에서 ‘뛰어다니는’ 시대를 거쳐 ‘유동성’으로 액체화된 시대에 도달하면 수치로만 존재하던 거액이 한순간 증권시장에서 ‘증발’하는 기체 상태로까지 변하는 일도 다반사가 된다.

law / justice / equity

machine / engine

—

democracy
—
empire
—
enlightenment
—
freedom / liberty
—
industry
—

D M

democracy

민주주의

"대한민국은 민주공화국이다."[1] 대한민국의 '대문' 격인 헌법 제1조 제1항에는 '민주'라는 말이 명패로 내걸려 있다. '민주'와 '민주주의'는 대한민국의 정치, 언론, 문화, 교육 등 여러 분야에서 수없이 사용되는 매우 흔한 말이다. '민주民主'와 '민주주의民主主義'는 대한민국뿐 아니라 동북아 지역 다른 나라에서도 대단히 중요한 말로 여긴다. 그러나 '民'이 누구이고 이러한 '民'이 '主'가 된다는 것이 무엇을 의미하는지가 늘 명확한 것은 아니다. 3대째 한 가문이 지배하고 있는 조선민주주의인민공화국이나 한 정당이 권력을 독점하고 있는 중화인민공화국은 국가의 공식 명칭에 '민주'나 '민' 자가 포함되어 있다. 반면 일본의 헌법 제1장은 '천황'의 역할을 규정하고 있으나[2] 이 왕

---

1   '대한민국헌법', 국가법령정보센터 https://www.law.go.kr

2   '日本國憲法', 세계법제정보센터 https://world.moleg.go.kr

국의 입헌군주제를 민주주의가 아니라고 우길 사람은 많지 않을 것이다. 대한민국에서도 '민주' 앞에 '자유'라는 수식어의 제한을 붙일 것인지, 말 것인지를 두고 정파 사이의 입장이 갈린다.

'민주주의'를 이 이념 내지는 제도의 발원지인 영국이나 그 밖의 유럽 나라들의 언어로 바꾸면 'democracy'(영어), 'démocratie' (프랑스어), 'Demokratie'(독일어), 'democrazia'(이탈리아어), 'democracia'(에스파냐어)다. 형태만 다를 뿐 사실상 모두 같은 단어임을 알 수 있다. 그 말들의 뿌리인 고대 그리스어 'demokratia' 는 'demos(평민, 인민)'와 'kratia(지배, 통치)'가 결합된 형태다. 말의 형태 그대로의 뜻은 '평민 / 인민의 지배'다. 고대 그리스의 직계 후손인 현대 그리스에서는 '공화국'을 의미한다. 그리스공화국의 공식 명칭은 'Elliniki Dimokratia'다. 그리스가 공화국이 된 것은 1973년이다. 그전까지는 1832년부터 이어진 '그리스왕국^{Basileion tes Ellados}'이 국명이었다. 현대 그리스어에서는 '왕국'이 아닌 공화정을 'dimokraia'로 지칭한다. 그리스어를 사용하는 지중해의 작은 섬나라 키프로스^{Cyprus}의 공식 명칭도 'Kipriake Dimokratia'다. 그리스어에서는 '공화국'이 'dimokratia'이기에 굳이 그 앞에 형용사 '민주^{dimokratikós}'를 붙일 이유가 없다. 오히려 쓸데없는 동어반복만 된다. 대한민국 헌법 제1조 제1항을 그리스어로 옮긴다면 '민주'는 빼고 '공화국'이라는 말 한마디면 충분할 것이다.

'민주주의'로 번역되는 여러 유럽 언어의 어원인 고대 그리스어 'demokratia'는 원래부터 '-주의'가 뜻하는 사상과 이념의 세계를 지향하던 말이 아니다. 서구의 주요 개념 중 '-ism'을 무조건 '-주의'

로 바꾸어 옮기는 관행의 문제점을 'capitalism(자본주의)'에서 지적한 바 있다. '민주주의'는 특히 더 이러한 관습의 폐해를 예시한다. '민주주의'로 번역한 말은 '-ism'으로 끝나지 않는데도 그렇게 번역되고 고착되었다. 그러나 고대 그리스인들이 'demokratia'에 부여한 기능은 무슨 '- 주의'가 아니라 특정 유형의 정치 체제를 지목하는 것이었다. 원리와 본질을 중시하던 플라톤이었지만 그가 『법률*Nómoi*』에서 'demokratia'와 관련한 다음과 같은 발언은 '-주의'와는 관련성이 적다.

정치 체제에는 두 개의 모형이 있고 나머지는 다 여기에서 파생된 것이라고 해야 옳습니다. 이 둘 중 하나는 왕정이고, 다른 하나는 공화정(demokratia)이지요. 전자의 가장 극단적인 형태는 페르시아의 정치 체제고, 후자의 가장 극단적인 형태는 아테네입니다. 그 나머지는 모두 이 둘을 조정하고 배합한 것일 뿐이지요. 어떠한 체제 속에서 자유와 박애를 지혜와 배합하려면 이 둘 중 하나의 형태를 채택하는 것이 절대로 필요합니다.[3]

왕정과 반대되는 정치 체제를 'demokratia'로 규정한 플라톤의 논법을 오늘날 현대 그리스어 사용 공화국들은 그대로 채택한 셈이

3　Plato, *Laws,* trans. R. G. Bury, Loeb Classical Library (Cambridge, MA: Harvard University Press, 1967) bk. 3, 693-94.

다. 앞의 인용이 보여주듯이 플라톤은 이 둘 중 어느 하나를 선호하지 않았다. "자유와 박애를 지혜와 배합"하는 바람직한 목표의 수단으로 둘 중 하나를 반드시 택해야 함을 강조했을 따름이다.

아리스토텔레스는 플라톤과 달리 원칙을 세우기보다는 현실의 다양한 현상을 분석하고 분류하는 데 주력한 사상가다. 그는 정치 체제를 다룰 때도 각기 다른 형태에 따라 한 나라의 구성원들의 자격과 형편도 아울러 달라지는 모습을 기술하는 데 초점을 맞춘다. "국가polis란 무엇인가?" 그가 먼저 묻는 질문은 이것이지만 그는 대답하며 플라톤처럼 본질적인 원형을 제시하지 않는다. 아리스토텔레스는 "국가는 여러 부분으로 구성된 복합체"라고 답한다. 국가를 구성하는 부분은 'polites'다. 영역본에서 대개 '시민citizen'으로 번역하는 'polites' 그 자체에는 고대 도시국가들을 통칭하는 개념인 'polis'의 '구성원'이라는 뜻만 담겨 있다. '시민'이 연상하게 하는 여러 의미는('freedom / liberty자유' 참조) 아직 포함되지 않은 중립적인 말이다. 도시국가의 형태에 따라 구성단위인 'polites'의 의미도 달라진다. '시민'이라는 번역에 가장 근접한 'polites'는 공화정이다. 그 이유는 다음과 같다.

엄격히 따지면 'polites'는 단순한 거주자가 아니라 사법 절차와 그 밖의 공무에 참여하는 지분을 갖고 있는 자들을 말한다. 반면 어떤 국가들에서는 인민들을 중시하지 않고, 상설 회합을 하지 않고 일시적으로만 회의에 소집될 뿐이며, 소송도 재판관들에게 배정되지 않는다.

democracy

공화정의 구성원들처럼 상설 회의와 스스로를 재판하는 권리를 행사하지 못하는 국가의 구성원들을 '시민'이라고 부를 수는 없다. 그러나 그들도 'polites'다.

아리스토텔레스는 국가의 구성원들이 정치에 적극 참여하는 공화정에 반대되는 유형에 플라톤이 말한 '왕정' 외에도 소수가 통치하는 '귀족 통치aristokratia'도 포함시킨다. 왕정, 귀족 통치, 공화정 이 세 형태는 바람직한 형태뿐 아니라 왜곡된 형태로도 존재한다. 왕정은 '폭정'으로, '귀족 통치'는 '과두 체제oligarkhia'로, 공화정은 '민주 체제demokratia'로 각기 변질될 수 있다. 해당 정치 체제가 각기 누구의 '이득'에 맞춰져 있는지를 아리스토텔레스는 다음과 같이 정리한다.

폭정은 오직 군주의 이득만을 고려하는 왕정의 형태고, 과두 체제는 부유층의 이익만을 고려하고, 민주 체제는 가난한 자들의 이익만을 고려한다. 그중 그 어떤 것도 전체의 유익은 고려하지 않는다.[4]

아리스토텔레스가 규정하는 'demokratia'는 공화정의 타락한 형태로 "가난한 자들의 이익만을 고려"하는 체제다. 따라서 이 말은 '민주 체제'가 아니라 말 그대로, 또한 이 맥락에 따라 '인민 지배'라

---

[4]   Aristotle, *Politics,* trans. H. Rackham, Loeb Classical Library(Cambridge, MA: Harvard University Press, 1932) bk. 3, 1275a-b, 1279a-b.

고 번역하는 편이 더 적절하다.

　　중세에서 근대까지 아리스토텔레스가 서구 지식인들에게 미친 영향력은 지대했다. 그들의 교육과정에 그의 저서들이 포함되기 마련이었고 각 시대, 각 나라마다 지식층은 고대 그리스어 원본은 아니더라도 라틴어 번역본으로 아리스토텔레스의 저서를 읽었다. 존 로크도 예외가 아니었다. 그는 의회가 정치 체제의 중심기관 역할을 일찍부터 해온 영국에서도 유달리 '민주주의'를 적극 주장한 인물로 알려져 있다. 그러나 그는 『통치론』에서 개인의 자연법적 권리를 옹호하지만 'democracy'에 대해서는 부정적 태도를 취한다. 존 로크는 로버트 필머Robert Filmer의 혈통에 따른 장자계승권 옹호를 비판한 1부('The First Treatise')에서 다음과 같은 논리를 펼친다. 장자가 수단, 절차와 상관없이 무조건 부친의 권력을 물려받는 것이 정당하다? 그렇다면 대중을 동원하고 폭동을 일으켜 집권한 자의 아들도 적법한 군주가 될 수 있다. 이러한 사태는 "인민 지배democracy에게 왕정의 권위를 부여하는 꼴"이나 마찬가지다. 그 결과는 "이 세상의 모든 적법한 정부들을 파괴하고, 그 자리에 무질서와 폭정, 찬탈만 들어서게 된다." 존 로크가 이해하는 'democracy'는 플라톤과 아리스토텔레스가 이 명칭을 부여한 고정적인 대상과 같다. 즉 아테네의 직접민주주의를 이르는 말이다. 존 로크는 자신의 저서 2부에서 군주제, 과두 체제와 아울러 세번째 정치 체제 유형으로 "완전한 민주 체제"를 들고 있다.[5] 존 로크의 용어 사용은 아리스토텔레스와 크게 다르지 않다.

　　존 로크와 함께 영국이 낳은 근대 정치철학의 선구자로 인정받는 토머스 홉스는 존 로크처럼 개인의 권리를 절대시하지 않지만 아리스토텔레스를 따른다는 점에서는 존 로크와 다르지 않다. 토머스 홉스는 통치 권력의 형태를 군주제, 민주 체제, 귀족 체제로 나눈다. 그가 말한 '민주 체제'는 "모든 사람이 모이는 회합"에서 정치적 결정을 하는 형태로, 다른 말로 하면 "인민공화국popular commonwealth"이다.[6] 동아시아의 인민공화국이 '민주주의'를 실천한다고 주장할 근거는 존 로크는 몰라도 적어도 토머스 홉스에게서는 찾을 수 있다. '모든 인민'을 대변한다는 정당과 세력이 '모든 인민'의 이름으로 통치하기 때문이다.

토머스 홉스는 의회와 국왕 사이의 내전의 시대에('freedom / liberty자유' 참조), 존 로크는 의회가 권력의 중심축으로 부상한 '명예혁명'('revolution혁명' 참조) 시대에 살았다. 반면 데이비드 흄은 주기적으로 대표자를 다시 뽑는 의회제도가 정착된 평화로운 시대의 인물이다. 그러한 데이비드 흄의 글에서도 'democracy'는 아테네의 직접민주주의를 지칭하는 경우가 많다. 아테네의 '민주 체제'는 "오늘날 현대시대에는 쉽게 상상할 수 없을 정도로 지극히 혼란스러운 통치"였다. 그 이유는 다음과 같다.

재산 소유에 따른 제한이 전혀 없이, 지위의 구별도 전혀 없이,

5   John Locke, *Two Treatises of Government* I,§72, II.§132.

6   Thomas Hobbes, *Leviathan* 129.

재판관이나 원로원의 제지도 없이, 따라서 그 결과 질서, 정의, 사리분별이 전혀 없이 인민 전체가 모든 법안을 표결했다.

　　다만 데이비드 흄도 '민주 체제'가 무조건 이러한 혼란 상태에 머물 이유는 없음을 인정한다. 그는 정부의 규모가 클 때 "최초의 선거나 공동체가 새로 출범할 시점에는 가장 낮은 급의 인민들을 참여시키되, 실제 통치는 최고 권력자들이 주도하는" 식으로 그 관계를 조정하면 "민주 체제를 섬세하게 보완할 여지와 가능성이 충분하다"고 생각했다.[7]

　　샤를 드 몽테스키외Charles de Montesquieu는 서구 근대 정치철학의 선구자를 거론할 때 빼놓을 수 없는 인물이다. 북아메리카에 새로운 공화국을 건설한 '13개 식민지' 지도자들이 샤를 드 몽테스키외를 존 로크와 함께 '스승'으로 삼았을 정도로 그의 영향력은 지대했다. 미국이 독립하기 전 1748년에 출판된 『법의 정신De l'esprit des lois』은 런던에서 1777년에 영어로 번역되어 출간되었다. 그전에도 프랑스어가 사실상 국제어였던 시대라 영국이나 미국의 많은 지식인과 일반 독자들은 그의 책을 프랑스어 원본으로 읽었다. 이 책의 1권 1장은 정부 형태를 '왕정, 폭정, 공화정' 세 가지로 나눈다. '왕정'은 정해진 법에 따른 통치가 이루어지는 유형이고, '폭정'은 "법과 규칙 없이 한 인간이 자신의 의지와 기벽에 따라 전체를 다스리는" 체제다. '공화정'은 아테네처럼 인민이 직접 통치하거나 그중 일부가 통치하는 두 가지 유형을 포괄하는 개념이다. 그중에서 전자, 즉 "최고 권력을 인민이 한 몸을 이루어 소유하는" 형태를 그는 '민주 체제démocratie'라고 부른다. 최고 권력을 일부가 소유했을 경우에는 귀족 체제다. 민주 체제에서는 "인민이 어떤 면에서는 군주고, 다른 면에서는 백성"이 된다. 민주 체제에서 인민은 지배받는 대상이기도 하지만 선거를 통해 자신들의 주권을 행사하는 주권자이기도 하다. 그들의 '주권'은 '군주'의 특권과 유사하다.

샤를 드 몽테스키외는 민주 체제에서 군주의 지위를 누리는 인민이 공화정을 제대로 유지하려면 높은 도덕성이 필요함을 강조한다. 왕정이나 폭정은 각기 법과 폭력으로 체제를 유지할 수 있으나,

> 인민국가에서는 그것 이상으로 필요한 것이 있다. 그것은 미덕이다. 인민 정부에서 법이 더이상 지켜지지 않는다면 그것은 오직 공화정이 부패했기 때문이다. 그러한 경우 국가는 이미 망한 것이나 마찬가지다.

민주 체제에서 법치를 보장하는 정치적 미덕이란 자신의 이익을 버리고 공익을 중시하는 심성과 자세를 의미한다. 샤를 드 몽테스키외는 이것은 오로지 교육을 통해 "법과 조국에 대한 사랑"을 심어줄 때 유지될 수 있다고 말한다.[8]

샤를 드 몽테스키외는 주로 고대 그리스 도시국가와 로마공화

---

7 David Hume, *Essays Moral, Political, and Literary* 368-9, 528.

8 Charles de Montesquieu, *De l'esprit des lois* 1748. Les Classiques des sciences sociales pdf. http://classiques.uquac.ca. 34-35, 44-45, 58.

정을 실례로 삼아 인민이 주권을 행사하는 공화정의 장단점을 논했다. 그의 명저가 출간된 지 약 40년 후에 작성된 미합중국의 '헌법' 첫 문장의 주어는 "우리 미합중국의 인민들"이다. 인민이 주체가 되어 의회, 대통령, 사법부 등의 기구를 만드는 것임을 대전제로 삼는다. "인민people"은 전문과 본문, "수정 조항Amendment(수정 헌법)"에 두루 등장하지만 '민주주의'는 이 문건에 나오지 않는다.[9] 북아메리카대륙에 공화국이 생긴 지 얼마 되지 않아 샤를 드 몽테스키외의 조국 프랑스에서는 1789년에 혁명이 일어난다. 혁명 주동자들은 '인간과 시민의 권리 선언Déclaration des Droits de l'Homme et du Citoyen'에 자신들의 입장과 신조를 담아 선포했다. 이 문서 제3조는 "모든 주권 행사의 원리는 본질적으로 국민에게 내재되어 있"음을 천명했다. 이들이 선택한 단어 "국민la nation"은 왕의 목을 치고 본격적으로 공화정을 출범시킨 시기인 1793년 '헌법' 제25조에서 "인민le peuple"으로 대체되었다. 그로부터 2년 후인 1795년에 다시 개정된 '헌법' 제2조는 "프랑스 시민les citoyens 전체가 주권자다"로 한 번 더 수정되었다. 이들 문서에서도 '민주주의'는 등장하지 않는다.[10]

프랑스공화정이 단두대에서 사람 목을 잘라대며 헌법의 조문을 정비했던 1790년대가 지나 세기가 바뀌자 주권은 "프랑스 시민 전체"에서 프랑스인들의 '황제' 나폴레옹 보나파르트Napoléon Bonaparte라는 한 개인에게 양도되었다. 이후 왕정이 복고되었다가 또다른 혁명을 거쳐 입헌군주제로 바뀐 1830년대에 프랑스 귀족 알렉시 드 토크빌Alexis de Tocqueville은 미국을 방문하여 여러 지역을 세밀히 관찰한 후 『미국의 민주주의De la démocratie en Amérique』(1835, 1840)를 발표했다.

알렉시 드 토크빌은 미국의 공화정이 단순히 정치적인 의미에서의 '민주 체제'가 아니라 하나의 새로운 문화로서 '민주주의'를 구축했다고 진단했다. 최근 역사의 흐름은 "거대한 민주주의 혁명"이 "형편의 평등"을 보편화하는 쪽으로 진행되는 것임을 그는 미국에서 생생히 확인할 수 있었다. 나아가 알렉시 드 토크빌이 보기에 미국의 "사회 체제" 자체가 "지극히 민주주의적"이었다. 그것은 일단 "재산이 믿을 수 없이 빠른 속도로 주인이 바뀌어 두 세대까지 부가 이어지는 경우가 거의 없다"는 점에서도 그러했다. 그러나 동시에 "사람들의 지적 수준도 평준화되어 있다는 점"에서도 "민주주의적"이었다. 빈부 차이가 신분으로 고착화되어 있지 않고 "무식한 자도 거의 없지만 지혜로운 자도 별로 없는" 나라가 미국이었다.[11] 이와 같이 '평등' 내지는 '평준화'가 가장 큰 특징으로 부상한 미국 사회의 모습은 고대 그리스가 물려준 'demokratia'라는 말에 새로운 의미를 부여했다. 그 의미는 정치 체제뿐 아니라 사회 일반의 가치관과 규칙을 포함하기에 '민주주의'라는 말로 옮기는 것이 타당하다.

알렉시 드 토크빌이 간파한 대로 기회의 평등과 지성의 평준화를 장기로 삼는 미국식 '민주주의'가 전 세계로 확대, 전파되고 이식된 시기는 미국이 세계 최고의 강국으로 떠오른 20세기 후반이다.

9   *The Constitution of the United States: A Transcription.*

10   https://www.conseil-constitutionnel.fr

11   Alexis de Tocqueville, *De la démocratie en Amérique* I(1835). Les Classiques des sciences sociales pdf. 2, 8-9, 81-83.

그러나 정작 미국의 정치제도는 아직도 18세기 말에 수립된 규범과 규칙에 묶여 있다. 선거인단을 뽑는 번거로운 대통령 선거과정도 그렇지만 "인민이 무기를 소지하고 무장할 권리"를 명시한 1791년의 '수정 헌법 제2조'도 여전히 유효하다. 반자동 소총까지 '인민'이 소유할 수 있는 이 나라에서 2022년 한 해 동안 무려 695회의 총기 난사 사건이 일어났다. 이 사건들로 인해 762명이 사망했고 2902명이 부상당했다.[12] 19세기에 알렉시 드 토크빌이 흥미롭게 관찰한 미국의 '민주주의' 평등사회는 이웃을 이유 없이 살해할 권리의 평등과 악마적 살기의 평준화로 변질되어가고 있다.

---

12 https://en.wikipedia.org/wiki/List_of_mass_shootings_in_the_United_States_in_2022

empire

제국

조선을 멸망시킨 일본의 공식 명칭은 '대일본제국大日本帝國, The Empire of Japan'이었다. 일본은 그때까지 동아시아에서 중국의 왕조만 사용하던 '대제국'의 지위를 주장할 만큼 메이지유신 이후 신속하고 효율적으로 서구 문물을 받아들이고 부국강병을 이루었다. 조선도 황급히 '대한제국'으로 개명했으나 나라 이름만 거창하게 고친다고 해서 나라가 부강해질 수는 없었다.

조선왕조가 국호를 '대한제국'으로 변경한 1897년 무렵에는 세계의 여러 '제국'이 지역 패권을 장악하려 서로 다투고 있었다. 지리적으로 가까운 청나라와 일본 외에도 러시아도 1721년부터 공식 명칭을 '러시아제국Rossiyskaya Imperiya'으로 바꾸었다. 인도차이나(프랑스어로 '앵도쉰Indochine')로 불린 베트남과 캄보디아 지역은 '프랑스 식민제국Empire colonial français'에 포함되어 있었다. 1898년 15세기에 출범한 에스파냐제국Imperio español과 싸워 태평양의 에스파냐제국 영토인 필리핀과 괌을 빼앗은 미국도 제국이라는 말을 쓰지는 않았지만 다른 제국들과 대등한 군사력을 갖춘 부유한 나라로 급부상하고 있었다. 그러나 당시 세계 최강국은 북아메리카, 카리브해 섬들, 아프리카, 인도, 오세아니아주, 말레이반도와 남중국 홍콩까지 거느린 대영제국^{British Empire}이었다.

영어, 프랑스어, 에스파냐어, 러시아어 모두 '제국'으로 번역되는 단어는 라틴어 'imperium'에서 유래했다. 각 제국은 'Imperium Romanum(로마제국)'의 후예임을 자처한다는 뜻을 'empire', 'imperio', 'imperiya'에 담았다. 고대 로마제국은 지중해 주변과 멀리 영국까지 펼쳐진 엄청난 땅과 섬들을 소유했으나 'imperium'은 지리학의 문제가 아니라 '통치, 지배'를 뜻하는 정치학 개념이었다. 로마 공화국에서 특정 직위에 있는 관료가 지배하고 통솔할 수 있는 권한의 범위를 뜻하는 말이 'imperium'이었다. 특정 관료가 아니라 로마 그 자체가 주체가 되는 'imperium'은 로마에 복속된 다른 도시국가와 땅들, 민족들에 대한 지배권을 의미했다. 따라서 '황제^{imperator}'가 없던 공화정시대부터 'imperium Romanum(로마의 지배)'은 이미 유럽과 지중해의 광범위한 지역에서 그 힘을 발휘하고 있었다.

서유럽에서 로마제국이 멸망한 후 그 법통을 이어받았음을 주장하는 게르만족 무사들은 '신성로마제국'을 세웠다. 독일어로 'Heiliges Römisches Reich'다. 독일어의 'Reich'는 라틴어 'imperium'과 그 뜻이 유사하다. 신성로마제국은 황제가 실제로 직접 통치하는 지역은 많지 않았고 사실상 일종의 연방 내지 국가연합이었다. 게르만족의 '로마제국'은 이름만 로마제국이었다. 반면 콘

스탄티노플을 중심으로 세워진 동로마(비잔티움)제국은 서로마제국 멸망 후에도 1453년까지 로마제국의 법통을 꿋꿋하게 이어갔다. 동로마제국의 라틴어 이름은 'Imperium Romanum(로마제국)'이 었다. 비잔티움의 실질적 공용어는 그리스어였다. 그리스어로 이 제국의 이름은 'Basileia tōn Rhōmaiōn(로마인들의 왕국)' 또는 'Archē tōn Rhōmaiōn(로마인들의 지배 / 통치)'이었다. 후자에서 'archē'는 라틴어 'imperium'을 번역한 것이다. 그리스어든 라틴어든 오늘날 '제국'으로 번역하는 이 말은 공간의 크기보다는 지배하는 권력의 양과 질을 뜻했다.

17세기나 19세기 초까지 영어나 프랑스어에서 'empire'의 용례를 찾아보면 라틴어 어원대로 '힘'을 뜻하는 사례가 상당 부분을 차지한다. 『리트레』 사전이 이 단어가 프랑스어에서 사용된 예로 든 것은 "이 세상은 악한 영의 지배empire 아래에 있다"라는 17세기 가톨릭 사상가 자크베니뉴 보쉬에Jacques-Bénigne Bossuet의 문장이다. 정치 영역이 아닌 종교와 도덕의 문제를 다루며 'empire'를 사용한 자크베니뉴 보쉬에처럼 영국에서도 이 말은 도덕적 맥락 속에서 사용될 때가 많았다. 윌리엄 셰익스피어의 『끝이 좋으면 다 좋아All's Well That Ends Well』 1막 1장(58~59행)에서 남편을 여읜 어머니가 자신을 떠나는 장성한 아들에게 다음과 같이 당부하는 장면이 그러한 예다.[1]

---

1   William Shakespeare, *All's Well That Ends Well,* ed. G. K. Hunter(London: Methuen, 1982).

너의 혈통과 미덕이

너를 지배하려(for empire) 서로 다투기를 바란다.

그로부터 한 100년 후 스코틀랜드의 법률가이자 정치인인 조
지 매켄지 George Mackenzie 는 1691년 저서에서 '탐욕'과 '사치'를 제어하
는 데 '검약'이 최고라는 주장을 다음과 같이 펼쳤다.

우리의 정신을 빼놓는 이 지배자들의 유혹으로부터 우리를 방
어하려면 예부터 내려온 '검약'을 생활화해야 한다. '검약'의 통
치(empire) 아래에서 악습은 세력이 약해진 사례가 많다. 검약
은 우리를 빈곤에서 자유롭게 하므로 거기에서 생기는 모든 덫
으로부터 보호해준다.

검약은 적은 것에도 만족하게 하므로 적은 것으로도 큰 쾌락을
느낄 수 있게 해준다. 그렇다면 "검약이 나에게 과도한 사치라고 일
러주는 것들을 얻기 위해 내 영혼과 인류를 패망에 이르게 하는 것이
옳을까?" 조지 매켄지는 이렇게 반문한다.[2]

윌리엄 셰익스피어나 조지 매켄지처럼 'empire'의 정치적 의미
를 도덕 영역에 적용하는 수사법은 18세기로 넘어온 후에도 자주 사
용되었다. 월요일부터 토요일까지 매일 발간되는 정기간행물 〈스펙
테이터 The Spectator〉의 저자 조지프 애디슨 Joseph Addison 은 '탐욕'과 '사치'
사이에서 벌어지는 힘겨루기를 다음과 같이 묘사한다.

'탐욕'이 '빈곤'의 의견을 듣고 행동할 때 그의 적 '사치'는 '풍요'의 지시와 충고를 전적으로 따르자 '풍요'가 애초에 그의 총리 대신 역할을 했던 터라 모든 조치를 거기에 맞추어놓았고 절대로 눈 밖에서 떠나는 법이 없었다. 이 두 엄청난 적수가 지배권(empire)을 장악하려 다투자 이들의 싸움은 사뭇 다양한 결과를 낳았다. '사치'는 가슴의 한쪽을, '탐욕'은 다른 쪽을 점령했다. 아내와 남편이 각기 서로 반대쪽 진영 소속임을 천명할 때가 많았고, 같은 사람도 젊을 때는 한쪽 편을 들다가 늙고 나서는 거기에 저항하곤 했다.[3]

인간 욕망의 전쟁터에서 벌어지는 지배권을 지칭하는 'empire'는 같은 해, 같은 저자의 다른 글에서는 경제 영역으로 이월된다. 조지프 애디슨은 영국의 왕립거래소^{Royal Exchange}에서 세계 여러 나라 상인이 서로 무역 거래를 하는 광경을 묘사하며 다음과 같이 말한다.

상업은 영국의 영토를 넓히지 않으면서도 우리의 지배권(empire)을 확대해놓았다. 부유한 자들의 수를 늘려놓았고, 토지 자

2 George Mackenzie, *The Moral History of Frugality, with its Opposite Vices, Covetousness, Niggardliness, and Prodigality, Luxury*(Edinburgh, 1691) 2.

3 Joseph Addison and Richard Steele, *The Spectator: A New Edition,* 3 vols., ed. Henry Morley, vol. 1, no. 55(May 3, 1711)(London, 1891), https://www.gutenberg.org

산들의 가치를 더 높여놓았으며, 토지만큼이나 더 가치 있는 다른 자산을 물려받도록 해주었다.[4]

조지프 애디슨의 글에서 'empire'는 경제적 이득의 증진 및 확대를 의미한다. 이러한 '지배권'은 "영국의 영토를 넓히지 않으면서도" 얻어낼 수 있다. 정치적 제국을 확장하는 군사 정복과는 정반대의 길로 가는 것이 상업의 'empire'다.

같은 시대에 본격적인 정치 담론에서 이 말이 등장할 때도 그 의미는 크게 다르지 않았다. 존 로크는 『통치론』 2부에서 인간이 자연법적 권리를 함부로 양도할 수 없다고 주장하며 다음과 같이 묻는다.[5]

그가 자신의 통치권(empire)을 포기하고 다른 세력의 지배와 통제에 종속될 이유는 무엇인가?

존 로크는 신학 논쟁서 『성서에 담겨 있는 기독교의 합리성 *The Reasonableness of Christianity, as Delivered in the Scriptures*』(1695)에서 개신교도인 그가 보기에 종교개혁 이전에 로마가톨릭 사제들이 "자신들의 지배권 empire을 확보하기 위해" 이성을 종교에서 배제했고 그로 인해 "악습과 미신"이 온 세상에 팽배했다고 말한다.[6]

조지프 애디슨이나 존 로크의 어법에서 'empire'는 라틴어 어원에 가깝게 사용된다. 또한 동시대에 바다 건너 다른 지역에 대한 '지배권' 및 '이권'을 이 말로 지칭한 용례도 발견된다. 본인 스스로 성공적인 부동산 개발업자이기도 했던 니컬러스 바본('capitalism 자본주의' 참조)은 『건설업자들을 옹호함, 또는 건축물 증가의 원인 및 결과를 보여주는 담론 *An Apology for the Builder: Or A Discourse Shewing the Cause and Effects of the Increase of Building*』(1685)에서 해상제국으로 부상하고 있던 영국의 군주가 "세계에서 배가 닿는 모든 도시와 항구들의 주인으로 인정받고 있기에 모든 바다의 왕이 되었다"고 한다. 바로 그 점에서 니컬러스 바본은 다음과 같이 말한다.

> 영국 왕의 제국은 카이사르나 알렉산드로스의 내륙 제국보다 더 영광스럽고 훨씬 더 많은 이윤을 창출한다.[7]

이러한 자화자찬은 아직 영국이 명실 공히 알렉산드로스 대왕이나 로마제국을 능가하는 해상제국으로 발전하지 못하던 시절이었으므로 지나친 허풍이었다. 그러나 이어지는 시대에 니컬러스 바본의 과장된 표현은 점차 실제 현실에 대한 사실적 묘사로 변해갔다.

영국의 해상 지배권이 확고해진 18세기 중반에 이르면 '대영

---

4   *The Spectator* no. 69 (May 19, 1711).

5   John Locke, *Two Treatises of Government*, "Second Treatise" §123.

6   John Locke, *The Reasonableness of Christianity, as Delivered in the Scriptures* (London, 1695) 165.

7   Nicholas Barbon, *An Apology for the Builder: Or A Discourse Shewing the Cause and Effects of the Increase of Building* (London, 1685) 37.

제국British Empire'이라는 표현이 빈번히 사용되기 시작한다. 영국의 상업 및 무역의 역사를 다룬 방대한 저서『상업의 기원에 대한 역사적·연대기적 기술, 대영제국의 엄청난 상업적 이권의 역사를 포함하다An Historical and Chronological Deduction of the Origin of Commerce, from the Earliest Accounts. Containing, An History of the great Commercial Interests of the British Empire』(1764)의 저자 애덤 앤더슨('America아메리카' 참조)은 제목에서 언급한 "대영제국의 엄청난 상업적 이권"을 로마제국의 '사치'와 대조한다. 저자는 상업과 제조업에서 얻는 경제력을 상실한 로마제국은 "태만, 사치, 유약함"에 빠져들다가 마침내 야만인들의 정복에 굴복하여 멸망했음을 서문에서 강조한다. 이 책이 출간되자 서평 잡지 〈먼슬리 리뷰 The Monthly Review〉 ('review리뷰' 참조)는 "인간 삶을 지탱하고 편리하게 하고 아름답게 하려는, 특히 대영제국의 상업적 이권을 중시하려는" 저자의 의도를 높이 평가했다.[8] 인간의 도덕적 의지를 장악하기 위해 '탐욕'과 '사치'가 벌이는 권력투쟁은 이제 뒷전으로 사라지고 '상업적 이권'이라는 새로운 가치가 '통치권imperium'을 행사하는 '제국empire'을 모든 이가 찬미하는 시대가 열린 것이다.

그러나 동시대에 이렇듯 자랑스러운 '대영제국' 내부에서 불화의 조짐이 보이기 시작했다. 북아메리카 영국 식민지 사람들은 자신들도 이주한 영국인 및 그들의 후손으로서 본토의 영국인들과 똑같은 '자유'를 누릴 권리를 늘 주장했다. 1765년 본국 의회는 북아메리카 식민지들에 부과할 인지세를 법으로 제정했다. 본국 의회로서는 1763년에 끝난 '7년전쟁'으로 북아메리카 프랑스 식민지 영토를 획득했기에 영국 식민지들이 전비 일부를 부담하는 것이 당연하다는 입장이었다. 식민지 사람들은 거세게 저항했다. 그들은 자신들을 대표하는 하원의원이 없음에도 불구하고 자신들의 동의나 의사를 묻지 않고 세금을 징수하는 것은 영국의 '헌정 원리'에 위배된다고 주장했다. 이 법안은 양측의 팽팽한 대립 속에 결국 1766년에 폐기되었다. 그로부터 10년 후 북아메리카의 '13개 식민지'는 영국으로부터 독립을 선언하며 무장투쟁을 개시했다('America아메리카' 참조).

이러한 정국에서 '대영제국'은 새로운 논쟁의 화두가 되었다. 영국 지식인들 사이에서 북아메리카 13개 식민지를 비판하는 목소리가 커지기 시작했다('America아메리카' 참조). 조사이아 터커는 전쟁의 혜택은 누리고 비용은 지불하지 못하겠다는 이들을 "완고한 채무 불이행자"에 비유하며 "이들을 무역의 여러 혜택과 이득으로부터 일체 차단하자"고 제안했다. 그 이유는 그들이 "대영제국의 일부라는 것 외에는 다른 자격이 없음에도 불구하고" 온갖 혜택을 누리고 있었기 때문이다.[9] 다른 한편, 애덤 스미스는 영국 의회가 "대영제국의 세금 징수관" 역할을 맡아 제국 전체에서 세금을 골고루 걷는 것이 바람직하기는 하지만 이는 현실적으로 불가능한 '유토피아'에 불과할 것이라고 생각했다. 애덤 스미스가 보기에 문제는 북아메

8   Adam Anderson, *An Historical and Chronological Deduction of the Origin of Commerce, from the Earliest Account to the present Time. Containing, An History of the great Commercial Interests of the British Empire* i; *The Monthly Review*, Feb. 1764, vol. 30, 81.

9   Josiah Tucker, *Four Tracts, Together with Two Sermons, on Political and Commercial Subjects* 136.

리카 식민지들 자체에 있는 것이 아니라 엄청난 국채를 발행하여 군비를 조달하며 "대서양 서편에 거대한 제국을 소유하고 있다는 상상"을 즐겨온 '영국의 지배자들'이었다. 이러한 '제국'은 오직 그들의 '상상 속에서만' 존재할 뿐 실체는 없었다. 본국 정치인들에게 식민지 개발 및 운영은 오로지 본국의 '독점'을 유지하고 지탱하기 위한 것이었다. 애덤 스미스는 그들이 말하는 '제국'은 시장경제의 자유롭고 자연스러운 발현을 막으려는 기획이었기에 애초부터 실패할 수밖에 없었다고 비판했다.[10]

북아메리카 식민지들이 독립 공화국으로 변신하던 시대에 '대영제국'에 대한 비판은 또다른 갈래로도 분출되었다. 노예무역을 법으로 금지하자는 폐지론자('constitution헌법' 참조)들은 "노예 거래와 노예 소유"라는 이 "끔찍한 죄악"에 "대영제국 전체가 관여하고 있는" 현실을 개탄했다.[11] 폐지론자들은 이러한 도덕적 불감증이 영국 및 대영제국의 패망으로 이어질 것임을 줄곧 경고했다. 그들처럼 열정적인 운동가들이 아닌 이들도 17세기에 'empire'를 거론하던 도덕론과 18세기에 부상한 지정학적 실체로서 '제국' 담론을 함께 아우르는 논의방식을 선호했다. 조사이아 터커는 "거대한 제국들"도 필연적으로 쇠락할 요인을 내부적으로 갖고 있음을 지적했다.[12] 또한 많은 독자의 주목을 받았던 에드워드 기번Edward Gibbon은 『로마제국 쇠망사 *The History of the Decline and Fall of the Roman Empire*』(1776, 1권 출간)에서 '제국'이 '쇠퇴'와 '패망'의 길로 갈 수 있음을 제목에서부터 상기했다. 에드워드 기번은 주로 황제들의 "사악한 성향"이나 "정신의 타락"에서 그 원인을 찾았으나[13] 책 제목과 분위기에서 풍기는 비관론은 당시 아메리카 식민지들의 반란이라는 엄청난 위기에 처했던 '대영제국'에 적용될 가능성을 열어놓았다.

대영제국은 미국이 독립한 후에도 쇠퇴하거나 패망의 나락으로 빠져들지 않았다. 오히려 19세기에 들어와 제국의 영토는 점점 더 넓어졌고 세계에 대한 지배력은 날로 커져만 갔다. 유럽 전역에 무력 정복을 통해 '프랑스제국'을 건립하려고 시도한 나폴레옹이 강력한 경쟁자이기는 했으나 그를 물리친 후에는 더이상 대영제국에 도전할 세력이 없었다. '제국'은 영국인들에게 점차 매우 매력적인 대중적 단어로 떠올랐다. 한때 소설가였던 벤저민 디즈레일리('capitalism자본주의' 참조)는 정치인으로 변신하여 "제국의 유지"를 자신이 이끄는 보수당의 강령으로 선포했다.[14] 1887년에 개교한 런던의 공립공과대학은 '임피리얼칼리지 Imperial College (제국대학)'였다. '제국'을 자랑으로 여기는 '제국주의' 시대에 설립된 학교에 걸맞은 이름이었다. 동시대의 동아시아에서는 일본이 대영제국을 모

10   Adam Smith, *The Wealth of Nations* V.iii.68, V.iii.92.

11   Granville Sharp, *The Law of Liberty, or, Royal Law, by which All Mankind will Certainly be Judged! Earnestly recommended to the Serious Consideration of all Slaveholders and Slavedealers*(London, 1776) 49.

12   Josiah Tucker, *Four Tracts, Together with Two Sermons, on Political and Commercial Subjects* 22.

13   Edward Gibbon, *The History of the Decline and Fall of the Roman Empire, vol. 1* (New York, 1836) vol.1, ch. 4, pt. 1, https://www.gutenberg.org

14   Benjamin Disraeli, "The Maintenance of the Empire, 1872", https://en.wikisource.org/wiki/The_Maintenance_of_Empire

범으로 삼아 '제국'으로 웅비할 야심을 키우고 있었다. 반면 '대한 제국'은 거창한 국호에도 불구하고 제국의 실체와는 전혀 상관이 없었다.

enlightenment

계몽

'계몽주의'가 '근대'의 키워드에 포함되어야 하는 이유는 군이 설명할 필요가 없을 것이다. 누구나 쉽게 접할 수 있는 인터넷 자료에서는 '계몽주의'를 "18세기 후반 유럽 전역에 걸쳐 일어난, 구습舊習의 사상을 타파하려던 혁신적 사상운동"이라거나 "인류의 무한한 진보를 위하여 이성의 힘으로 현존 질서를 타파하고 사회를 개혁하려는 시대적인 사조"라고 규정한다.[1] 이렇게 계몽주의를 '사상운동'과 '사조'로 정의한 후 곧이어 볼테르Voltaire, 장자크 루소Jean-Jacques Rousseau 등 18세기 프랑스 계몽주의 철학자들을 그 주역으로 소개한다. 볼테르 등이 '계몽주의'를 말할 때 사용한 표현은 '빛lumière'이다. 『리트레』

---

[1] 『21세기 정치학대사전』, https://terms.naver.com ; 『한국민족문화대백과사전』, https://encykorea.aks.ac.kr

사전에서 이 일반명사가 특정 시대와 정신을 뜻하는 용례로 제시된 것 중에서 볼테르의 발언이 시기적으로 가장 빠르다. 볼테르는 유럽에서 "세련된 정신들의 공동체"가 형성되고 있고 이 정신들은 구석구석에 '빛'을 비추고 있다고 주장했다. 이 사전이 인용한 볼테르의 또다른 발언은 "우리의 빛들이 다 무슨 소용인가, 우리가 여전히 해악을 버리지 못하고 있다면?"이다. 볼테르 특유의 비판과 조롱이 담겨 있는 문장이다.

　　'계몽주의'에 대한 보다 전문적인 논의에서는 이마누엘 칸트Immanuel Kant가 1784년 월간지에 기고한 「계몽이란 무엇인가?」(정확한 제목은 「계몽이란 무엇인가라는 질문에 답함Beantwortung der Frage: Was ist Aufklärung?」)를 거의 의무적으로 언급한다. 프랑스혁명 이전의 프랑스나 이마누엘 칸트가 살고 활동했던 프로이센은 일반 시민의 '자유'를 폭넓게 허용한 환경이라고 하기는 어려웠다. 볼테르나 장자크 루소가 '타파'의 대상으로 삼은 구습과 '해악'의 온상은 중세부터 유럽의 가치관과 제도를 지탱해온 로마가톨릭교회였다. 개신교 국가인 프로이센의 지식인 이마누엘 칸트가 보기에 '계몽'의 적은 '미성숙함Unmündigkeit'이었다.[2] 그가 말한 '미성숙함'은 개인이 자율적 사유와 판단을 하지 못하는 상태, 즉 매사에 간섭하는 국가 권력 및 국가의 공식 교회를 비판한 셈이었다. 그러나 이마누엘 칸트는 프로이센왕국을 대놓고 비판할 처지가 아니었고 그의 글을 게재한 프로이센 언론매체는 그럴 자유를 누리지 못했다. 『독일어사전Deutsches Wörterbuch』은 이마누엘 칸트가 '계몽'의 의미로 사용한 'Aufklärung'을 그의 논리 그대로 "항상 스스로 생각하라는 원리"로 정의한다. 이

러한 용례를 대표하는 문장도 이마누엘 칸트의 "계몽이란 미신으로 부터의 해방이다"를 제시한다.[3]

볼테르의 '빛'이나 이마누엘 칸트의 '계몽'은 영어의 'enlighten'을 번역 내지 번안한 말이다. 이 단어는 절대 권력 국가인 프랑스나 프로이센과는 달리 높은 수준의 자유를 누리던 18세기 영국에서 매우 자주 쓰였다. 영국을 방문하여 자유로운 시민사회의 모습을 생생하게 관찰하고 온 볼테르나 영국에는 가지 못했지만 영국 출판물들을 탐독하던 이마누엘 칸트는 영국인들이 즐겨 쓰는 'enlighten'이란 말에 주목했을 법하다. 18세기까지 영국에서 이 말이 사용된 형태는 명사가 아니라 형용사 'enlightened'로 다른 명사 앞에 붙는 경우가 대부분이었다. 명사형 'enlightenment'는 일반적으로 '규명, 설명'을 뜻하는 단어로 쓰였다. 이러한 맥락에서 이 말은 '계몽'이나 '계몽주의'로 옮길 수 없다.

18세기 영국에서 'enlighten'은 프랑스 계몽주의자들이나 이마누엘 칸트와 달리 종교와 대립적인 관계를 함축하지 않았다. 근세시대 영국의 독자적인 문화 구축은 개신교 종교개혁을 받아들인 이후부터 본격적으로 진행되었다. 영국은 세속 군주 영국 왕을 영국 국교인 성공회의 수장으로 옹립할 뿐 아니라 유럽의 라틴 가톨릭 문

---

2   Immanuel Kant, "Beantwortung der Frage: Was ist Aufklärung?" https://de.wikisource.org

3   *Deutsches Wörterbuch,* http://dwb.uni-trier.de

화와 결별하고 영어로 예배를 진행했고 성서를 영어로 옮겼다. 국왕 제임스 1세의 직접 지시에 따라 1611년에 간행된 『흠정역』에서 'enlighten'에 담긴 '계몽'은 종교적 미신에 대항하는 이성의 빛이 아니라 종교적 깨달음과 구원 그 자체를 뜻한다.

야훼여! 당신은 곧 나의 등불, 내 앞에서 어둠을 몰아내주십니다.

— 『공동번역성서』

이렇게 읊는 구약성서 '시편' 18편 28절에서 "어둠을 몰아내주십니다"는 『흠정역』에서 "enlighten my darkness"다.

또 여러분의 마음의 눈을 밝혀주셔서 하느님의 백성이 된 여러분이 무엇을 바랄 것인지 알게 하여주시기 바랍니다.

이렇게 말하는 신약성서의 '에베소서' 1장 18절에서 "밝혀주셔서"의 그리스어 원어(photizo, 밝히다, 빛을 비추다)를 『흠정역』은 'enlighten'으로 옮겼다.[4] 영국 성공회 초기의 가장 중요한 신학자이자 사상가인 리처드 후커 Richard Hooker의 『교회정치 법들에 대하여 Of the Laws of Ecclesiastical Polity』(1594~1597)에 나오는 "성령의 특별 은총이 우리의 마음을 계몽하다 enlighten"와 같은 표현은 당시 이 단어가 쓰인 전형적인 방식과 맥락을 대변한다.[5]

그리스도교는 '빛'의 종교다. 서구 중세 교회의 건축 양식은 자연 채광을 반영하는 스테인드글라스를 발전시켰다. 무엇보다도 예수 그리스도 본인이 "내가 세상의 빛이다"(요한복음 8:12)라고 선언했다. '빛을 비추다'라는 뜻의 'enlighten'을 (개신교와 가톨릭, 정교회를 포괄한 개념으로) 그리스도교에서 떼어내기란 쉽지 않다. 그럼에도 불구하고 그리스도교에 대항한 이성주의를 볼테르 등 프랑스인들은 '빛'이라 불렀다. 반면 18세기 영국 지식인들은 이성적 깨달음의 '빛'이 꼭 그리스도교 신앙의 '빛'에 대립할 이유는 없다는 입장에 대부분 동의했다. 일단 많은 이가 영국은 개신교 종교개혁을 거쳐 기독교 자체를 '계몽된' 종교로 바꾼 선진국이라고 인식하고 있었다. 그들은 마르틴 루터Martin Luther의 종교개혁 원리인 '오직 성서만으로Sola Scriptura'에 입각하여 성서에 근거한 '계시 종교'를 받아들였지만('reform / reformation 개혁' 참조) 동시에 이성과 과학에 근거한 '자연 종교'도 중시했다. 조지프 버틀러의 대표 저서 『자연 종교와 계시 종교가 자연의 구성과 전개와 갖는 유비적 관계』('constitution 헌법' 참조)의 제목이 이러한 인식의 틀을 전형적으로 예시한다. 조지프 버틀러를 비롯한 영국 지식인들은 '자연 종교'와 '계시 종교'는 서로 대립하지 않는 상호보완적 관계를 맺는다고 생각했다.

조지프 버틀러처럼 신학과 철학이 전문 분야가 아닌 의사 조지

4   Holynet 다국어성경, http://www.holybible.or.kr; *Online Greek Interlinear Bible — Scripture4All.* https://www.scripture4all.org/OnlineInterlinear

5   Richard Hooker, *Of the Laws of Ecclesiastical Polity, The Works of that Learned and Judicious Divine Mr. Richard Hooker,* vol. 1(Oxford, 1888) bk,3, ch.8, para.15.

체인('constitution헌법' 참조)은 우울증에 시달렸던 자신의 병력을 소개하며 우울증을 극복하는 데 기독교 신앙 서적의 "계몽enlightened 원리"가 큰 몫을 했다고 고백했다. 과학자로서 그때까지 본인이 인정하던 '자연 종교'만으로는 정신의 질병을 치유하는 데 부족했던 것이다.[6] 신학도, 의학도 아닌 생업과 경제를 논하는 저자 R. 캠벨 Campbell은 상업에 종사할 젊은이들에게 다음과 같이 당부하며 1747년 자신의 저서 『런던 사업가*The London Tradesman*』를 마무리했다.

요즘은 종교를 조롱하고, 심지어 경건한 삶을 수치스럽게 여기는 것이 너무나 널리 유행하고 있으나, 유행하는 세태가 계몽된(enlightened) 양심의 제약을 억누를 수는 없다. 또한 최후의 심판대에서 그것이 변론의 근거가 될 수 없다. 젊은 도제들은 최고의 존재자를 항상 경배하고, 그분의 법을 어기지 않을까 늘 두려워하며, 그분의 섭리에 철저히 의존하여 그러한 태도가 아무리 유행에 맞지 않는다 해도 거기에서 오는 마음의 평안을 누리도록 해야 할 것이다.[7]

R. 캠벨은 런던이라는 거대한 시장에서 할 수 있는 다양한 직종을 상세히 소개한 후 어떠한 업종에서 어떠한 일을 하건 가장 중요한 것은 "최고의 존재자"에 대한 경외심이고 그가 심어놓은 "양심"의 "계몽"임을 잊지 말라고 간절하고 준엄한 어조로 충고한다.

후대에 잊힌 무명작가 R. 캠벨의 발언에 그렇게까지 큰 의미를 부여하기는 어려울 수 있다. 그러나 18세기 영국의 문학사와 지성사를 대변하는 인물들도 'enlighten'을 종교적 신앙의 반대 개념으로 사용하지는 않았다. "가장 무식한 정신"의 소유자도 런던에서는 "근로에 매진할 충분한 동기가 유발"된다는 새뮤얼 존슨의 지적에서 "무식한"으로 번역한 원어는 "unenlightened(계몽되지 않은)"다.[8] 그가 선택한 표현은 제대로 교육받지 못한 자를 가리킨 것일 뿐 종교적 맹신에 빠진 사람을 일컫는 말이 아니었다. '계시 종교'건 '자연 종교'건 대체로 종교 그 자체에 대해 회의적인 입장을 견지한 것으로 알려졌던 데이비드 흄은 "우리의 이성을 계몽"하려면 "태만"을 버리고 "근면"하게 살아야 한다고 했다. 그의 논리에서도 '계몽'의 반대어는 신앙이 아니라 '태만'이었다. 또한 그는 "한 시대의 계몽된 정신들"이 "이성, 자유, 정의" 쪽으로의 "혁신"을 이끌어낸다면 좋은 일이라고 했다. 얼핏 보면 데이비드 흄이 볼테르나 칸트의 '계몽주의' 개념에 근접한 의미로 이 말을 사용한 듯하지만 맥락을 정확히 보면 그렇지 않다. 영국 성공회 개신교 신앙을 굳건히 지키고자 했던 새뮤얼 존슨과 마찬가지로 데이비드 흄도 '지적이고, 교육받은 지식층'을 통틀어 이르는 표현에 형용사 'enlightened'를 썼을 뿐이다. 나아

6   George Cheyne, *The English Malady* 331-34.

7   R. Campbell, *The London Tradesman. Being a Compendious View of All the Trades, Professions, Arts, both Liberal and Mechanic, now practised in the Cities of London and Westminster*(London, 1747) 317.

8   Samuel Johnson, *The Adventurer*, No. 67. (Tues, June 26, 1753), *Samuel Johnson*. ed. Donald Greene(Oxford University Press, 1984) 262.

가 그는 과학적 '계몽주의'가 지지할 법한 "과격한 혁신" 프로그램에 대해 매우 유보적인 태도를 취한다. 데이비드 흄은 특히 정치제도의 '혁신'은 "선보다는 악을 야기할 것"인데, 그 이유는 "정치학의 규칙이라는 것은 늘 예외가 있기 마련이고 운과 우연에 따라 조정될 수밖에 없기" 때문이라고 단언했다.[9]

'계몽'으로 번역되는 'enlighten'의 'light(빛)'를 종교적 계시 또는 지성 훈육의 결실로 보는 앞의 사례와 달리, 18세기 후반으로 접어들면 문명사적인 개념 설정에 이 말이 사용되는 경향이 눈에 띄게 늘어난다. 스코틀랜드 장로교회 성직자이기도 했던 역사가 윌리엄 로버트슨은 "인민들의 미신"을 이용하던 로마 교황의 비행을 기술하며 "지식과 철학의 진보로 원칙과 상식에 따른 의무가 무엇인지를 더 잘 이해하는 계몽된 시대"의 기준으로 보면 그러한 행각은 당연히 비난받을 것이라고 한다.[10] 가톨릭교회의 타락을 '미신'과 연결짓는 것은 윌리엄 로버트슨을 비롯한 18세기 개신교 지역 지식인들의 전형적인 어법이다. 반면 가톨릭을 적대시하는 종파적인 강령과 상관없는 맥락에서 "계몽된 시대"는 일반적으로 근대 유럽 사회를 가리킨다. 윌리엄 로버트슨은 『아메리카 역사』에서 중세시대 아랍 무슬림 지식인들이 수학과 과학에 앞서 있었음을 지적하며 그러한 예로 "보다 계몽된 시대의 유럽은 그들의 실험을 기꺼이 채택하고 모방했"음을 제시한다. 그는 "가장 계몽되고 문명화된 나라들"로 유럽 사회를 규정하고 그러한 사회와 대립되는 것이 "계몽이 안 된 나라"라고 한다.[11] 이와 유사하게 에드워드 기번은 "프랑크족의 후손들은 유럽에서 가장 위대하고 가장 계몽된 나라 중 하나"를 만들었다는 말로 당대 프랑스 사회를 칭송한다.[12] 윌리엄 로버트슨이나 에드워드 기번의 글에서 '계몽'은 분명히 서구중심주의의 키워드로 부상하고 있다.

"계몽되고 문명화된" 근대 서구 유럽은 자신의 문명과 '계몽'을 언제나 당당히 자랑할 수 있나? '계몽'이 묵과하는 만행이 엄연히 존재하는데도? 이와 같은 질문은 '계몽의 변증법'에 친숙한 20세기 후반부가 아니라 18세기 말에 이미 제기되었다. '계몽'의 위선을 고발한 저자들은 섬세한 철학자나 역사가가 아니었다. 그들은 현실을 바꾸어보려는 노예무역 폐지론자들('constitution헌법' 참조)이었다. 그들은 다음과 같은 비판을 멈추지 않았다.

노예제도는 계몽되지 않은 이교도들에게도 수치이건만, 영국 식민지들에서는 정치 대표자들의 회합에서 제정한 공적인 법안에 의해 용인되고, 영국 왕들의 동의와 재가를 통해 이 법안들이 확정되고 있다니![13]

9   David Hume, *Essays Moral, Political, and Literary* 149-50, 477.

10   William Robertson, *The Works of William Robertson*, vol. 5: *The History of the Reign of the Emperor Charles V, Vol. 3*(London, 1840) 121.

11   William Robertson, *The History of America* 363, 366.

12   Edward Gibbon, *The History of the Decline and Fall of the Roman Empire* 16.

13   Granville Sharp, *The Law of Liberty, or, Royal Law, by which All Mankind will Certainly be Judged!* 49.

이렇게 비판하는 그랜빌 샤프가 보기에 이보다 더 개탄스러운 일은 따로 없었다. 윌리엄 폭스William Fox는 한 걸음 더 나아가 '계몽되지 않은 이교도들'보다 '계몽된' 영국인들이 더 야만적임을 다음과 같이 질타했다.

권력을 향한 욕정, 정복하려는 교만이 인간을 인간이 노예로 삼는 사례를 수없이 만들어냈음은 분명하다. 그러나 이 계몽된 시대를 사는 우리는 그 잔혹함과 부당함에서 가장 무지하고 야만적인 시대를 훨씬 앞질러 능가했다. 우리는 섬세한 인간적 감성을 갖춘 척하지만 지금껏 선례가 없는 잔인함을 실천하고 있다. 우리는 노예제도를 저급한 탐욕의 썩은 토양에 심어놓았고 극도의 불행을 그 소출로 거두고 있다.¹⁴

영국에서 '계몽'이 '탐욕'과 결합하여 빚어낸 '계몽되지 않은' 야만시대를 능가하는 "잔혹함과 부당함"을 태연하게 묵과하는 현실을 꾸짖은 이들의 목소리에 한 세대 후인 1807년 노예무역 폐지로 영국 의회는 뒤늦게나마 화답했다.

'계몽'이 형용사로 주로 쓰이던 18세기가 지나가고 19세기가 된 이후로 시대정신이나 사상을 지칭하는 칸트식의 용례가 영국에서도 '계몽시대' 같은 표현에 종종 등장한다. 이 단어가 이러한 뜻으로 사용될 경우 단어의 머리글자 'E'를 대문자로 구별했다. 대문자로 시작하는 일종의 고유명사가 된 'Enlightenment'를 '계몽주의'로 옮기지 않을 이유는 물론 전혀 없다.

'계몽주의'를 이어받은 과학기술문명은 "가장 무지하고 야만적인 시대"와 "잔혹함과 부당함"을 놓고 여전히 경쟁했다. 종교적 양심의 '계몽'에서 해방된 근대과학과 "인류의 무한한 진보를 위해 이성의 힘"을 숭상하는 '계몽주의'는 19세기와 20세기에 권력욕 및 "저급한 탐욕"과 결탁하기를 주저하지 않았다. 종교에서 해방된 이성과 신적인 지위에 오른 과학은 제국주의, 인종 청소, 아우슈비츠, 히로시마를 낳았다.

14 William Fox, *An Address to the People of Great Britain, on the Utility of Refraining from the Use of West India Sugar and Rum. The British Transatlantic Slave Trade*, vol. 3: *The Abolitionist Struggle: Opponents of the Slave Trade*, ed. John Oldfield (London: Pickering and Chatto, 2003) 324.

freedom / liberty

자유

'자유'가 보편적 이념으로 부상하는 데 결정적 기여를 한 역사적 계기는 무엇일까? 이 질문에 많은 한국인은 서슴없이 '1789년에 발발한 프랑스혁명'이라고 답할 듯하다. 프랑스혁명 주도 세력은 처음에는 '자유, 평등, 박애^{liberté, égalité, fraternité}'를 구호로 외치기는 했다. 그중 말뜻 그대로 옮기면 '형제애'를 의미하는 '박애'는 혁명의 정신이나 실천과는 별로 맞지 않았다. 혁명가와 그들을 지지하는 군중의 비위에 조금이라도 거슬리는 동포들과 이웃들은 가차 없이 처형되었다. 반대 세력을 원활히 제거할 용도로 고안된 단두대 기요틴^{guillotine}을 본격적으로 활용하기 시작한 1793년 '박애' 곁으로 '죽음^{la mort}'이 끼어들었다. 혁명 주동자들의 깃발에 적힌 구호는 섬뜩했다. "공화국의 단일성, 분할불가성, 자유 평등 박애 아니면 죽음^{Unité indivisibilité de la République; liberté égalité fraternité ou la mort}" [1]

프랑스혁명이 근대시대를 연 주요 이정표 중 하나임은 분명하다. 그러나 '자유'는 서유럽 역사상 근대시대 이전 고대나 중세 때도 매우 중요한 위상을 차지했던 키워드다. 그리스 도시국가들의 '시민'('democracy민주주의' 참조)은 정치에 참여할 의무와 권리를 행사하는 자유인이었다. 그리스 도시국가를 대표하는 아테네의 자유인 시민들이 누리는 권리는 여성, 노예, 다른 도시국가에서 와서 거주하는 '이주민metoikos'은 갖지 못했다. 이와 대조적으로 로마는 이탈리아반도와 지중해 전역으로 펼쳐진 제국을 건설하며('empire제국' 참조) 출신 지역과 상관없이 정복 지역 엘리트들에게 보편적인 권리로 '시민권civitas'을 주었다.

로마 '시민cives'은 노예가 아닌 자유인일 뿐 아니라 일련의 구체적인 권리의 주체였다. 로마 시민은 각종 대표자 회의에서 대표자를 선출할 선거권ius suffragi과 공직에 후보자로 선출될 피선거권ius honorum을 갖고 있었다. 여기에 덧붙여 법정에서 소송을 제기하고 자신을 방어할 권리, 상급 법원에 항소할 권리, 고문을 당하지 않을 권리, 대역죄로 기소될 경우 반드시 로마에 가서 재판받을 권리, 사형선고를 받더라도 십자가형을 당하지 않을 권리 등이 모두 '시민권'에 포함되었다.

로마 시민권에서 참정권이 차지하는 비중은 공화정이 제정으로 전환되고 도시 로마 외에 다른 도시들에서도 '로마 시민'이 다수

1　*Élysée.* https://www.elysee.fr/la-presidence/liberte-egalite-fraternite

양산됨에 따라 각자 사는 도시 자치에 참여하는 수준에 머물렀다. 그러나 사법적 권리에는 전혀 변화가 없었다. 『유스티니아누스 법전 Codex Justinianus』(로마 법전)에서는 로마 시민에게 '무죄추정의 원칙'을 적용함을 분명히 한다. "소송을 제기하는 자는 증거를 제시해야 할 것"이고 "자신의 주장을 증명하지 못한다면 피고는 달리 증거를 제시하지 못해도 승소할 것"임을 명시했다.[2] 아울러 민사상의 권리인 재산 관련 계약을 체결하고 사유재산을 소유할 수 있는 상업권 ius commercii은 매우 포괄적이고 광범위하게 발전했다. 로마 시민권 소유자는 자신의 뜻에 따라 사유재산을 축적하고 처분할 수 있을 뿐 아니라 채무 상환을 "내가 약속한다 spondeo"는 구두 선언만으로도 채무 계약을 맺을 수 있었다. 또한 죽기 전에 유언장을 작성하여 남겨두고 갈 재산을 마음대로 배분할 자유를 누렸다. 유언장을 작성하고 본인 뜻대로 수정할 자유는 로마 시민권의 근본적 항목으로 여겨졌다.[3]

서유럽에서 로마제국이 멸망한 후 암흑기를 거쳐 이탈리아반도를 중심으로 생겨난 중세 자치도시들에도 '자유'는 매우 중요한 개념이었다. 소규모 주권국가들에게 '자유'는 사뭇 소중한 가치였다. 시에나공화국의 문장(상징)에는 '자유 Libertas'라는 글자가 선명하게 새겨져 있었다. 중세 피렌체의 역사를 기술한 조반니 빌라니 Giovanni Villani는 『새 연대기 Nuova Cronica』(1348)에서 피렌체공화국이 "피렌체인들의 자유"를 지키기 위해 시에나, 피사, 아레초 등 토스카나 지방 다른 도시국가들과 벌인 투쟁을 상세히 기술한다.[4]

'자유'를 위해 서로 치열하게 싸운 중세 이탈리아 도시국가들의 전통이 멀리 동아시아의 대한민국에 직접 전수되었다고 하기는 어렵다. 대한민국은 프랑스식 공화국 모델을 따랐고 독재에 항거한 '혁명'의 역사를 자랑스럽게 여기기에 '자유'와 프랑스혁명을 연관 짓는 경향이 지배적이다. 그러나 '자유'라는 말은 이탈리아 도시국가 공화국들이 '자유'를 지키려 투쟁하던 시대부터 공화정과는 거리가 먼 왕정 체제가 견고하게 들어서 있던 프랑스보다는 바다 건너 영국에서 더 풍부한 역사적 선례가 축적되고 있었다.

영어에서 '자유'를 뜻하는 말은 라틴어 계열 단어 'liberty'와 게르만 계열 단어 'freedom'이 함께 쓰인다. 두 단어의 의미가 뚜렷이 다르지는 않지만 전자보다는 후자가 더 널리 사용된다. 형용사로 'free'는 영어에서 매우 빈번하게 여러 맥락과 용도에 쓰인다. '언론／표현의 자유freedom of the press, free speech', '자유시장경제free market economy' 등 근대 문명사회의 핵심적 원칙도 'freedom'과 'free'를 써서 표현한다. 영국인이나 미국인의 입에 자주 오르는 관용구 중에는 "it's a free country!"가 있다. '여기는 자유로운 나라인데, 왜 내 마음대로 못

2   The Codex of Justinian: A New Annotated Translation, with Parallel Latin and Greek Text, vol. 1, trans. Fred H. Blume, ed. Bruce W. Frier(Cambridge: Cambridge University Press, 2016) 407 (2.1.4).

3   Arnauld Besson, "Fifty Years before the Antonine Constitution: Access to Roman Citizenship and Exclusive Rights," Citizens in the Graeco-Roman World: Aspects of Citizenship From the Archaic Period to AD 212, ed. Lucia Cecchet and Anna Busetto(Leiden: Brill, 2017) 209, 212-13.

4   Giovanni Villani, Nuova Cronica, ed. G. Porta (Parma: Fondazione Pietro Bembo/Guanda, 1991) 818 (CLXV).

해!'라는 뜻이다. '내 마음대로 할 권리'라는 뜻은 '自由(스스로 행하다)'라는 한자어에 적절히 포함되어 있다. 그러나 이 말의 발원지 영국에서는 'freedom'의 의미가 항상 투명하거나 단순하지는 않았다.

1215년 자신들의 권리를 심각하게 침해당했다고 생각한 영국 귀족들은 칼과 창을 들고 존 왕에게 항의했다. 귀족들의 위세에 눌린 왕은 그들의 요구를 받아들이겠다는 합의문에 서명했다. 흔히 '대헌장Magna Carta'으로 불리게 된 이 문서의 정식 명칭은 '자유대헌장Magna Carta Libertatum, Great Charter of Freedom'이다. 라틴어로 작성된 이 합의문에서 가장 먼저 언급하는 '자유'는 영국 교회의 자유다. "짐은 영국 교회의 권리가 침해받지 않도록 온전히 지켜줄 것이며"라는 첫번째 항목에서 '권리'로 번역해야 뜻이 전달되는 단어는 라틴어 'libertas(자유)'의 복수형 'libertates'다. '자유'가 단수명사가 아니라 복수인 이유는 이 말이 추상적 이념이 아니라 실질적 권리를 의미하기 때문이다. 이 문서의 명칭 자체도 문자 그대로 번역하면 '자유들의 대헌장'이다. 교회의 '자유' 다음으로 명시되는 '자유'는 귀족들이 자신들의 재산을 왕의 간섭 없이 피상속자에게 물려줄 권리다. 존 왕은 "짐의 왕국의 모든 자유인"에게 영주들의 재산권을 포함한 이 문서에 "적시한 자유"를 보장해주기로 약속했으나 실제로 그대로 실행할 마음은 없었다.[5] '대헌장'을 받아낸 귀족들과 왕 사이에서는 곧 무력 충돌이 벌어졌다. 내전은 존 왕이 1216년에 병사하고 난 다음 해에 종식되었다.

중세부터 근세까지 영국 및 유럽에서 '자유'는 재산권과 떼어놓을 수 없었다. '대헌장'이 탄생한 시대에는 이탈리아와 마찬가지로 영국에서도 도시들을 중심으로 시장경제가 활성화되고 있었다. 대지주 귀족들뿐 아니라 도시들도 '자유'를 주장했다. 도시 전체에 부여된 'libertas'는 도시의 자치권을 의미했다. 이러한 자치도시에서 활동하는 상인들 개개인에게도 'libertas / freedom'이 주어졌다. 영국 시장경제의 심장인 런던의 경우가 대표적이다.

오늘날에도 그 명칭이 남아 있는 'Freedom of the City of London'(현재는 일종의 명예 훈장)은 1237년경에 처음 제정되었다. 이 명칭에 담긴 '자유권Freedom'이란 특정 상인들이 런던에서 국왕이나 봉건 귀족의 간섭을 받지 않고 경제활동을 할 수 있는 자격 및 권리를 의미했다. 국왕과 관료, 귀족이 거주하던 웨스트민스터 옆에서 자치권을 굳건히 지켜낸 '런던 시티City of London'는 헌장과 규정들을 작성하여 런던 시티의 '자유인Freeman'들이 행사할 수 있는 다양하고 구체적인 권리를 명시했다. 로마 시민권과 유사하게 런던 시티 시민의 '자유권'은 상속문제를 중요하게 다루었다. 다만 고대 로마와는 달리 유산 처분의 자유가 남성 '자유인'의 아내와 자녀의 권리를 침해할 여지를 차단했다. 런던 시티의 '자유인'이 유언장 없이 사망할 시 그의 재산 3분의 1은 미망인에게, 또다른 3분의 2는 자녀에게 분배하는 것이 대원칙이었다. 유언장을 작성할 경우에도 재산의 반에 대해서만 자유롭게 피상속자를 지정할 수 있을 뿐 나머지 반은

---

5   *Magna Carta Libertatum.* https://www.orbilat.com/Languages/Latin/Texts/06_Medieval_period/Legal_Documents/Magna_Carta.html

반드시 아내 또는 자녀가 물려받도록 규정했다.[6]

넓은 영지를 소유한 귀족들이나 런던 시티 등 주요 도시의 '자유인'과 달리 물려주거나 물려받을 재산이 별로 없는 민초들도 '자유'에 대한 권리를 주장할 수 있을까? 이 질문에 대해 "그렇다!"라고 외치는 근대적 주장은 존 왕 시대로부터 몇백 년이 지난 후 또다른 내전 상황 속에서 본격적으로 확산되었다. 하원과 국왕 찰스 1세가 서로 군사를 동원하여 대결한 영국 내전English Civil War(1642~1651, 청교도혁명)의 유혈 분쟁 와중에 의회 쪽 군대 내부에는 단지 왕을 제거하는 데 그치지 않고 '자유'와 함께 '평등'이 구현되는 사회로 나아갈 것을 주장하는 장교들이 있었다. 군대 밖에서도 이와 같은 논리를 온갖 출판물에 실어 유포하는 이상주의자들이 등장했다. 그들은 '레블러Leveller', 즉 '수평주의자'였다. 사회경제적 차등을 보호하는 위계질서를 모조리 파괴하고 '똑같이 평평하게 만들려는 자'라는 뜻이었다. 수평주의자들은 "이성과 공통의 정의에 맞는 자연스럽고 정당한 자유"는 모든 영국인이 상속받은 "자산"이라고 주장했다. 그들은 런던 시티의 '자유인'이 아닌 "영국에 태어난 자유 인민"의 이름으로 이 무형의 권리를 옹호했고 그 누구도 그것을 침해할 수 없다고 큰 소리로 외쳤다.[7]

의회 군대의 총사령관 올리버 크롬웰Oliver Cromwell 등 지주계급에 속한 혁명 지도자들이 보기에 수평주의자들의 논리는 국왕을 옹호하는 것 못지않게 위험했다. 그러나 군대의 사기를 고무하는 데 수평주의자들이 큰 몫을 했다. '이념'이 주입된 병사들은 더 열정적으로 싸우기 마련이었다. 그러나 더 늦기 전에 그들을 제어할 필요가 있었다. 왕을 물리친 후 올리버 크롬웰 같은 지주들의 땅도 내놓으라고 덤비면 어떻게 할 것인가? 올리버 크롬웰은 법률가 출신의 유능한 장군이자 자신의 사위가 된 헨리 아이어턴Henry Ireton에게 과격분자들을 설득할 임무를 맡겼다.

1647년 10월 29일 웨스트민스터 의사당에서 그리 멀지 않은 퍼트니에 위치한 세인트메리교회에서 의회군 장교들은 '정책 회의 General Council'를 열었다. 반대파를 서로 비난하던 명칭을 그대로 쓰면, 올리버 크롬웰과 헨리 아이어턴 등 "귀족 양반Grandee"들의 목적은 수평주의자 "선동꾼Agitator"들을 설득하여 그들의 과격한 언동을 자제하도록 하는 것이었다. 양측의 설전은 11월 8일까지 이어졌으나 수평주의자들은 물러서지 않았다. 특히 쟁점이 된 것은 의회 군대가 나라를 평정한 후에는 재산권과 상관없이 모든 자유 인민이 선거권 및 피선거권을 갖도록 하자는 선동꾼들의 요구였다.

헨리 아이어턴은 수평주의자들의 무차별적 정치 참여를 다음과 같은 논리로 반박했다.

이 나라에서 고정된 이권을 소유한 자들을 대변하는 이들이 이

---

6 City-Liberties: Or, the Rights and Privileges of Freemen. Being a Concise Abridgment of all the Laws, Charters, By-Laws, and Customs of London, down to this Time (London, 1732) 74.

7 The English Levellers, ed. Andrew Sharp(Cambridge: Cambridge University Press, 1998) 35.

나라의 의회를 구성합니다. 단지 이 나라에서 태어났다는 이유 하나만으로 의회를 통해 남들의 재산권에 관여할 권리를 나누어 갖겠다고 할 자는 없지 않겠습니까? 자유로운 토지(freehold)의 소유자나 자치도시 자유인들의 이익은 다른 나라로 옮겨놓을 수 없습니다. 따라서 그들이 바로 우리나라의 항속적인 이익을 구성합니다. 만약 자연법에 의거하여 그 누구든 똑같이 자유롭고 동등한 권리를 갖는다면, 그러한 근거에서 다른 사람의 사유재산을 빼앗을 권리도 주장할 수 있는 것 아닌가요?[8]

후대의 역사는 헨리 아이어턴의 우려에도 불구하고 수평주의 자들의 손을 들어주었다. '자유'는 재산권과 무관한 천부적 권리임을 오늘날 대부분의 정치학 교과서와 많은 나라의 헌법적 문서들이 설파한다. 역사가 이렇게 변하는 과정에서 프랑스혁명이 기여한 바는 적지 않다. 1789년 혁명이 발발한 후 곧이어 작성된 '인간과 시민의 권리 선언'('democracy민주주의' 참조) 제1조는 "인간은 권리에 있어 자유롭고 평등하게 태어난다"는 사실을 적시했다. 제4조에서 이 '자유'란 "남에게 해를 끼치지 않는 한 그 어떤 것도 할 수 있는 자연스러운 권리"라고 부연했다.[9]

'대헌장'에서 발원한 영국 전통에서의 '자유'는 본질적으로 평등할 수 없는 사유재산권을 의미했다. 반면 프랑스혁명은 '자유'와 '평등'을 하나로 묶어놓았다. "자유 평등 박애 또는 죽음"을 외친 프랑스의 수평주의자들은 '인간과 시민의 권리 선언'이 중시한 이웃의 자유와 권리에 대한 배려의 원칙을 진지하게 받아들이지 않았다. 그들은 반혁명 분자들의 사유재산은 물론 재산보다 더 소중한 목숨도 자유롭게 빼앗을 권리를 당당히 주장했다.

8   *The English Levellers* 108-9.

9   *Légifrance.* https://www.legifrance.gouv.fr/contenu/menu/droit-national-en-vigueur/constitution/declaration-des-droits-de-l-homme-et-du-citoyen-de-1789

industry

산업

동아시아에서 사용하는 한자어 '산업^{產業}'을 영어로 옮기면 'industry' 다. 영어 'industry'나 프랑스어 'industrie'의 뜻이 결정적으로 변한 19세기 후반에 산업화된 서구 문물을 접한 일본인이나 중국인이 이 단어를 '산업'으로 옮긴 것은 적절한 선택이었다. 그러나 '산업^{industry} 을『표준국어대사전』이 정의한 대로 "인간의 생활을 경제적으로 풍 요롭게 하기 위하여 재화나 서비스를 생산하는 사업"으로만 이해하 면 'industry'의 어원지인 근대 영국에서 이 단어가 쌓았던 화려한 경 력이 한순간 말끔히 사라지고 만다.

영어에서 'industry'가 근세부터 18세기 중반까지 어떠한 의 미로 사용되었기에 그와 같이 주장하는가? 새뮤얼 존슨의『영어사 전』에 따르면 이 단어의 뜻은 "근면, 민첩함, 습관적으로나 실질적 으로 열심히 일함"이다. 그는 이러한 의미로 쓰인 예문으로 윌리엄 셰익스피어의 "열심히 일하느라 흘린 땀^{sweat of industry}이 말라 사라질 것이다"라는 대사를 인용했다. 새뮤얼 존슨은 윌리엄 셰익스피어(1564생)보다 대략 한 세기 전에 태어난 토머스 모어^{Thomas More}(1478생)의 "섭리는 우리가 게으르게 빈둥대며 살지 않도록 열심히 일하게^{to employ our industry} 한다"는 문장도 예문에 포함했다.

윌리엄 셰익스피어 작품에서 '근면'을 뜻하는 명사 'industry'를 찾아보기는 어렵지 않다. 『베로나의 두 신사^{The Two Gentlemen of Verona}』(1589~1593) 1막 3장에 나오는 "근면을 통해 경험을 획득하고 / 시간이 흘러 완벽에 이른다"(22~23행)라는 대사가 그중 하나다.[1] 앞에서 인용했던 『헨리 4세 2부』에서는 "근면이 그들의 뼈를 부러뜨렸다"(4막 5장 69행)라는 과장법이 나온다. 『오셀로^{Othello}』에서 오셀로를 파멸에 빠뜨릴 궁리를 하는 이아고는 사람의 몸을 토양에 비유하며 그것을 "태만으로 척박하게 놔두거나 근면으로 거름을 주어"(1막 3장 317~318행) 우리 뜻에 맞게 변화시킬 수 있다고 한다.[2] 윌리엄 셰익스피어와 동시대에 탄생된 『흠정역』 영어 성서에는 이 말의 형용사인 'industrious'가 나온다. 한글 성서에서 해당 구절은 "솔로몬은 그 젊은이가 일하는 것을 보고"(열왕기상 11:28)라고 되어 있다.[3] 『흠정역』을 그대로 옮기면 '……근면함을 보고'가 된다.

---

1   William Shakespeare, *The Two Gentlemen of Verona,* ed. Clifford Leech(London: Methuen, 1981).

2   William Shakespeare, *Othello,* ed. Norman Sanders(Cambridge: Cambridge University Press, 2003).

3   Holynet 다국어 성경. 이하에서 이 출처는 생략한다.

16세기부터 18세기 중반까지 'industry'는 열심히 일하는 자세 및 행위를 뜻했다. 또한 『오셀로』의 대사가 보여주듯이 'industry'의 반대말은 항상 'idleness(태만)'였다. 근면한 자세 및 행위를 일컫는 의미로 'industry'가 사용된 예는 근대시대로 넘어와도 풍부하게 발견된다. 그중에서 새뮤얼 존슨을 비롯한 18세기 영국인들이 존경하던 사상가 존 로크의 『통치론』('democracy민주주의' 참조)에 나오는 다음 문장을 들 수 있다.[4]

모든 사람이 자신의 정직한 근면의 생산물에 대한 소유권을 갖는 것은 정의롭다.

일차적인 관심이 정치 체제의 정당성에 있었던 존 로크와 달리 동시대의 경제론자들의 글에서 '근면industry'은 빈부계층을 나누는 잣대로 활용되었다. 니컬러스 바본('empire제국' 참조)은 부자들의 미덕은 통 크게 소비하는 것이지만 가난한 자들의 미덕은 '근면'이어야 한다고 주장했다.[5] 더들리 노스('capitalism자본주의' 참조)는 '근면'이 사람들을 부자와 빈자로 나누는 단서라고 단정했다.[6] 가난한 자는 빈곤의 원인이 외부에 있는 것이 아니라 자신의 '근면'이 부족한 탓임을 깨달아야 한다는 것이다.

니컬러스 바본이나 더들리 노스, 그 밖의 숱한 논자들이 반복하는 '근면'과 '게으름'의 대조는 18세기 중반 영국의 대표 화가 윌리엄 호가스William Hogarth의 판화 연작 〈근면과 게으름Industry and Idleness〉(1747)에서 쉽고 명료하게 표현되었다. 총 12개의 판화로 구성된 이 연작은 '근면한 도제'와 '태만한 도제' 이 두 사람이 도제 시절을 함께할 때부터 시작하여 한 사람은 출세하고 다른 사람은 패망하는 과정을 보여준다. 근면한 도제는 성실히 일을 배웠고 기독교도로서도 흠잡을 데 없었다. 그는 도제 기간을 마치고 주인 딸과 결혼하여 주인의 사업을 이어받는다. 성실하고 근면한 그는 런던의 대상인으로 등극하고 치안판사 역할도 겸한다. 그때 그의 앞으로 옛 동료가 살인범으로 잡혀 끌려온다. 태만한 도제는 도제 시절부터 게을렀고 종교를 업신여겼으며 사창가와 범죄 소굴을 전전하다 급기야 살인을 저지르고 그 벌로 사형당하는 것으로 삶을 마감한다. '근면'은 이처럼 축복이 넘치는 성공의 길인 반면, '태만'은 처참한 죄와 사망의 나락으로 이끈다.[7]

18세기 후반에 시작된 산업혁명 industrial revolution은 윌리엄 호가스의 〈근면과 게으름〉이 대변하는 'industry'의 도덕적이며 심지어 종교적인 권위를 완전히 파괴한 언어의 '혁명'이기도 했다. '근면'이 개인의 성향이나 행위가 아니라 기계화된 생산과정으로 전환되자 'industry'에 내포되어 있던 인간적 요소도 점차 제거되었다. 그리고 마침내 이 말은 비개인적 조직·제도·체제로서 '산업'을 의미하기에

---

4   John Locke, *Two Treatises of Government* II.§42.

5   Nicholas Barbon, *A Discourse of Trade* 62.

6   Dudley North, *Discourses upon Trade* 3.

7   William Hogarth, *Engravings by Hogarth,* ed. Sean Shescreen(New York: Dover, 1973) plates 60 to 71.

이르렀다. 그 과정은 '산업혁명'이라는 표현이 시사하는 급작스러운 반전은 아니었다. 의미 변화는 순차적으로 진행되었다.

'산업'으로 뜻이 변할 'industry'를 아직 '근면'으로 이해하던 시절에도 윌리엄 호가스의 예가 보여주듯이 '근로'의 뜻이 한편에는 담겨 있었다. 윌리엄 블랙스톤('America아메리카' 참조)은 사유재산권이 필요한 이유로 다음과 같은 논리를 제시했다. 한 사람의 "근면, 기술, 노동의 산물"을 다른 자가 강탈할 여지를 남겨둔다면 그 누구도 자연을 개간하려 애쓰지 않을 것이다. 그렇게 되면 문명의 발전은 지체되고 정체된다. 따라서 사유재산은 반드시 보호되어야 한다.[8] 이와 같이 18세기 영국 저술들에서 '근면industry'을 '노동labour'과 연관지어 함께 쓰는 경우가 많다.

스코틀랜드의 법률가이자 사상가인 케임스 경Lord Kames은 윌리엄 블랙스톤의 논리를 좀더 직설적으로 표현한다. "사유재산이 없다면 근면이 없고, 근면이 없다면 인간들은 영원히 야만인으로 남아 있을 것이다." 이것은 문명 초기에만 적용되는 원리가 아니다. '근면'은 '돈'과 결합하여 지속적인 문명화를 보장하는 소비 욕구를 초래한다.

> 돈은 인간들로 하여금 근면(industrious)해지도록 한다. 근로(industry)와 기술의 모든 아름다운 생산물은 상상력을 자극해 멋진 주택과 잘 꾸며진 정원과 그 밖의 모든 화려하고 근사한 것에 대한 강렬한 욕구를 유발한다.[9]

케임스 경의 글에서 도덕적 의미를 품었던 '근면'은 형용사의 자리로 물러난다. 이 말이 명사로 쓰일 때는 더이상 '근면'이라는 도 덕적 성향이 아니라 '근로' 행위를 이른다. 또다른 스코틀랜드 사상 가 애덤 퍼거슨^{Adam Ferguson}의 『시민사회의 역사에 대한 에세이^{An Essay on the History of Civil Society}』(1767)도 이와 유사한 지적을 다음과 같이 한다.

> 인도의 원주민들은 그 어떠한 정치적 변화가 있어도 거기에 순 응하며 계속 근면한 삶을 살고 삶의 유익을 즐기며 육체적 쾌락 을 누리기를 희망한다.

이 문장에서 형용사 '근면한'은 각 개인의 도덕적 자세가 아니 라 인도 민중들이 생활의 편의를 확보하고 누리기 위해 줄기차게 '근 로'에 매진하는 모습을 묘사한다.[10]

본격적인 경제문제를 다룬 저자들의 글에서 'industry'는 '근면' 과 '근로'를 동시에 지칭하거나 아니면 후자 쪽으로 기운다. 조사이 아 터커는 '금과 은', 즉 화폐가 "근면^{industry}을 통해 획득된 것일 경우" 와 그렇지 않은 경우를 구분한다. 근면의 결과로 돈이 증가한 것은 건전한 경제 발전이지만 그렇지 않다면 바람직하지 않다. 다시 말해 '근면'은 생산적 노동으로서 '근로'를 뜻한다. 1707년 스코틀랜드가

---

8   William Blackstone, *Commentaries on the Laws of England* 307.

9   Lord Kames(Henry Home), *Sketches of the History of Man*(Edinburgh, 1774) 65.

10   Adam Ferguson, *An Essay on the History of Civil Society*, ed. Fania Oz-Salzberger (Cambridge: Cambridge University Press, 1995) 109.

잉글랜드와 의회를 합하여 단일 정치 체제가 된 후 수도 에든버러의 양상은 확연히 달라졌다. 에든버러는 더이상 정치적 구심점이 되지 못했지만 대신 '상업과 제조업'을 획득했다. 그는 이러한 경제적 활력을 "근면과 상업의 순환"이라고 부른다. 따라서 'industry'는 '제조업'과 동의어가 되고 이 말의 실질적인 뜻은 '근로'가 된다.[11]

『국부론』의 저자 애덤 스미스는 조사이아 터커보다 좀더 일관되게 'industry'를 '근로'에 가깝게 쓴다. 이 책이 '노동의 분화'를 '국부'가 생겨나고 늘어나는 원천으로 삼는 이유는 그것이 '근로'의 생산성을 늘리는 가장 확실한 비법이기 때문이다. 핀 공장에서 노동자 한 명이 "아무리 더할 수 없이 근면하게 일한다 해도" 노동의 분화 없이 하루에 만들 수 있는 양은 기껏해야 핀 20개를 넘지 못한다. 그러나 제조과정을 분화할 경우 생산량은 몇 배로 증가한다. 근로의 생산성 증가는 양의 문제만은 아니다. 그것은 질적인 숙련도와도 밀접히 연관되어 있음을 지적하며 애덤 스미스는 다음과 같이 말한다.

10년간은 애써야 숙달될 수 있는 작업을 1시간에 해낼 경우 통상적인 보통 직종에서 한 달간의 근로(industry)보다 더 많은 노동이 거기에 포함되어 있다.

이 문장에서 'industry'를 '근면'으로 옮기는 것은 적절하지 않다. 『국부론』은 이 단어가 '근면'을 뜻하던 시대가 저물고 '근로'의 시대로 전환되고 있는 모습과 과정을 보여준다.[12]

『국부론』의 영향을 받은 저서 중 토머스 맬서스의 1798년 『인구론』 초판본은 앞선 순서에 속한다. 부양가족 증가라는 경제문제를 다루면서도 그것을 개인의 결혼과 출산이라는 도덕적 선택의 문제로 파악한 『인구론』에서 사용하는 'industry'의 뜻에는 '근면'과 '근로'가 중복되어 있다. 노동자 인구가 늘어나면 노동의 가치는 저렴해진다. 그 결과 노동자들이 더욱 '근면'해진다. 이러한 근면함은 더 높은 수준의 '근로'로 나타난다. 이것은 다시 생산물 증가를 가능하게 한다. 그렇게 늘어난 생산물은 인구 증가로 이어진다. 인구 증가는 다시 노동의 가치를 떨어뜨린다. 이와 같은 방식으로 '근면'이자 '근로'인 'industry'는 "인구의 원리"와 결합하여 노동자의 처지가 획기적으로 개선되는 길을 가로막는다.[13]

토머스 맬서스의 명저는 1826년까지 개정을 거듭하며 진화를 멈추지 않았다. 같은 기간에 산업혁명도 그야말로 '근면하게' 발전했다. 산업혁명을 열렬히 지지한 스코틀랜드 지식인 앤드루 유어Andrew Ure는 1835년에 『제조의 철학The Philosophy of Manufactures』을 출간했다. 이 책에 쓰인 'industry'는 '근면'이라는 도덕적 자세와는 전혀 상관없는 객관적 노동 행위로서 '근로'를 말한다. 앤드루 유어가 주목하는 "영국적 근로 체제"의 핵심은 "스스로 작동하는 기계가 수행

---

11   Josiah Tucker, *Four Tracts, Together with Two Sermons, on Political and Commercial Subjects* 14, 21.

12   Adam Smith, *The Wealth of Nations* I.i.3-4, I.v.4.

13   Thomas Robert Malthus, *An Essay on the Principle of Population* 15, 22.

하는 생산적 근로productive industry"다. 기계가 의지적으로 '태만'을 버리고 '근면'을 선택한 것은 아니기에 'industry'를 배태한 도덕 담론은 이제 뒷전으로 물러나야 한다. 보다 정확히 말하면 이 말은 개인 근로자의 자유 의지나 도덕적 선택을 초월하는 객관적 체제의 이름이 된다. 걸핏하면 태업을 일삼던 수공업 노동자들의 '태만'을 기계화된 공정은 전혀 허락하지 않는다는 점이 앤드루 유어에게는 매우 감동적이었다. 또한 기계가 이끌어내고 보장하는 '근로'는 객관적인 수치로 측정될 수 있기에 "생산적 근로의 총량" 같은 표현이 가능하다. 앤드루 유어의 저서에서 'industry'는 도덕에서 공학으로, 질에서 양으로 전환된다. 이와 같은 새로운 맥락에서 이 말의 적절한 번역어는 물론 '근면'은 아니고 '근로'라는 인간의 행위도 아니다. 계량화된 양을 생산하는 공학적 설비, 즉 "자동화된 근로"를 뜻하는 것으로 그 기능이 전환된다.[14] 이 단계에서 이 단어의 번역어는 '산업'이 될 수밖에 없다.

앤드루 유어처럼 스코틀랜드 출신 문필가인 토머스 칼라일Thomas Carlyle은 산업혁명의 폐해에 대해서는 비판적이었지만 'industry'의 의미를 극대화하는 데는 앤드루 유어 못지않게 적극적이었다. 그는 『과거와 현재Past and Present』(1843)에서 산업화가 어차피 대세인 시대라면 산업화를 주도하는 자들은 자신들이 새로운 세상을 이끌어갈 주체라는 사명감을 가져야 할 것이라고 충고한다.

산업이 세상을 이끌어갈 것이기에 산업의 지도자들은 실질적으로 이 세상의 대장들이다.

토머스 칼라일이 바라는 것은 "산업의 지도자"가 "산업의 대장·captain of industry"이 되는 것이다. 그는 새 시대의 '대장'들에게 옛 중세시대의 무사들을 이끌던 대장들의 용맹과 명예심을 이어받으라고 당부한다. 토머스 칼라일은 그들이 진정한 "귀족"으로 도약하여 "태만한 귀족"들을 밀어내고 올바르고 정의로운 사회를 만들어내는 선도자가 되기를 희망했다.[15]

토머스 칼라일의 당부를 "산업의 대장들"이 얼마나 귀담아들었는지는 검증하기 쉽지 않다. 그러나 토머스 칼라일의 시대부터 지금까지 역사의 변화를 "산업의 지도자들"이 이끌어왔음은 분명하다. 또한 앤드루 유어가 명명한 "자동화된 근로"는 날로 더 그 범위와 위력을 늘려왔음도 분명하다. 오늘날은 '제4차 산업혁명'을 말할 정도로 인간의 지적 노동의 영역마저도 '자동화'되고 있다. 모든 차원에서 기계와 경쟁해야 하는 우리 시대에 18세기 중반까지 이어지던 '태만'과 '근면'의 이분법은 새로운 의미를 얻을 여지가 있다. 기계의 '근면'과는 경쟁할 수 없는 인간은 '태만' 속에서 새로운 창의성을 발휘하거나, 아니면 기계가 따라올 수 없는 다른 도덕적 영역에서 '근면'과 '성실'을 추구할 수 있을 것이다.

14 Andrew Ure, *The Philosophy of Manufactures: Or, An Exposition of the Scientific, Moral, and Commercial Economy of the Factory System of Great Britain* (London, 1835) xi, 1-5.

15 Thomas Carlyle, *Past and Present* (London, 1843) 269-71.

law / justice / equity

법

대한민국에서 형식적인 선거권 행사를 넘어 일반 시민의식과 시민 사회 차원에서도 민주주의가 정착되었음을 보여주는 한 가지 지표가 있다면 날로 높아지는 '법'에 대한 관심, 기대, 의존일 것이다. 대한민국의 공적인 담론이나 한국인들의 사적 대화에서 '법'은 자주 입에 오르내리는 말이다. 그러나 과연 '법'이 무엇을 뜻하는지, '법대로 하자'는 표현의 의미가 무엇인지 혼란스러운 경우가 많다.

　'법'이란 자체적인 기준과 합리성 및 고유의 전통에 따라 유지되고 보완되는 자율적 체계인가, 아니면 정치권과 국가 권력이 '민의'의 이름으로 수정하고, 제정하고, 폐기할 수 있는 영역으로서 정치 행위의 종속변수인가. '법'이라는 말을 아무리 유심히 관찰해본들 이 질문에 대한 답을 찾아내기란 쉽지 않다. '법 법法' 홀로 서 있거나 '법'에 '법칙 률律'을 더해놓은 '법률'은 '법은 법'이라는 동어반복적인 뜻만 전달한다. 『표준국어대사전』은 도움이 될까? 이 사전은 '법'을 다음과 같이 정의한다.

국가의 강제력을 수반하는 사회 규범. 국가 및 공공 기관이 제정한 법률, 명령, 규칙, 조례 따위이다.

'국가'가 가장 먼저 나오고 '국가 및 공공기관'이 주어의 자리에 들어앉아 있다. 이러한 모습으로 등장한 이 사전의 정의는 국가와 공공기관 권력을 잡은 이들이 '법'을 자기들 뜻대로 주무를 여지를 열어놓았다.

과연 '법'은 국가와 공공기관이 제정한 '명령, 규칙, 조례'로 모두 정리될 수 있을까? 만약 그렇게 단순하다면 소송이 필요 없을 테고 변호사 등 소송대리인들이 존재해야 할 이유도 없을 것이다. 오직 국가 권력만 엄격하게 집행하면 되기 때문이다. 그런데 실제로 대한민국 사회에서 '법'은 날로 복잡해지는 현실 속에서 끝없는 분쟁을 일으키는 원인이자 그 해결방법을 포괄적으로 일컫는 말로 쓰인다. 국가 권력을 행사하고 있거나 행사하는 것을 목표로 삼는 고위 정치인들도 종종 소송에 연루된다. 그 밖에도 일반 민형사상 소송의 전개과정 및 결과는 언론이 보도하는 고정 메뉴가 되었다. 이러한 사회 분위기에 대해 미국식 '소송문화litigation culture'가 대한민국에도 도입되고 있으며 이로 인한 지나친 소송 비용은 사회적으로 바람직하지 않다는 견해도 있다.

미국의 '소송문화'는 미국이 영국의 '13개 식민지'('America아메리카' 참조)이던 시절의 유산 중 하나다. 영국에서는 지역별 관습

법을 폐기한 '공통법common law'이 자리잡기 시작한 12세기부터 '법치주의rule of law'가 국가 운영 및 사회질서 유지에 매우 중요한 '헌정 원리'('constitution헌법' 참조)가 된다는 인식이 대대로 이어져 내려왔다. 앞에서 살펴본 'freedom / liberty(자유)'에서 다룬 '대헌장'은 한마디로 요약하면 국왕이 '법치주의' 원칙을 지키겠다는 각서였다. 17세기 초 국왕 찰스 1세가 영국의 공통법을 무시한다는 불만이 고조되자 법률가 출신 하원의원들은 '권리청원Petition of Right'을 1628년에 작성하여 왕에게 제출했다. 이 문건에서 반복적으로 사용되는 표현은 "이 나라의 법" 및 "이 나라의 법과 제정법"이다. 그들은 국왕이 법에 의거하지 않은 재산권 침해 및 인신 구속, 세금 징수 등을 자제하라는 요구를 '청원'의 형식에 담았다.[1] 찰스 1세는 이 청원을 마지못해 승인하기는 했으나 1년 후부터는 아예 의회를 소집하지 않은 채 통치했다. 그 결과 그로부터 10년 후 국왕과 의회는 서로 군대를 동원하여 싸우는 내전이 일어났다('freedom / liberty자유' 참조).

'권리청원'을 주도한 인물은 에드워드 쿡 경Sir Edward Coke이었다. 1607년 그는 '공통소송법원Court of Common Pleas'의 수장 자격으로 찰스 1세뿐 아니라 그의 부친 제임스 1세에게도 도전한 경력이 있었다. 책도 많이 읽고 저서도 출간한 유식한 군주라는 자부심을 갖고 있던 제임스 1세는 고등법원 재판에 개입하려 시도했다. 왕은 "법은 이성에 근거하고 있다고 짐은 생각하며, 짐도 판사들과 마찬가지로 이성을 갖고 있다"고 주장했다. 에드워드 쿡 경의 다음과 같은 반박은 단호하고도 명료했다.

전하께서는 학식이 훌륭하고 타고난 역량이 뛰어나시지만 영국의 법을 깊이 공부하여 전하의 백성들의 생명, 상속, 물권, 운명 등과 관련된 문제들을 훤히 알고 계시지는 않습니다. 이러한 문제들은 자연 이성이 아니라 인위적 이성과 법의 판단에 따라 결정되어야 합니다. 이러한 법을 파악하는 수준에 이르려면 오랜 공부와 경험이 요구됩니다.

이에 왕은 "그렇다면 내가 법 아래 종속되어 있다는 말인가?"라고 반발하며 진노한다. 이에 굴하지 않은 에드워드 쿡 경은 "왕은 그 어떤 사람 밑에도 종속되지 않고 오직 하느님과 법 밑에 종속된다"는 영국법의 오래된 원칙을 인용한다.[2] 이와 같은 논리를 전개하여 '국왕에 대한 금지령 Prohibitions del Roy'을 발부한 이 사건은 국왕이 본인의 '자연 이성'을 내세워 재산권 분쟁에 개입할 여지를 차단한 '법치주의'의 고전적인 선례다. 에드워드 쿡 경은 '법치주의'뿐 아니라 직종 및 지식 체계로서 법의 자율성을 선포했다. 그가 말한 '인위적 이성'은 "국가 및 공공 기관이 제정한 법률, 명령, 규칙, 조례"로 구현되는 것이 아니다. 그것은 법정의 논쟁을 통해 정비된 판례와 선출된 하원의원들이 누적된 판례들을 반영하여 만든 제정법 statute 속에 담겨 있는 실무적·실용적 지식과 지혜의 총합이다.

1   Petition of Rights, 1628. *Legislation.gov.uk*. https://www.legislation.gov.uk

2   "Prohibitions del Roy," *The Selected Writings and Speeches of Sir Edward Coke*, vol. 1, ed. Steve Sheppard(Indianapolis: Liberty Fund, 2003) 481.

대한민국에서 '법'을 정치 권력의 통치 행위의 일환으로 보는 시각이 팽배하게 된 형국에는 영어 및 그 밖의 서구 언어에서 '법'을 일컫는 서로 다른 말들을 예외 없이 모두 '법'으로만 옮기는 관행도 기여한 바가 있다. 서구문명의 시발점에 서 있는 고대 그리스에서 법을 이르는 말은 'nomos'였지만 '정의'로 번역되는 'dike'도 함께 쓰였다. 전자가 '관습'과 '관례'라는 의미를 지니고 있는 반면, 후자는 '소송'과 '판결'을 지칭하기에 실제 사법 영역에서 매우 중요한 역할을 하는 단어였다. '정의'를 뜻하는 'dike'의 형용사형 'dikaios'는 플라톤이 『법률』에서 매우 중시하는 잣대다. 이 저서에서 플라톤은 국가, 사회, 가정 등 모든 단계에서 행사되는 통치 권력은 모름지기 "정의로워야 함"을 줄곧 강조한다.[3]

　　로마제국은 그리스 도시국가들보다 훨씬 더 높은 차원의 법률 체제를 구축했다. 로마법을 정리한 『유스티니아누스 법전』은 '법치'의 원칙을 다음과 같이 천명한다.

　　통치자의 위엄에 합당한 것은 바로 이것이니 통치자도 법의 구속을 받는다는 점이다. 황제들의 권위는 법의 권위에 의지한다. 통치 권력을 법에 종속시키는 것은 참으로 최고 권력보다 더 위대한 일이다.

　　여기에서 '법'으로 번역되는 말은 'lex'다. 명시적으로 선언된 법령을 뜻한다. 고대 그리스에서와 마찬가지로 로마에서도 '법'의 또다른 이름은 '정의'를 뜻하는 'ius'였다. 이 말은 영어나 프랑스어 'justice', 이탈리아어 'giustizia'의 뿌리다. 『유스티니아누스 법전』에서 수없이 등장하는 표현은 "iusta causa(정의로운 이유, 정당한 사유)"다. 아울러 '법에 위배되는, 불법한'을 뜻하는 어구인 "sine iusta(정의를 상실한, 정의가 없는)"도 자주 나온다.[4]

서유럽에서 로마제국이 멸망하자 로마법도 망각의 수렁에 던져진 것처럼 보였다. 그러나 로마법은 이탈리아에서 12세기에 되살아났다. 로마법과 그 '정의'의 정신을 부활시키는 데 커다란 역할을 한 인물 중 하나인 그라티아누스Gratianus는 이 두 단어 사이의 관계를 다음과 같이 정리했다.

> 법(ius)은 보편적 개념이다. 법률(lex)은 법의 특수한 형태다. 법을 'ius'라고 일컬은 것은 그것이 정의(iustus)와 같은 말이기 때문이다.[5]

'법'의 또다른 이름은 바로 '정의' 그 자체다. 로마법에서 법의 세부 영역은 '정의'를 뜻하는 'ius'를 써서 구분했다. 로마 시민들에게만 해당되는 법은 'ius civile', 그 밖의 모든 인간에게도 널리 적용

---

3   Plato, *Laws* bk.3, 211-12.

4   *The Codex of Justinian*, vol. 1, 259-61(1.14.4); *The Codex of Justinian: A New Annotated Translation, with Parallel Latin and Greek Text* vol. 2, 1229(5.17.8.1).

5   Gratian, *The Treatise on Laws (Decretum DD. 1-20) with The Ordinary Gloss*, trans. Augustine Thompson and James Gordley(Washington, DC: The Catholic University of America Press, 1993) 4(D.1.c.2).

되는 법은 'ius gentium', 그리고 일반적인 정의의 보편적인 영역을 'ius naturale'로 불렀다. 그중 첫번째는 '민법', 두번째는 '만민법,' 세번째는 '자연법'으로 옮기는 것이 동양의 관례이나 '법'이라는 한 자어와 '정의^{iustum}와 같은 말'인 'ius'는 그 함의가 다르다.

로마제국을 계승한, 그러나 제국이 아닌 여러 자치 공화국으로 나뉘어 있던 중세 이탈리아에서도 자의적인 폭력을 제어할 '법치'를 추구할 때는 '정의^{giustizia}'가 가장 중요한 말이었다. 피렌체공화국의 정치가 자노 델라 벨라^{Giano Della Bella}는 귀족 무사들의 당쟁을 막고 길드 중심 자치공동체를 세우기 위해 '정의 체제^{Ordinamenti di Giustizia}'(1293년 반포)를 제정했다. 이 법령에 의거하여 제정된 피렌체공화국 최고의 공권력 집행자는 '정의의 기수^{Gonfaloniere di Giustizia}'라는 직함을 사용했다. '정의의 기수'는 순환 보직으로 임기는 겨우 두 달에 불과했다. 조반니 빌라니('freedom / liberty자유' 참조)의 표현대로 그는 피렌체공화국의 법과 규정들을 "조정하고 정정하는 주재자"였다. 이렇듯 중요한 역할을 제도화하면서 피렌체공화국은 그 어떤 특정인이 그 자리를 장기적으로 독점하는 일을 막기 위한 임기 제한이라는 제어 장치를 만들어놓았다.[6]

'법'을 일컫는 말이 복수의 명사로 존재하기는 독일의 법 전통에서도 마찬가지다. 독일어에서 일반적인 법규를 가리키는 'Gesetz'와 '권위, 권리, 정의'를 뜻하는 'Recht'가 공존한다. 법에 대한 학문적 연구가 유독 발달한 독일에서 '법학^{Rechtswissenschaft}', '법철학^{Rechtsphilosophie}' 등의 명칭에는 'Recht'가 들어간다. '법학'이자 '정의학'이어야 함을 이들 복합명사가 상기시킨다. '법학'을 게르만어가 아닌 라틴어 계열 단어로 'Jurisprudenz'로 쓸 경우에도 마찬가지다. 이 말도 '정의'를 내포한 'ius'에서 파생되었기 때문이다. 프랑스어로 일반적인 실정법들을 이를 때는 라틴어 'lex'가 어원인 'loi'를 쓰지만 총괄적인 법의 세계를 말할 때, 가령 '민법droit civil'과 '형법droit pénale' 등에서는 독일어 'Recht'에 상응하는 'droit'을 사용한다. 역사적으로 프랑스 사법부를 상징해온 파리 고등법원의 이름은 'Palais de Justice(정의의 궁전)'다.

영어에서 '법'을 뜻하는 말은 누구나 알고 있듯이 'law'다. 그러나 'justice(정의)'가 사용되는 경우도 적지 않다. 법의 판례들이 만들어낸 독특한 기준이 '인위적 이성'으로서 'law'를 구성하기는 해도 여전히 '자연 이성'을 존중하는 'justice'도 중요함을 명시하기 위한 관행이라고 할 수 있다. 영국에서는 중세 때부터 고등법원의 장을 'Chief Justice(주임 정의관)'라 불렀고 그중 가장 높은 지위에 있는 법원장은 'Lord Chief Justice(주임 정의관 경)'다. 현재 런던에 있는, 고딕 양식으로 아름답게 지어놓은 고등법원의 공식 명칭은 'Royal Courts of Justice(왕립정의법원)'다. 형사 사건을 최초로 심의하는 기초 법정magistrates' court 재판관의 직함인 'Justice of the Peace(평화 유지 정의관, 치안판사)'에도 '정의'가 들어가 있다.

영국의 국왕과 의회에서 독립한 미국은 영국법의 내용과 형식을 상당 부분 그대로 수용했다. 오히려 영국에서 소송의 오래된 관

---

6   Giovanni Villani, *Nuova Cronica* 523-24.

행인 배심원 재판을 아예 헌법 조항으로 명문화함으로써 영국법 전통을 더욱더 견고하게 한 면도 있다. 연방 및 각 주 대법원 법관들의 명칭은 영국 법원 관행에 따라 'Chief Justice'라 불렸다. 다만 국왕이나 귀족이 없는 공화국 미국에서는 영국식 명칭을 그대로 이어받을 수 없었기에 대법원장은 'Lord'를 빼고 그냥 'Chief Justice'라 했고 나머지 대법관들은 'Associate Chief Justice'라 불렸다. '대법관'으로 번역되는 이 직함들의 문자적 의미를 의역하면 '정의 총책임자'가 된다. 사법부가 아닌 행정부 쪽에서 법 집행을 책임지는 부서도 영국이나 미국 모두 'justice'를 사용하지 'law'를 명패에 넣지 않는다. '법무부'로 번역하는 이 명칭은 문자 그대로는 '정의부'다. 다만 미국은 'Department of Justice'라 하고 영국은 'Ministry of Justice'라 하는 차이가 있을 따름이다.

영미법에서 '법'을 지칭하는 말 중에는 'law'와 'justice' 외에 또다른 명사가 있다. 바로 'equity'로 다른 두 단어와 마찬가지로 로마법에서 유래했다. 『유스티니아누스 법전』에는 소송을 제기하는 자가 피고가 갖고 있는 증거 자료를 함부로 들여다보는 것은 "정의의 원칙과 공평성"에 모두 맞지 않는다는 문장이 나온다. 이때 '공평성'으로 옮긴 말이 'aequitas'다. 소송 당사자 양측 모두에게 공평한 절차를 밟아 재판이 진행되어야 함을 강조한 원칙이다.[7] 이혼 소송의 경우 원인 제공자의 잘잘못을 정확히 가려 "정의와 처벌이 양측에 균등하게 배정되도록 하라"는 조항에서도 '정의'로 옮긴 말은 '공평성'을 뜻하는 'aequitas'다.

라틴어 'aequitas'는 영국에서 'equity'로 형태가 다소 변한 채 중세부터 내려온 고등법원 중 한 곳의 이름 및 업무를 일컫는 개념이 되었다. 이 법원의 이름은 'Court of Chancery(공문서법원)'로 형사 및 민사상의 부동산 상속권 관련 재판을 전담하는 'King's Bench(국왕법원)'의 영역을 보완하는 역할을 했다. 중세 때부터 주로 특허 등 동산 관련 재산권과 상속 관련 분쟁 조정을 '공통법'의 판례에 구속받지 않고 '형평성equity'의 원리 및 정신에 따라 신축적으로 결정해주는 것이 이 법원의 기능이자 존재 이유였다.

'공문서법원'에서 다루는 모든 송사 및 그 송사 판결방식을 포괄적으로 일컫던 'equity'는 점차 초기의 융통성과 신축성을 상실하고 '공통법'과 마찬가지로 판례와 원칙에 제한되는 법체계로 변해갔다. '형평법원court of equity'으로 정체성이 굳어진 이곳에서 다루는 사건들은 중세부터 내려온 특허 외에도 신탁, 채권 등 경제 관련 사안이 많았다. 이러한 차별성 덕분에 '공문서법원'은 독립성과 자율성을 1872년에 해체될 때까지 굳건히 유지했다. '공통법'으로 보호받지 못하는 특허 등의 재산권은 '형평법원'에서는 인정받을 수 있었다. 따라서 소송 당사자들은 특허 및 저작권, 복잡한 신탁이나 상업 관련 계약상의 분쟁을 '공문서법원'으로 가져갔다.[8]

부동산 상속을 제외한 다양한 경제적 권리를 '형평법원'이 보호해주고 정리해준 역사는 20세기 미국을 중심으로 'equity'가 특정

---

7   *The Codex of Justinian,* vol. 1, 407(2.1.4); vol. 2, 1235(5.17.11.1b).

8   J. H. Baker, *An Introduction to English Legal History,* 4th ed.(Oxford: Oxford University Press, 2007) 105-12.

형태의 소유권을 지칭하는 말로 그 의미가 전환되는 결과를 낳았다. 한 주식회사의 주식을 개인 또는 집단이 유의미한 지분이 될 수준으로 소유했을 경우 그러한 소유 주식을 'equity'라고 불렀다. 전통적인 영국법의 용어를 적용하면 'equitable right(형평법원에서 인정받을 수 있는 권리)'가 될 테지만 긴말을 싫어하는 미국인들은 'equity'라는 한 단어로 이러한 종류의 재산권을 통칭했다.

'공문서법원'이 영국에서는 사라진 지 오래지만 영국에서 독립한 미국에서는 지금도 그 이름 그대로 사용하며 원래 이 법원이 하던 업무를 수행하고 있다. 미국 델라웨어주의 '공문서법원'은 미국이 독립한 후인 1792년에 세워졌다. 영국의 '공문서법원'은 송사를 수년, 심지어 수십 년씩 지연하여 소송 대리인들의 수입과 판사들의 편의만 고려한다는 악명이 높았다. 반면 델라웨어주의 '형평법원'은 초기부터 지금까지 기업과 경제 관련 분쟁을 신속하게 처리해주는 것이 특징이었다. 다양한 비부동산 자산들을 'equity'로 통칭하는 미국에서 국내뿐 아니라 "전 세계의 상업 관련 분쟁"을 처리해주는 이 델라웨어주 '형평법원'의 판결은 신속함을 강점으로 내세운다.9 델라웨어주 '공문서법원'의 서비스 정신은 칭찬할 만한 미덕임이 분명하다. 다만 『유스티니아누스 법전』의 주요 고려 사항이었던 'aequitas'를 유지하고 구현하려면 신속함보다는 신중함이 더 중요할 수 있다. 신중함은 불가피하게 시간의 지체와 지연을 수반할 수밖에 없다.

---

9 *Court of Chancery*, https://courts.delaware.gov/chancery

machine / engine
기계

근대문명의 가장 두드러진 특징을 한 가지만 꼽는다면 무엇일까? '시장경제?' '자유민주주의?' 아니다. 아마도 가장 강력한 후보는 '기계 발전과 기계 중심의 생산 및 생활'이 될 것이다. 자유민주주의를 수용하지 않고도 근대문명으로 이행한 나라들이 있다. 이들 나라에서 한 정당의 장기 독재(중화인민공화국)나 한 가문의 군림(사우디아라비아)은 경제 발전, 부의 축적, 기술 발전 등과 전혀 충돌하지 않는다. 시장경제가 중요하나 현실사회에서 그 실상은 『국부론』이 설파한 순수한 자유시장경제와는 대체로 거리가 멀다. 선진국 대열에 들어선 유럽 여러 나라의 시장경제는 복잡한 규제의 틀에 갇혀 있다. 이와는 대조적으로 '기계'의 지배는 문화적·종교적·역사적·정치적 차이를 쉽게 초월한다. 근대문명을 한마디로 정의하면 '산업화를 거친 기계문명'이라 해도 크게 틀리지 않을 것이다.

산업화를 선도한 영국에서 '기계'를 뜻하는 말은 당연히

'machine'이라 생각할 법하다. 그러나 중세부터 18세기까지 'ma-chine'은 일반적인 기계 장치를 뜻하는 말이 아니었다. 이 말이 자동적으로 '기계'를 일컫게 된 시기는 기계문명이 어느 정도 확산되고 정착된 19세기 중반 이후에서 20세기 초 사이이다. 중세부터 그때까지 사람이 만든 특정 장치를 일컬을 경우 'machine'은 전쟁터에서 성벽을 포위하고 공격하는 거대한 무기^{siege machine}를 가리켰으며 이후로도 한동안 그런 용례가 이어졌다. 18세기에 들어와 온갖 도구와 장치들이 개발되고 날로 진화함에 따라 'machine'은 점차 평화적 목적으로 고안된 기구를 지칭하기 시작했다. 예를 들어 물을 길어올리는 장치나 마차, 배 등 운송 수단도 'machine'으로 불렀다. 이러한 전통은 오늘날의 이탈리아어에 그대로 남아 있다. 이탈리아어에서 현대인의 대표적인 운송 수단인 '자동차'를 'macchina'라고 한다.

애덤 스미스의 『도덕감정론』('competition경쟁' 참조)은 철학서이기는 하나 건조한 논리에 의존하지 않고 일반적인 생활의 경험을 예로 들며 독자를 설득하는 '대중 교양서'이기도 했다. 그중에는 다음과 같은 상황도 포함된다.

가난한 이의 아들에게 하늘이 분노하여 야심을 심어주면 그는 사방을 둘러보며 부자들의 처지를 흠모하게 된다. 그는 자기 부친의 오두막이 너무 좁아 자신의 필요에 맞지 않다고 생각하고 궁전 같은 집에 살면 마음이 좀더 편하리라 여긴다. 그는 도보로 다니거나 말을 직접 몰고 다니는 수고를 감내하는 자신의 처지가 영 못마땅하다. 그는 자기보다 처지가 나은 이들이 마차

(machines)를 타고 다니는 것을 보고 자기도 그렇게 할 수 있다면 여행이 훨씬 덜 불편하리라 상상한다.[1]

앞의 글에서 '마차'로 번역한 'machine'을 별생각 없이 '기계'로 옮기면 의미가 왜곡된다. 마차가 바퀴와 축이 복잡하게 연결되는 장치이기는 했지만 오늘날의 자동차 등의 운송 기계와는 근본적으로 움직이는 원리가 다르다.

애덤 스미스의 'machine'은 운송 수단이기에 오늘날 이탈리아어 'macchina'와 통하는 지점이 있다. 반면 데이비드 흄은 다음과 같이 선박을 이 말로 지칭한다.

인간이 지구 표면을 지나다닐 때 강들 때문에 그의 움직임이 막힌다. 그러나 강들을 제대로 이용하면 인간의 용도에 맞게 만들어진 선박들(machines)이 거기에 떠서 갈 수 있도록 힘을 빌려준다.[2]

기차나 자동차가 없던 시절에 수로는 물류에서 절대적으로 중요했다. 이러한 현실을 잘 파악하고 있었던 데이비드 흄은 강물로 이동하는 배를 가장 대표적인 'machine'으로 예시한 것이다.

전투 무기나 운송 수단을 일컫는 'machine'은 비유적인 의미

---

[1]   Adam Smith, *The Theory of Moral Sentiments* IV.i.8.

[2]   David Hume, *Essays Moral, Political, and Literary* 380-81.

로도 광범위하게 사용되었다. 가령 생리학이나 의학 서적에서 인간의 신체를 'machine'이라고 부르는 경우가 그러하다. 조지 체인 ('constitution헌법' 참조)은 물질과 정신이 서로 얽혀 있어 정신의 병이 육체의 병으로 이어지는 구조를 '인간 기계'의 고유한 특징이라고 보았다. 그는 인간의 육체적 '기계'와 정신 사이의 상관관계를 다음과 같이 연주자의 악기에 비유한다.

그것은 마치 숙달된 음악가가 잘 조율된 악기를 연주할 때 악기 상태가 좋으면 연주하는 음악도 완벽하고 완전한 것과 같은 이치다.

정신이 건강하지 못하고 행복하지 않으면 이 '기계' 내지는 악기에서 나오는 화음은 "망가져 있고 끊긴다." 왜 그럴까? 그의 답은 간단하다. 그것은 바로 "생물 기계"의 부품들을 그렇게 구성해놓은 "무한히 지혜로우신 자연의 저자", 즉 창조주가 그렇게 설계했기 때문이다.[3]

인간 '기계'의 정교함은 인정하지만 기계 설계자가 존재함을 부인하는 유물론적 주장도 18세기에 들어와 서서히 제기되기 시작했다. 이러한 입장을 대표하는 저서는 프랑스인 쥘리앵 오프레 드 라메트리Julien Offray de La Mettrie가 쓴 『인간 기계론L'Homme Machine』(1747) 이다. 제목만 보면 마치 인조인간이나 로봇을 예언한 저서로 생각할 수 있다. 그러나 무신론자 쥘리앵 오프레 드 라메트리가 말하는 '기계'는 창조주를 믿는 조지 체인과 마찬가지로 복잡한 유기체인 인간

신체를 지칭할 따름이다. 쥘리앵 오프레 드 라메트리의 핵심 논제는 '영혼'이란 것이 없거나 있어도 별 힘을 쓰지 못한다는 것이다. 그는 이 주장을 펼치기 위해 특정 생리 작용이 정신의 의지와 상관없이 이루어지고 있음을 다음과 같이 강조한다.

> 직장 항문의 모든 괄약근이 작동할 때, 인간의 심장이 다른 근육보다 더 강하게 수축될 때, 발기 근육이 남자의 성기를 짐승들의 그것처럼 벌떡 서게 할 때 이 모든 것은 기계적으로 벌어지는 것 아닌가?[4]

창조주가 없다면 그 어떤 기술자가 이렇듯 흥미롭고 정교한 '기계'를 만들었을까? 수억 년간의 길고 꾸준한 '생존투쟁'을 거쳐 스스로 발전하는 '진화'가 그러한 결과를 낳았다는 다윈주의('competition경쟁' 참조)는 아직 등장하지 않은 시대라 아무래도 이 질문에 대한 쥘리앵 오프레 드 라메트리 등 무신론자들의 답은 명확하지 않았다. 계몽주의 시대 프랑스의 대표적인 무신론자 폴 앙리 티리 돌바크 남작Paul Henri Thiry, baron d'Holbach은 『자연의 체제Système de la nature』(1770)에서 "인간은 자연의 작품이고, 자연 속에 살며, 자연의 법칙에 종속된다"는 명제로 자신을 방어한다.[5] 이 진술에서 결과물

---

3   George Cheyne, *The English Malady* 1-5, 62, 69.

4   Julien Offray de La Mettrie, *Machine Man and Other Writings,* trans. Ann Thomson(Cambridge: Cambridge University Press, 1996) 28.

인 '자연' 자체가 설계자인 '저자'가 되었다. '자연의 저자'는 없고 자연 스스로 자신을 만든 셈이다. 돌바크 남작은 '자연의 저자'는 부정해도 '자연'의 '법칙'은 존재함을 인정했다. 그는 이 법칙에 도덕적 계율도 포함되어 있다고 책 후반부(14장 이후)에서 주장한다. 제작자는 없어도 제작물인 '자연'이 있듯이 법 제정자는 없으나 이 '자연'의 법은 있다는 논리의 취약점이 돌바크 남작의 확고한 무신론 신념을 흔들 리 없었다.

쥘리앵 오프레 드 라메트리, 돌바크 남작과 동시대 영국의 지식인들은 대부분 '자연'의 질서가 발견되는 이유를 '자연의 저자'가 그렇게 만들었기 때문일뿐더러 그 질서는 피조물인 인간들의 행복을 위해 설계된 것이라고 믿었다. 『도덕감정론』의 저자 애덤 스미스도 이 점에서는 예외가 아니었다. '자연의 저자'에 대한 그의 신앙고백에서 '기계'라는 말이 다음과 같이 중요한 위치를 부여받는다.

신성한 존재가 있다는 생각, 그의 선함과 지혜가 영원히 이 우주의 거대한 기계(machine)를 고안하고 이끌고 있어서 모든 순간에 가장 큰 분량의 행복을 생산하도록 한다는 생각은 인간이 생각할 수 있는 것 중에서 가장 고귀한 사색의 주제다.[6]

이 대목은 이 책 초판본인 1759년에는 없고 1790년 수정본에 첨가한 장에 나온다. 한참 진행되고 있던 프랑스혁명을 비롯한 혼란기에도 그는 창조주의 '선함과 지혜'가 모든 이에게 가장 좋은 것을 주고 있다는 확신을 표명했다.

애덤 스미스와 동시대의 스코틀랜드인 중에는 '자연의 저자'가 갖춘 '선함'은 몰라도 그의 '지혜'를 추종해보려 분투한 인물이 있었다. 그는 다름 아닌 제임스 와트 James Watt 로 멈출 수 없는 기계문명으로의 전환을 촉발한 증기기관 개발자, 산업혁명의 '영웅' 중 한 명으로 알려져 있다. 그는 실험을 거듭한 끝에 자신의 증기기관 모델에 대한 국왕의 특허를 얻는다. 이 특허 문서에서 주로 사용되는 일반 명사는 'engine'이다. 오늘날 이 말은 '기관'으로 번역되지만 18세기까지의 주된 의미는 '기계'였다. 제임스 와트의 1769년 특허 증서는 "불 기계 fire engine 에서 증기와 연료 소비를 줄이는, 새로 발견된 방법"에 대한 권리를 보호하는 문서다. 이 특허를 1775년에 다시 연장해준 문건에는 이 "새로 발견된 방법"의 핵심을 다음과 같이 요약한다.

이 기계들(engines)은 증기의 팽창과 수축의 반복에 따라 작동될 것이다.

제임스 와트의 새로운 '방법'은 "이 나라의 여러 공장과 제조업 현장 작업을 손쉽게 해주는 엄청난 유익"을 준다. 이러한 모든 "기계들 engines 및 장치들"은 "일반적으로 불 기계라고 불리는 증기 기계들"

---

5   Paul Henri Thiry, baron d'Holbach, *Système de la nature, ou des lois du monde physique et du monde moral,* Les classiques des sciences sociales pdf. 5 http://classiques.uquac.ca

6   Adam Smith, *The Theory of Moral Sentiments* VI.ii.3.5.

인바 "제임스 와트가 여러 해 많은 사재를 털어 실험한" 노고를 인정하여 그의 특허권을 보호해주어야 마땅하다고 특허증은 언명한다.[7]

제임스 와트가 만들어낸 새로운 동력 장치를 특허 증서는 'engine'의 일종으로 규정하기는 했으나 이 말은 원래 도구나 장치가 아니라 사람의 자질이나 능력을 뜻했다. 『옥스퍼드 영어사전』에서 가장 오래된 'engine'의 용례는 일을 꾸며내는 재주나 사람을 속이는 잔꾀를 말한다. "여성들은 속임수에 능하다"(14세기)거나 "그의 충고는 나쁜 계략이었다"(16세기 초) 등의 문장에서 '속임수'와 '계략'으로 옮긴 말이 'engine'이다. 이 명사는 음흉한 계략이 아니라 도구나 장치를 이르는 경우에도 17세기까지는 주로 파괴적인 도구, 즉 화포 등의 무기를 의미했다. 가장 인상적인 사례가 존 밀턴John Milton의 『실낙원Paradise Lost』(초판 1667, 개정판 1674)이다. 최고 지도자급 천사였던 사탄은 성부 하나님의 권력을 자기가 차지하겠다는 야심에 사로잡힌다. 마침내 사탄은 자기를 따르는 천사들을 이끌고 무장봉기를 일으킨다. 그는 성부를 지지하는 천사들과 첫 대결에서 패배한다. 그러자 사탄은 엄청난 화력을 자랑하는 거대한 대포를 제조한 후 다시 도전한다. 존 밀턴은 이 화포들을 줄곧 'engine'이라고 부른다.

> 목젖이 깊은 대포들(engines)이 트림하듯
> 으르렁거리며 제 장기 속 그것들을
> 토해내자 쇠사슬 달린 번개와
> 강철 구슬 우박이 발사되었다.
>
> ─『실낙원』 6권, 586～589행[8]

반란군 대장 사탄의 이러한 화력 공세가 일시적으로는 막강해 보인다. 그러나 결국 그는 보다 더 강력한 성부측의 군사력 앞에 무너진다. 사탄은 추종자들과 함께 천국에서 추방되어 지옥으로 내던져진다.

　　사탄의 화포를 일컫던 'engine'은 18세기에도 변함없이 군사 무기를 가리켰다. 『옥스퍼드 영어사전』에는 "그는 칼라일시를 포위하고 성벽 공격기engine 등의 무기로 10일간 공격했다"라는 1796년 용례가 나온다. 그러나 동시에 평화적인 목적의 일반적인 장치, 특히 고급 과학기술이 적용된 장치를 의미하는 용례도 17세기부터 등장하기 시작한다. 예를 들어 태엽을 감아주면 스스로 돌아가는 시계, 수력을 이용하는 물레방아, 공기 펌프, 양수기 등을 모두 총괄하는 말이 'engine'이었다.

　　이러한 용례에 따라 제임스 와트가 개발한 증기기관이 '불기계'로 불린 것이다. 이 표현은 기술과 재주가 들어간 장치로서 'engine'이 '불'을 이용한다는 의미를 포함하고 있다. 아울러 제임스 와트의 장치는 증기라는 새로운 물질로 동력을 얻었기에 '증기 기계steam engine'이기도 했다. 이 두번째 표현이 19세기에 들어와 점차 지배적인 명칭으로 사용되었고 동양에서는 '증기기관'으로 번역되었다.

7　　"Steam Engines, &c. AD.1769--No.913." DPMA, Deutsches Patent-und Markenamt-Startseite. https://www.dpma.de

8　　John Milton, *Paradise Lost. The John Milton Reading Room,* https://milton.host. dartmouth.edu/reading_room

'불 기계'가 '증기 기계'로 명칭이 변하던 시기에는 자연의 동력을 이용하는 장치뿐 아니라 인간의 지적 능력을 보완하는 자동계산기도 등장한다. 이 기계를 발명한 19세기 영국 수학자 겸 발명가 찰스 배비지Charles Babbage는 그것을 '차이 기계engine for difference'라고 명명했다.

인간의 교묘한 지능이나 그러한 지능으로 만들어낸 장치를 뜻하던 'engine'은 19세기에 점차 기계 전체가 아니라 기계의 동력 장치나 그러한 기능을 일컫는 말로 그 뜻이 축소된다. "엔진들 덕에 배가 잘 나간다"(1813)거나 "증기선의 엔진"(1843) 같은 표현을 19세기 영국 언론매체들이 사용하기 시작했다. 이 말의 현대적 의미를 선도한 용례들이다. 19세기 중반에 이르면 제임스 와트가 특허를 냈던 '불 기계'는 이제 여러 종류의 기계 장치를 작동하는 힘의 원리로 널리 사용되었다. 새뮤얼 스마일스Samuel Smiles의 『자조, 인품과 행실의 실례들Self-Help; with Illustrations of Character and Conduct』(1859)은 19세기 영국의 베스트셀러 중 하나였다. 새뮤얼 스마일스는 '자조'의 모범적인 사례에 제임스 와트 등의 발명가들 업적을 포함시킨다. 제임스 와트 등 일련의 "탁월한 기술자들은 '증기기관steam engine'에 새로운 힘을 보태주었고" 그 덕분에 "기계 작동하기, 선박 운항하기, 곡식 갈기, 책 인쇄하기, 돈 찍기, 망치질, 대패질" 등 동력이 필요한 모든 공정이 수월해졌다. 새뮤얼 스마일스는 증기기관이야말로 "인간이 스스로 돕는 힘을 보여준 기념비"라는 수사로 제임스 와트의 발명품을 칭송했다.[9]

20세기로 넘어오자 증기기관의 시대는 점차 막을 내리고 석유를 태우며 홀로 움직이는 내연기관 자동차가 등장했다. 그렇지 않아도 동력 장치를 지칭하는 것으로 의미가 축소되고 있던 'engine'은 더욱더 견고하게 그러한 뜻으로 고착된다. "자동차의 엔진을 천체 은하계처럼 신비롭고 알 수 없는 영역으로 생각하지 않는 몇 안 되는 택시 운전자"(1928) 같은 표현이 그러한 고착화를 증언한다. 한편으로는 가리키는 대상 자체는 점점 더 신비로울 정도로 복잡해졌지만, 다른 한편으로는 의미의 폭이 현저히 축소됨에 따라 'engine'은 기계 일반을 일컫던 역할을 'machine'에게 내줄 수밖에 없었다.

9   Samuel Smiles, *Self-Help; with Illustrations of Character and Conduct* (London, 1859) 25, 27.

America(아메리카)

마르틴 발트제뮐러의 1507년 세계전도. 아메리카대륙을 길고 홀쭉하게 그려놓았다.

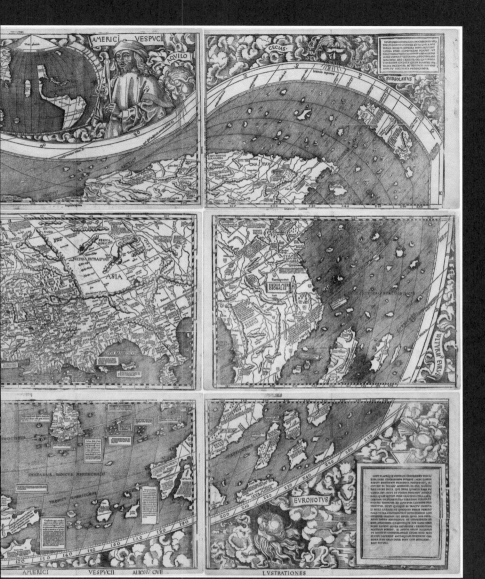

business (비즈니스)

윌리엄 호가스가 그린
『거지 오페라』 3막 장면.
매키스에게 사형 선고를
내리기 직전 그의 연인들이
나타나 자비를 호소한다.

constitution(헌법)

웨지우드 도자기 회사에서 만든 '폐지론자' 메달. 여기에 새겨진 메시지 "나도 사람이고 (당신의) 형제 아닌가요?"는 강한 반향을 불러일으켰다.

'reedom / liberty(자유)

수평주의자'들과 의회파 지도부가 선거권 논쟁을 벌인 퍼트니의 세인트메리교회

Spittle Fields

Moll Flanders

Proverb: Chap: 23 Ns: 21.
The Drunkard shall come to
Poverty, & drowsiness shall
cloath a Man wth rags.

Design'd & Engrav'd by Wm Hogarth.

Plate I

at their Looms.

Pro**erbs** Ch: 10 .Ver:4 .
...band of the diligent
...aketh rich

Publish'd according to Act of Parliament 30 Sep. 1747.

industry(산업)

윌리엄 호가스, 〈근면과 게으름〉
1화. 근면한 도제가 열심히 일하는
동안 태만한 도제는 불만스러운
표정으로 팔짱을 끼고 있다.

Z

Stolberg

HELME

KYFFHÄUSER

Allstedt

Frankenhausen

Heldrungen

UNSTRUT

E
Mühlhausen

Naumburg

GERA

ch

Erfurt

Weimar
Jena

SAALE

Gotha

NACH Zwickau

ng der DDR 1989

22530

REPUBLICAN NATION.
1920

progress(진보)

미국 진보당의 1912년 시카고 전당대회 모습.
2000명 이상이 모였고 그중에는 여성들도 다수 있었다.

transportation / traffic (교통)

오노레 도미에가 그린 파리 옴니버스 마차 내부 모습

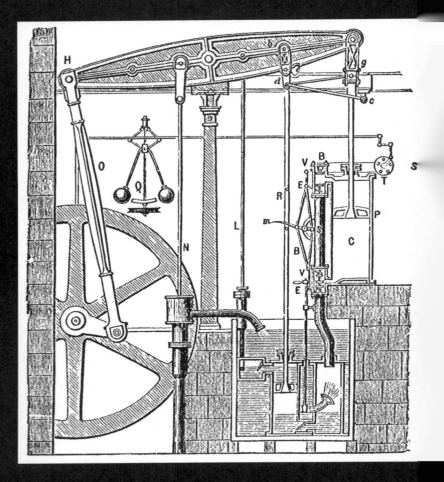

machine / engine (기계)

볼턴 앤드 와트 회사의 1784년 증기기관 도면. 제임스 와트는 매슈 볼턴과 1775년부터 증기기관 개발 및 생산을 위해 합작했다.

utopia(유토피아)

1516년 토머스 모어의 『유토피아』 라틴어 초판본에 수록된 '유토피아 섬' 지도

P U

president
대통령

'대통령', '큰 대大, 거느릴 통統, 거느릴 령領'이 합쳐진 이 한자어의 뜻을 풀어보면 '크게 거느리고 다스리다' 내지는 '거느리고 다스리는 큰 분'이다. '대통령'이 과연 이렇듯 엄청난 자리를 의미하는 말일까? 이 말의 원어를 살펴보면 이 질문에 선뜻 '그렇다'라고 답하기 꺼려진다.

　'대통령'이라는 말은 모든 국민이 대통령을 직접선거로 뽑는 민주공화국이 한반도에 등장하기 한참 전에 먼저 들어왔다. '大統領'은 영어의 'president'를 메이지시대에 일본인들이 옮긴 한자어다. 중국인들은 같은 말을 '總統(총통)'으로 번역하여 사용했고 지금까지도 중화민국(대만)에서는 국가의 수반을 이렇게 부른다. '대통령'이건 '총통'이건 모든 것을 총괄하며 다스리고 명령하는 자를 뜻하는 단어로 동아시아에서 번역된 이 영어 단어는 이러한 '제왕적' 어감과는 거리가 있다.

라틴어 'praesident / praesidens'는 한 조직을 대표하는 행위를 뜻하기는 하지만 '다스리는' 통치의 의미가 아니다. 동사 'praesidere'는 '회의를 주재하다, 의장 자리에 앉다'를 뜻한다. 이 말에서 파생된 'president'가 권위나 권력을 행사하는 역할을 의미할 경우 그것은 '의장'으로서, 선출된 대표자로서 그 역할을 수행하는 사람이라는 의미로 사용되었다. 오늘날에도 이러한 용례가 수없이 많다. 단적인 예를 들면 유럽의회 의장President of the European Parliament, 유럽연합 정상회의 상임의장President of the European Council, 유럽연합 집행위원회 위원장President of the European Commission 등 선출된 유럽연합의 주요 지도자들의 직함에는 모두 'president'가 들어간다.

'대통령'으로 번역된 'president'가 선출직이 아니거나 주재하는 회의와 상관없는 권력자를 가리킬 때도 최고 권력자 자체를 지칭하지는 않았다. 오히려 위임받은 권위를 행사하는 대리자를 이렇게 부르는 것이 일반적이었다. 『흠정역』은 구약성서 '다니엘서' 6장에서 다니엘이 페르시아 다리우스황제가 제국 전체를 분할하여 관리하도록 임명한 세 "정승"(공동번역) 또는 "총리"(개역개정) 중 하나였다고 소개한다(6:2~3). 한글 번역의 "정승"이나 "총리"에 해당되는 『흠정역』 단어는 'president'다. 유대인 다니엘은 지방군주princes보다 상급자인 'president' 중 선임자다. 그러나 제국 전체를 '거느리고 다스리는' 절대 권력은 황제의 몫이지 'president' 다니엘은 갖고 있지 않았다.

영국의 행정부 관직 중에는 'Lord President of the Council'이 있다. 16세기 초부터 제정된 이 관직은 오늘날까지도 그 이름 그대로 이어지고 있다. 국왕에게 정치와 법률 관련 문제를 직접 자문하는 'Privy Council(추밀원)'의 의장을 일컫는 말이다. 국왕이 직접 정책을 결정할 일이 없는 오늘날 이 자리는 실권과는 거리가 멀지만 17세기까지 (명칭을 그대로 번역하면) '추밀원 의장 경'은 제법 큰 영향력을 행사할 수 있었다. 다만 '의장'으로 옮겨야 할 'president'에 주어진 힘은 '대통령'의 어마어마한 권력과는 전혀 그 성격이 달랐다. 직함에 'Lord'가 붙어 있기는 하지만 다른 모든 최고 관직 앞에 항상 등장하는 관용적 표현일 뿐 '추밀원 의장 경'을 특별히 예우한다는 뜻은 아니다.

국왕 곁에서 자문회의를 주재하는 것과는 정반대로 멀리 떨어진 외국에서 국왕의 이름으로 권력을 행사하는 경우에도 'president' 개념이 적용되었다. 『흠정역』의 '다니엘서' 용례와 같은 의미다. 영국동인도회사가 18세기에 인도 벵골 지역에 식민지를 개척하자 해당 식민지는 공식적으로 'presidency'의 지위를 얻는다. 이 명칭을 사용함으로써 그 지역의 관리들은 '대리 통치'를 수행한다는 의미를 분명히 한 것이다. 인도에 설립된 'presidency'의 총책임자는 'governor-general(총독)'로 불렸다. 그는 마음대로 권력을 행사하는 지배자가 아니라 영국동인도회사 및 영국 정부의 대리자였다. 의회는 인도에서 '총독'이 행한 일들을 조사할 권한이 있었다. 앞서 'constitution(헌법)'에서 소개했듯이 인도 'presidency'의 통치책임자 워런 헤이스팅스는 재직 기간에 권력을 남용하고 비리를 저지른 혐의로 본국 의회에서 탄핵 소추의 대상이 되었다. '대리자'에 불과한 그가 그곳에서 '대통령'처럼 군림한 것을 문제삼은 것이다.

그렇다면 동아시아에서 'president'를 '대통령'이나 '총통'으로 옮긴 이유는 무엇일까? 그 배경을 추측하기는 어렵지 않다. 미국은 19세기 말 태평양으로 진출하여 동아시아에 세력을 펼치기 시작했다. 이 거대한 나라 행정부 총책임자의 직함이 'president'다. 일본을 강제로 개항하게 만든 대국의 최고 권력자를 일본인들은 '의장'이나 '대리인'으로 이해하기는 어려웠을 것이다. 게다가 미국 헌법이 견고하게 세워놓은 삼권분립의 균형과 견제의 정신을 음미할 정치문화가 전혀 없는 일본이나 중국에서 국가의 수장이 회의의 주재자라는 사실은 납득하기 어려웠을 것이다.

일본인들은 'the President of the United States of America'를 'アメリカ合衆國大統領'으로 옮겼다. 'アメリカ(아메리카)'를 빼면 정확한 번역이라고 하기는 어렵다. 미국이 영국으로부터 독립할 때 '독립선언문'을 작성하고 헌법을 만든 주체의 원래 이름은 '13개 식민지'였다('America아메리카' 참조). 북아메리카대륙 동부 해안을 따라 북에서 남까지 들어선 각 식민지마다 기후와 환경이 조금씩 다르듯이 이들의 역사와 식민지 건설 연도도 제각각 달랐다. 1607년 가장 먼저 설립된 버지니아를 시작으로 1732년 조지아가 마지막으로 세워졌다. 대부분 17세기 중후반에 출범했다. 각각 사정이 달랐고 성향도 달랐다. 18세기에 들어와 급속히 인구가 늘어나고 부강해진 이들 식민지를 상대할 때 본국 영국 의회가 각 식민지의 자존심과 이권을 좀더 존중했다면 '13개 식민지'가 하나로 뭉쳐 본국과 싸운 후 독립하여 새로운 공화국을 세우는 혁명 사태까지는 이르지 않았을 것이다.

본국 영국은 1783년 파리협정을 통해 '13개 식민지'의 독립을 인정해주었다. 그러나 정작 '미합중국 헌법'이 완성된 해는 전쟁이 끝난 지 4년 후인 1787년이고 1788년에야 '13개 식민지' 대표자들이 새로운 체제 구성('constitution헌법' 참조)을 인준했다. 옛 '식민지' 들은 '주State'로 명칭이 달라졌지만 옛 식민지들 간의 상호견제와 경쟁의식, 지역별 이해관계의 대립이 새로운 공화국 헌법 제정을 지연시켰다.

미국 대통령의 직함을 원문 그대로 번역하면 '아메리카의 주 연합United States 의장'이다. 그 자리가 아메리카 주들 위에 군림하며 '크게 거느리고 다스리'는 위치가 아님을 미국 헌법은 분명히 밝히고 있다. 헌법 제1조는 정치 권력의 실질적 주체인 선출된 입법부의 구성과 권한을 상세히 규정한다. 그렇게 하고 나서야 제2조에서 '대통령'을 다루고 연이어 제3조에서 입법부, 행정부와 동등한 지위를 갖는 사법부의 권한을 명시한다. '주 연합 의장(대통령)'은 그 호칭이 시사하듯이 각 주의 선거인단들이 선출한다. 뽑힌 인물은 그 자리에 오를 때 반드시 다음과 같은 선서를 하도록 제2조 제1항에 명시되어 있다.

나는 주 연합 의장으로서의 직을 충실히 수행할 것과 나의 능력을 최대한 발휘하여 주 연합 헌법을 보존, 보호, 방어할 것임을 엄숙히 맹세합니다.

그는 군 통수권자로서는 '통치자'지만 전쟁을 시작하고 멈출 권한은 의회에 있다. 그는 다른 나라와 조약을 체결할 수 있지만 반드시 상원의 동의가 있어야 한다. 장관과 대법관을 지명할 수 있으나 이 역시 상원의 동의가 필요하다. 게다가 "반역, 뇌물 및 그 밖의 중범죄"를 저지를 경우 탄핵될 수 있음을 제2조 제4항은 경고한다.[1] 영국 의회에서 워런 헤이스팅스의 탄핵 재판(1787 개시)이 한참 진행되고 있던 시절에 작성되고 인준된 이 문서에서 "탄핵"이라는 말은 유달리 강한 인상을 주었을 것이다.

미국 헌법이 규정한 '아메리카의 주 연합 의장'을 '미합중국 대통령'이라 부르는 순간 삼권분립을 유지하기 위해 고안해낸 온갖 거추장스러운 제약과 견제 장치들이 슬그머니 사라진다. 이러한 오역의 과정을 거쳐 통용되는 '대통령'이라는 말에는 '대권大權'을 휘두르는 권력자의 모습이 중첩되어 보이기 마련이다.

반면 미국을 세운 이들은 그 무엇보다도 권력기관 간의 '견제와 균형checks and balances'을 가장 중요한 헌정 원리로 여겼다. 『연방주의자』를 발간하여 식민지 출신 13개 '주'가 새로운 공화국으로 단합할 논리와 정서를 만들어내는 데 앞장선 제임스 매디슨은 다음과 같이 경고했다.

입법, 행정, 사법의 모든 권력이 같은 사람들에게 주어진다는 것은 그들이 한 명이건 소수이건 다수이건, 상속을 통하건, 스스로 임명하건, 아니면 선출되건 간에 폭정 그 자체를 의미한다고 선언해야 마땅하다.

제임스 매디슨은 이 점에서 늘 참고할 저자는 "그 유명한 몽테스키외"라고 했다. 그의 이름만 거론해도 많은 이를 수긍시킬 수 있다는 계산이 깔려 있는 수사법이다. 『연방주의자』의 또다른 주요 저자인 알렉산더 해밀턴Alexander Hamilton은 주석에서 샤를 드 몽테스키외의 『법의 정신』을 페이지 수까지 적시하며 인용하고 있다.[2]

미합중국 공화국 창설자들에게 이렇듯 커다란 영향을 끼친 샤를 드 몽테스키외('democracy민주주의' 참조) 본인도 'president'였다. 다만 이 말은 샤를 드 몽테스키외의 나라 프랑스에서는 연방공화국의 의장을 일컫는 말과는 전혀 다른 의미로 사용되었다. 프랑스 왕국에는 중세부터 내려온 '파를르망Parlement'이 있었다. 영국 의회를 가리키는 'Parliament'와 마찬가지로 '말로 하는 회의'라는 뜻의 이 말은 국왕이 주재하거나 국왕의 이름으로 진행되는 고등법원을 지칭했다. 원래는 그때마다 새로운 법관이 고등법원을 구성해야 옳지만 16세기부터 점차 최고 법관의 지위가 후손에게 상속되는 일종의 신분 특권으로 변했다. 그중에서 가장 중요한 법관은 'président à mortier(금술 법복 의장)'였다. 프랑스왕국의 주요 법원(특히 파리의 '파를르망')은 합의부 재판뿐 아니라 법안을 심의하고 발표하는 데까지 관여할 수 있었기에 이러한 절차를 주재하는 그들을 '의장'이라 불렀다. 샤를 드 몽테스키외는 보르도 '파를르망' 집안에서 태

---

1 *The Constitution of the United States: A Transcription.*

2 *Federalist Papers,* No. 46, No. 78.

어난 덕에 그의 탁월한 지적 능력과는 상관없이 보르도 법원에서 이와 같은 'président' 자리를 승계했다.

18세기의 인기 작가 샤를 드 몽테스키외의 이름에는 'president'라는 직함이 붙는 경우가 종종 있었다. 1748년에 『법의 정신』이 출간되자마자 막 새로 창간된 서평 잡지 〈먼슬리 리뷰〉('review 리뷰' 참조)에 그다음 해인 1749년에 서평이 실렸다. 이 저서는 원래 익명으로 출간되었으나 서평 작성자는 저자를 추정하기 어렵지 않다며 다음과 같이 밝히고 있다.

이 저서에는 그 어떤 이름도 수록되어 있지 않지만 몽테스키외 의장(president)이 그 저자로 알려져 있다.[3]

윌리엄 이든('constitution 헌법' 참조)도 샤를 드 몽테스키외를 언급하며 같은 직함을 사용한다.

몽테스키외 의장은 범죄가 종교, 도덕, 공중의 평안, 개인의 안전을 해치는 양상을 다룬 바 있다.[4]

영국 정치 전통에서 'Lord President'의 역할은 명백히 국왕 자문회의 주재에 머물러 있었다. '의장 경'은 국왕과 자주 소통하기 마련이었고, 따라서 가장 친밀하거나 충직한 대신일 수밖에 없었다. 그렇다면 영국 왕을 '폭군'이라 비난하며 전쟁을 벌인 끝에 공화국을 세운 '13개 식민지'는 왜 유독 'president'라는 말을 골라내어 그것으로 행정부 수장을 지칭했을까? 여러 답이 가능하겠지만 미합중국이라는 새로운 체제를 창설하던 이들이 늘 염두에 둔 몽테스키외의 이름에 당시 'president'가 관례적으로 붙어 있었다는 점이 새로운 공화국의 대표를 'president'로 부르는 데 일정한 영향을 주었을 수도 있다.

프랑스혁명 이전 왕정시대 프랑스 고등법원의 'président'은 일종의 귀족 신분이었기에 부인도 같은 직함을 사용했다. '의장'급 법관의 부인은 이 단어의 여성형인 'la présidente'로 불렸다. 미국이 아직 영국과 싸우고 있던 1782년에 프랑스에서 이 명칭이 자주 등장하는 소설이 한 권 등장했다. 제목이 『위험한 관계^{Les Liaisons dangereuses}』인 이 서간체 소설에서 희대의 난봉꾼 발몽 자작이 경건하고 정숙한 법관 부인, '투르벨 의장 사모님^{la Présidente de Tourvel}'을 유혹하여 무너뜨리려는 음모가 펼쳐진다. '의장 사모님'은 발몽에 대한 온갖 소문을 다 알고 있는 터라 일단은 그를 경계한다.

이곳에서는 상류사회의 소용돌이가 그를 망쳐놓지 않기에 그는 이치에 맞는 말을 놀라울 정도로 술술 하고 자신의 잘못을 매우 진솔하게 고백하며 스스로를 비난합니다. 그는 저에게 자신의 진심을 믿어달라 말을 걸지만 저는 매우 엄격히 그를 훈계합니다.

3 "De l'ESPRIT des LOIX. On the SPIRIT of LAWS. The Octavo Edition, just published at London, in French," *The Monthly Review,* July 1749, 229.

4 William Eden, *Principles of Penal Law* 88.

'의장 사모님'은 이렇게 지인에게 편지에서 토론한다. 그렇다고 해서 발몽이 쉽게 물러날 자가 아니다.

당신의 가슴속에 연민이 조금이라도 있었다면 당신에게 마음의 고통을 털어놓는 이 불행한 남자에게 위안의 말 한마디조차 거절하지는 않으셨을 것입니다. 당신을 보는 것 외에는 다른 낙이 없는 저의 시선을 피하지는 않으셨을 것입니다. 제가 뭘 잘못했기에 이렇게 준엄하게 대해 저를 절망하게 하시나요?[5]

물론 이렇게 'la présidente'를 타락시키려는 부도덕한 플레이보이의 작전과 '대통령'은 별 상관이 없다. 다만 '대통령'으로 고착된 'president'가 전혀 다른 세계에서도 사용되던 말임을 상기시키는 효과는 있을 것이다.

소설 속 편지가 아니라 실제 세계에서 미합중국 최초의 '대통령' 조지 워싱턴^{George Washington}에게 보낸 편지들을 살펴보아도 '대통령'이란 말의 엄청난 무게와는 다른 느낌을 받는다. 새 공화국의 시민들은 최고 권력자에게 편지를 마음놓고 보냈다. 이 편지들은 수신인을 "선생님께^{Sir}"라는 말로 호명한다. 이는 무슨 대단한 경칭이 아니다. 당시 사람들이 서로에게 편지를 쓸 때 늘 쓰는 일상적인 경칭에 불과하다. 영국에서는 상대방이 고관대작이면 대개 'My Lord'로 편지를 시작하는 것이 관행이었다. 미국의 '대통령'은 절대로 'My Lord'로 호명되지 않았다. 영국인이나 외국인이 보낸 편지에서는 그를 "각하^{Your Excellency}"라고 부르는 경우가 있으나 같은 공화국 시민들은 그냥 'Sir'를 쓰는 기본 예의만 갖추었다.[6] 이들이 보기에 'President of the United States'는 연방공화국의 의장일 뿐 공화국의 다른 구성원들보다 신분이나 지위가 훨씬 더 월등하게 높은 '대통령'이 전혀 아니었다.

5   Pierre-Ambroise Choderlos de Laclos, *Les Liaisons dangereuses*, Bibliothèque numérique romande, https://www.ebooks-bnr.com, lettre 8, lettre 24.

6   *Founders Online*, https://founders.archives.gov/documents/Washington

progress
진보

'진보'는 한자 '나아갈 진進'과 '걸음 보步'가 결합된 말이다. 앞으로 걸어나가는 것은 다른 동물들과 달리 직립보행을 하는 인간의 생물학적 특권이다. 이처럼 뜻이 투명해야 할 이 말이 대한민국 정치 담론에서는 정파적·이념적 정쟁에 빈번하게 사용되기에 다양한 어감과 가치가 더해지기 마련이다. 상대방을 '수구 보수', '반동 세력' 등으로 단정하며 스스로를 '진보 진영'이나 '진보 세력'으로 규정하는 담론에서 '진보'는 형용사다. '진보 세력'이라는 말에는 역사의 '진보'를 지향한다는 점에서 명사적 의미도 내포되어 있다. 영어로 전자는 'progressive', 후자는 'progress'다. 이 단어들을 일본인들이 한자어로 옮겨놓았고 오늘날 대한민국 정치판에서 매우 요긴하게 사용되고 있다.

형용사건 명사건 둘 다 영국에서 쓰인 '진보'의 역사는 오래되었지만 명사 쪽의 역사가 더 깊고 활용도가 더 넓었다. 이 책에서 자주 언급되는 새뮤얼 존슨의 『영어사전』이 출간된 해는 1755년이다. 영국에서 양당제 의회정치와 자유로운 시장경제가 정착되어 사회가 한참 '진보'하고 있던 국면이었다. 새뮤얼 존슨은 '진보'의 형용사형 'progressive'를 "앞으로 나아가고 있는, 전진하는"으로 비교적 간략하게 정의했다. 반면 명사 'progress'의 뜻은 다섯 가지로 제시했다. 첫번째는 "진행하는 코스", 두번째는 "앞으로 나아감", 세번째는 "지적인 개선, 지식의 발전", 네번째는 "한 곳에서 다른 곳으로의 이동", 다섯번째는 국가 공직자의 "공식적인 순회"다. 그중에서 대한민국의 '진보적' 이념과 어울릴 '진보'의 개념, 즉 '민중'이 주역이 되는 쪽으로 사회가 나아가는 변화와 곧바로 연결될 만한 의미는 아직 찾아보기 어렵다. 다만 세번째 뜻인 "지적인 개선improvement"이 사회 변화를 이끌어낼 의식의 변화를 함축할 수 있기는 하다. 그러나 새뮤얼 존슨이 이러한 뜻으로 예시한 문장은 "지성의 몇 가지 취약점은 지식으로의 진보를 저해한다"이다. 존 로크의 「지성의 행태에 대하여 Of the Conduct of the Understanding」(1706)를 다소 부정확하게 인용한 것으로 존 로크는 사후 출판된 이 글에서 사람들이 이성을 제대로 활용하지 못한 채 무지와 오류에 머무는 이유를 분석했다.

철학자 존 로크는 이성적 사유로의 '진보'가 (존 로크의 원문대로 옮기면) "지성의 여러 자연스러운 결함"에 의해 방해받음을 지적했다.[1] 반면 18세기 중반 영국의 대표 화가 윌리엄 호가스('industry

---

[1]   John Locke, *The Conduct of the Understanding: A New Edition* (London, 1801) 10.

산업' 참조)는 인간의 육체적 욕망도 인간이 바람직한 방향으로 '진보'하는 데 방해가 됨을 그림으로 경고했다. 그는 연작이라 해도 좋고 '만화'라 해도 좋은 그림 시리즈 두 편을 1730년대에 출간했다. 그는 1732년에 〈매춘부의 진보 A Harlot's Progress〉를 발표했다.[2] 1731년에 먼저 유화 여섯 점을 그린 후 그다음 해에 동판화로 만들어 인쇄하여 판매했다. 런던에 일자리를 알아보러 온 젊은 아가씨 몰은 친절하게 접근하는 여자 포주에게 속아 넘어가 부유한 상인의 전용 섹스 파트너가 된다. 근사한 집에서 남자의 돈을 쓰니 시골 출신 아가씨의 형편이 좋아진 듯 보이기는 하나 그러한 호사스러운 삶은 오래 지속되지 못한다. 몰의 처지는 계속 나락으로 떨어지다가 마침내 성병에 걸려 처참하게 죽는다.

〈매춘부의 진보〉로 재미를 본 윌리엄 호가스는 〈난봉꾼의 진보 A Rake's Progress〉를 똑같은 방식으로 제작하여(유화는 1732년부터, 판화는 1734년) 1735년에 런던 서점들에 납품했다. 여덟 개의 장면으로 구성된 이 연작에서도 주인공의 시작은 화려하나 그가 '진보'하는 방향은 타락의 길로 향한다. 주인공 톰은 거액을 상속한 것으로 시작하나 흥청망청 돈을 쓰다가 재산을 모두 탕진한 후 빚더미에 올라앉는다. 이에 상황을 개선하기 위해 외모는 흉하나 돈이 많은 노처녀와 결혼하지만 그는 결혼식 날부터 신부의 하녀에게 음탕한 눈길을 보내며 유혹할 기회를 노린다. 그나마 돈 많은 여자와 결혼하여 손에 쥔 돈을 그는 노름으로 다 날린다. 결국 그는 채무자 수용소에 수감되고 이후 정신병원에 감금된다.

윌리엄 호가스는 돈과 탐욕이 지배하는 런던에서 어떠한 일들이 벌어질 수 있는지 경고하려는 뜻에서 이 두 편의 '진보' 이야기를 그림에 담았다. 앞의 'industry(산업)'에서 소개한 〈근면과 게으름〉에서 "근면한 도제"의 성공담과 "게으른 도제"의 패망을 극적으로 대조한 것도 〈매춘부의 진보〉, 〈난봉꾼의 진보〉와 기법 및 형식을 공유하기에 윌리엄 호가스의 '진보' 연작에 포함시킬 수 있다. 각 개인의 인품과 성격, 선택에 따라 인생이 발전적으로 진보할 것인지, 아니면 패망의 길로 진보할 것인지 결정된다는 윌리엄 호가스의 생각에 이 시대의 많은 이는 기꺼이 동의했다. 따라서 '진보' 그 자체는 중립적인 말이었다.

데이비드 흄의 글에서도 '진보'의 부정적·긍정적 용례가 공존한다. 오늘날 '철학자'로만 널리 알려져 있는 데이비드 흄은 정치문제에도 조예가 깊은 '정치학자'이기도 했다. 당시 유럽에서는 영국이 유례가 없을 정도로 광범위한 언론의 자유를 누리고 있었다. 이것이 왜 영국 정치에 중요한가? 그는 이 질문에 대해 다음과 같이 답한다.

자의적 권력은 우리가 그 진보(progress)를 사전에 막는 데 주의를 기울이지 않는다면, 이 나라의 한끝에서 다른 끝까지 경종을 울리는 손쉬운 방편이 없었다면 몰래 우리를 습격할 수 있다.

---

2 William Hogarth, *Engravings by Hogarth*. 이하에서 언급되는 도판들은 plates 18, 19, 22, 23, 28, 29-31, 32-35, 60-71.

"자의적 권력"의 '진보'에 맞서는 힘은 "경종을 울리는" 언론의 감시에서 나온다. 이러한 사회 분위기가 형성된 것은 "지적인 개선" 덕이기도 함을 데이비드 흄은 다른 글에서 다음과 같이 지적한다.

> 지난 50년간 사람들의 견해에 급작스럽고 확연한 변화가 진행되었는데, 그것은 학문의 진보(progress)와 자유의 진보 덕분이다. 이 나라에 사는 대부분의 사람은 이름이나 권세에 대한 근거 없는 경외심을 모두 훌훌 털어버렸다.[3]

데이비드 흄이 말하는 "학문"과 "자유"의 '진보'는 새뮤얼 존슨이 예로 든 존 로크의 '진보'와 통하지만 존 로크의 우려와 달리 데이비드 흄이 진단하기에는 대부분의 사람이 성공적으로 지성의 '결함'을 보완하고 "이름이나 권세"에 대한 무조건적 "경외심"에서 해방되었다.

역사가 윌리엄 로버트슨('America아메리카' 참조)의 저서에서 '진보'에 해당되는 말이 사용되는 양상도 데이비드 흄과 크게 다르지 않다. 윌리엄 로버트슨은 유럽대륙에서 게르만족 "야만인의 파괴적 진보destructive progress"가 로마제국이 이룩한 문명을 완전히 황폐하게 만들었다고 한다. 로마제국 멸망 후 "암흑의 진보"가 "온 유럽으로 확대된" 암울한 상황은 11세기부터 유럽 도시에서 "상업의 진보"가 주도하는 문명화 덕에 종식된다.[4] 데이비드 흄이나 윌리엄 로버트슨과 같은 스코틀랜드 출신으로 후배 사상가인 존 밀러John Millar는 『계급 구별의 기원The Origin of the Distinction of Ranks』(1778)에서 '진보'를 기술이나 사회 풍습 등 특정 분야에서의 변화 그 자체를 일컫는 말로 사용한다. 그러한 변화가 과거에 비해 더 나아지는 쪽으로 전개된 경우에는 '진보'보다는 "발전advancement"을 선택한다.[5]

18세기에 '진보'를 이렇듯 중립적인 말로 사용하던 경향은 사회의 필연적 '진화'를 철저히 믿기 시작한 19세기 중반에 이르면 확연히 달라진다. 진화론자 허버트 스펜서Herbert Spencer의 「진보 : 그 법칙과 원인Progress: Its Law And Cause」(1857)은 이러한 정서와 사고의 변화를 대변한다. 허버트 스펜서가 보기에 '진보'를 단순한 팽창이나 증가로 보거나 아니면 그것이 "인간의 행복"을 증진하는 "목적론적" 개념으로 이해하는 것은 옳지 않다. 보다 과학적인 태도는 '진보' 자체가 자연과 인간사회 발전의 보편적 "법칙"임을 객관적으로 인지하는 것이다. 진보의 "법칙"이란 무엇인가? 한마디로 "동질성에서 이질성으로의 발전"이다. 단순 세포가 진화하여 복잡한 유기체가 되듯이 인간사회도 동질적 원시사회에서 이질적 근대사회로 변화되는 것이 '진보'다. 사회경제적 영역에서의 '진보'는 시장경제가 이끌어내는 노동의 분화와 교역의 확산임을 허버트 스펜서는 다음과 같이 상기시킨다.

3   David Hume, *Essays Moral, Political, and Literary* 12. 51.

4   William Robertson, *The Works of William Robertson,* Vol. 3: *The History of the Reign of the Emperor Charles V,* Vol. 1(London, 1840) 10, 20, 72.

5   John Millar, *The Origin of the Distinction of Ranks,* ed. Aaron Garrett (Indianapolis: Liberty Fund, 2006) 236, 270.

자유무역이 그토록 큰 규모로 확대시키고 있는 상품 교환은 궁극적으로 각 민족의 산업 능력을 상대적으로 전문화하는 효과를 낳을 것이다. 이에 따라 거의 모든 기능이 동질적이던 야만 종족에서 시작한 진보(progress)는 전체 인류의 경제적 통합을 향해 진행되어왔고 여전히 그러하다. 즉 개별국가가 감당하는 기능, 각 나라 지방들의 기능, 각 도시의 각종 제조업자들과 상인들이 감당하는 기능, 각 상품을 생산하는 노동자들이 감당하는 기능은 점점 더 이질적이 되어가고 있다.[6]

이질성과 다변화로 나아가는 '진보'의 법칙이 시장경제와 유기적인 연관성을 갖고 있다는 허버트 스펜서의 생각은 윌리엄 로버트슨이 문명화의 원동력으로 본 "상업의 진보"와도 통할뿐더러 애덤 스미스의 『국부론』에 담긴 '진보'에 대한 이해와 입장이 다르지 않다. 애덤 스미스는 'progress'의 형용사인 'progressive'를 가장 먼저 체계적으로 사용한 저자이기도 하다. 경제가 지속적으로 꾸준히 성장하므로 앞으로 "전진하는advancing" 사회가 "진보적progressive"인 사회다. '진보적' 사회에 반대되는 사례는 두 가지, 경제 성장을 멈추어 "정체된" 사회와 아예 경제가 위축되어 "쇠퇴하는" 사회로 나뉜다. 애덤 스미스의 진단은 명료하다.

부의 최대 경지가 완전히 달성된 정도가 아니라 아직 진보적인 상태일 때, 즉 한 사회가 부의 획득 쪽으로 전진하고 있을 때 노동하는 빈곤층, 즉 국민 절대다수의 형편이 가장 행복하고 가장 안락하다. 진보적 상태가 실제로는 사회의 모든 계층에게 가장 행복하고 건전한 모습이다. 정체된 상태는 따분하고 쇠퇴하는 상태는 우울하다.[7]

애덤 스미스는 사회의 '진보적' 경제 성장이 다수의 근로 대중의 행복과 직결됨을 지적했다. 허버트 스펜서에게 '진보'란 세계화된 시장경제 속에서 기능 분화를 통한 '이질성'의 극대화를 뜻했다. 둘 다 통상적인 '진보 진영'의 이념과는 거리가 있다.

'진보'의 정치 이념적 정체성을 고착화하는 데 기여한 사람은 지금까지 살펴본 영국인들이 아니라 미국인 헨리 조지Henry George다. 그의 대표 저서 제목은 『진보와 빈곤Progress and Poverty』(1879)이다. 이 책은 빠르게 베스트셀러가 되어 많은 독자에게 읽혔다. 성공의 비결이 무엇이었는지는 이 책의 부제 "산업 침체의 원인과 부의 증가에 따른 결핍 증가의 원인에 대한 탐구 및 그 해결책"이 시사한다. 미국이 남북전쟁 이후 급속히 산업화가 진행되며 산업혁명의 원조 영국을 능가하는 공업국가로 도약하던 시대에 이 책은 경제의 외형적 발전이 왜 경제 위기와 빈부 격차를 심화시키는지에 대한 진단과 해법을 제시했다. 헨리 조지도 '진보' 그 자체를 사회의 민주적 발전을 가리키는 말로 인식하지 않는다. 오히려 '빈곤'을 야기하는 모순적 경

---

6   Herbert Spencer, "Progress: Its Law And Cause," *Essays: Scientific, Political and Speculative,* Vol. 1(London, 1891) 11, 15, 17.

7   Adam Smith, *The Wealth of Nations* I.vii.43.

제 체제로 여긴다. "물질적 진보가 부의 분배에 미치는 효과"를 다루는 4권에서 저자는 "물질적 진보가 발전시킨 힘이 생산을 늘리는 비율보다 지대rent를 지속적으로 증가시키는 비율이 더 크다"고 주장한다. 이는 거대 자본이 토지를 독점하여 투기 대상으로 삼음으로써 땅값을 올리는 추세가 제조업의 성장 역량을 항상 능가한다는 말이다. 그 결과 미국처럼 부유해지고 있는 나라에서, 게다가 엄청난 땅을 소유한 미국에서 부랑자들과 극빈자들이 도처에 넘쳐나고 있다. 그렇다면 어떻게 "물질적 진보"를 사회정의 확대의 긍정적 에너지로 전환할 것인가? 토지에 대한 투기 자본의 독점을 막는 법과 제도를 만들면 된다.[8]

『진보와 빈곤』의 이와 같은 논리에 토지 자원이 풍족한 미국에서 많은 독자가 쉽게 공감했다. 그리고 책 제목의 키워드인 '진보'는 한 세대 정도 지나서 새로운 정치 구호가 되었다. 미국 역사에서 이른바 '진보적 시대Progressive Era'로 분류되는 1890년대부터 제1차세계대전 전까지의 시기에 헨리 조지의 이름을 딴 '조지주의Georgism'가 크게 유행했다. '조지주의자'들 또는 '진보주의자Progressive'들은 헨리 조지의 가르침대로 소수의 부유층과 다수의 빈곤층으로 사회를 양극화하는 상황을 국가가 방치하지 말고 세금과 규제를 통해 보다 공정한 분배가 이루어지도록 유도하자고 주장했다.

미국 '진보주의자'들의 주장은 모든 면에서 '진보적'이지 않았다. 그들은 경제의 독점뿐 아니라 정치인들의 부패도 '진보'를 위해서는 반드시 개혁해야 할 과제로 여겼다. 북부에 비해 모든 면에서 낙후한 남부 지역에서 '진보주의자'들이 생각한 '적폐 청산' 방식은 다소 특이했다. "흑인들에게서 선거권을 박탈하자!" 어떻게 이렇듯 '진보'와는 상극인 정책을 제안했을까? 노예 신분에서는 벗어났으나 사실상 모든 면에서 열등한 인종으로 차별받던 무지한 흑인들을 백인 정치인들이 돈으로 매수하여 관리하고 있었다. 백인 정치 거물들을 건드리는 것은 아무리 열정적인 '진보주의자'들이라 해도 쉬운 일이 아니었다. 대신 어차피 별 권리를 누리지 못하는 흑인들에게서 허울뿐인 참정권을 뺏는 일은 훨씬 더 현실적인 방안으로 보였다.[9]

'진보'는 발전일 수도 있으나 퇴행을 뜻할 수도 있음을 이 말이 부상하던 18세기 영국의 용례들은 물론 '진보'가 정치색을 띠게 된 20세기 초 미국 정치 담론도 증언한다.

---

8 Henry George, *Progress and Poverty: An Inquiry into the Cause of Industrial Depressions and of Increase of Want with Increase of Wealth: The Remedy*(New York, 1881) 233, 241.

9 Lewis L. Gould, *America in the Progressive Era, 1890-1914*(London: Routledge, 2016) 49-50.

project

프로젝트

외국어에서 들어와 토착명사들과 함께 쓰이는 일상 용어 중에서 '프로젝트project'는 비교적 외래어에 합류한 역사가 짧은 편에 속한다. '프로젝트'는 앞서 살펴본 '아메리카'나 '비즈니스'에 비하면 더더욱 그렇다. 언제 들어왔든 엄연히 '국어'의 한 낱말로 국립국어원『표준국어대사전』에 등재되어 있다. 이 사전에서는 '프로젝트'를 "연구나 사업, 또는 그 계획"으로 정의한다. 이 사전이 제시하는 유일한 예문은 다음과 같다.

작년부터 추진되어 왔던 자원 개발 프로젝트가 예산상의 문제로 중단되었다.

이 사전의 정의로만 보면 "연구나 사업"이 사업성을 전제로 한 연구인지, 아니면 일반적인 사업과 상관없이 하는 순수한 연구인지는 선뜻 판정하기 쉽지 않다. 반면 예문은 "예산상의 문제"를 일으킬 정도의 거대한 "사업, 또는 그 계획"을 '프로젝트'라고 부른다. '사업' 을 '프로젝트'의 중요한 요소로 여기라고 예문을 통해 일깨워준다.

영어 단어 'project'로 '연구'와 '사업'을 엮는 연결고리가 단단해지기 시작한 것은 대체로 최근이다. 이 말의 사용 빈도는 20세기 후반부터 부쩍 늘어난다. '구글 북스' 자료를 토대로 1801년부터 단어의 사용 빈도를 나타내는 그래프를 보면 19세기 내내 낮은 수준으로 이어지다가 1920년부터 상승 곡선을 그리기 시작하여 1980년대에 최고점에 다다르고 이후 약간의 조정을 거치기는 하지만 높은 수준을 유지한다.[1] 오늘날 긍정적 의미의 "연구나 사업"을 뜻하는 용례도 이 시기에 정착된 것임을 『옥스퍼드 영어사전』에서 확인할 수 있다. 이 사전에서 "비즈니스나 과학 등에서 협동 기획, 흔히 특정 목표를 달성하도록 세심히 계획된 연구나 설계를 지칭"한다는 뜻을 예시하는 용례 중 가장 시기가 빠른 것은 다음과 같다.

1916. 〈워싱턴포스트〉 4월 2일. "파커 교수의 엔지니어링 및 연구 프로젝트와 연관된 기계공학 전문가들."

시대가 흐르자 '사업'의 측면이 더 부각되는 용례가 등장한다.

---

[1]   Google Books Ngram Viewer. https://books.google.com/ngrams

1988. (온타리오주) 〈해밀턴 스펙테이터〉 4월 19일. "이 프로젝트로 향후 5년간 12개의 일자리를 만들고 다른 일자리 세 개를 유지하고 그 결과로 350만 달러만큼 매출이 증가할 것으로 예상한다."

'프로젝트'가 '연구' 그 자체가 아니라 돈이 되는 '사업'이라는 뜻에 더 가까워진 현시대의 전형적인 문장이다.

'프로젝트'가 20세기 후반에 급부상한 키워드이기는 하나 이말의 역사는 그보다 훨씬 더 오래되었다. 16세기까지는 '연구'나 '사업'의 측면보다도 '계획'의 요소가 중요했다. 『옥스퍼드 영어사전』 1583년 용례 중에는 "이것이 프로젝트 내지는 도표다"라는 표현이 나온다. 이와 같이 시각화된 도표나 도안을 'project'라고 했기에 '계획표'의 뜻을 내포하고 있었다고 할 수 있다. 물론 순전히 '계획'과 '기대'라는 시간성에 머무는 용례도 찾아보기 어렵지 않다. 윌리엄 셰익스피어의 『헨리 4세 2부』에는 다음과 같은 대사가 나온다.

> 그는 희망으로 속을 채우고
> 공급 약속을 믿고 공기를 먹으며
> 권력을 잡을 기대(project)로 우쭐댔지요.
> ──『헨리 4세 2부』 1막 3장, 27~29행

제거된 정적의 무모함을 조롱하는 맥락에서 사용된 'project'는 '헛된 기대'를 의미한다.

야망에서 비롯된 허망한 계획이 아니라 생활의 유익을 증진하는 '공공 프로젝트'를 뜻하는 말로 'project'가 쓰인 용례도 셰익스피어시대에 찾아볼 수 있다. 『옥스퍼드 영어사전』이 채택한 초기 용례는 "주변 땅들의 물을 뺀다는 우리의 모든 프로젝트"다. 이 어구를 원문의 맥락으로 되돌려놓으면 다음과 같다.

> 우리의 삶을 돌아보시오, 지금처럼 자비가 부족했던 적이 있습니까? 국가공동체를 파괴할 조짐이자 그것을 야기할 사적인 부를 축적하려는 충동이 이렇듯 극심해진 적이 있습니까? 우리의 모든 프로젝트를 살펴보시오. 주변 땅의 물을 뺀다거나, 아니면 그 무슨 유익을 주장하건 간에 이것이 공공기금을 빼가는 것이 목적이 아닌지, 사적인 독점이 국가의 단물을 빨아먹는 것은 아닌지 한번 보시오.[2]

성직자 토머스 스콧Thomas Scott은 독자들에게 이와 같이 경고했다. 그의 발언은 원래 1620년 예배 설교에서 외쳤던 내용이다. 설교자는 공공사업을 한다며 사적인 이권을 추구하는 세력을 비난하는 용어로 '프로젝트'를 썼다. 토머스 스콧이 보기에 이러한 '프로젝트'야말로 "사적인 부"에 눈이 먼 시대의 모습을 적나라하게 보여준다.

2　Thomas Scott, *The High-waies of God and the King. wherein all men ought to walke in holinesse here, to happinesse hereafter: Deliuered in two sermons preached at Thetford in Norfolke, anno 1620*(London, 1624) 80.

'근대문명'은 여러 말로 달리 정의할 수 있는 화두지만 그 누구도 부인할 수 없는 핵심 요소 중에는 사적 이익을 좇아 큰돈을 버는 데 성공한 자들을 흠모하고 칭송하는 분위기가 포함된다. 17세기 중반 영국을 뒤흔든 영국 내전(청교도혁명) 시기에 세상을 근본적으로 바꾸어놓으려는 급진적 이념을 설파하는 이들은 영국이 아직 본격적으로 사익 추구 정신에 지배당하기 전인 17세기 전반부에 토머스 스콧이 한 경고를 이어받았다('freedom / liberty자유' 참조). 그들은 토머스 스콧의 질타를 더욱더 근본적 비판으로 확대했다. 제라드 윈스탠리Gerrard Winstanley는 혁명기의 여러 급진 사상가 중에서도 이후의 사회주의나 공산주의와 유사하게 사유재산 자체를 배격하는 '디거스Diggers' 당파의 지도자였다. 그는 토지를 공동으로 소유하고 다 같이 개간하고 함께 노동하고 그 소출을 같이 향유하는 공동체를 현실사회의 온갖 해악에 대한 치유책으로 제시했다. 그러한 시각에서 볼 때 가장 큰 적이 '돈'임을 그는 다음과 같이 주장한다.

> 우리는 더이상 사거나 팔지 말아야 합니다. (토지공동체를 만드는 우리의 작업이 진전되면) 더이상 돈이 누구는 보호하고 누구는 내치는 막강한 신 노릇을 하지 않아야 합니다. 돈도 토지의 일부일 뿐입니다. 왕이신 정의로운 창조주께서 언제 인간들에게 광물질들(은과 금)을 다른 인간들한테 건네주지 않는 한 먹지도 말고 입지도 말라고 명령하신 적 있습니까? 이것은 육체의 폭군(지주들은 그의 아류일 뿐입니다)이 자신의 형상을 동전에 남기려는 프로젝트일 뿐입니다.[3]

제라드 윈스탠리가 "육체의 폭군"이라고 지칭한 대상은 다름 아닌 악마/사탄이다. 사유재산을 확정하고 돈을 사용하는 화폐경제는 사탄의 '프로젝트'와 다름없다.

'프로젝트'라는 말로 창조질서를 망가뜨리는 악마의 계책을 이르는 용례는 다소 극단적이기는 하지만 종교적 어법을 늘 사용하던 17세기 중반에는 별로 생소하지 않았다. 18세기에 '은과 금'의 위세가 날로 커짐에 따라 화폐 그 자체를 악마의 계략으로 보는 시각은 점차 자취를 감추었다. 그러나 이 시대에도 '프로젝트'라는 말의 어감에는 항상 부정적인 의심과 비난의 정서가 내재되어 있었다. 후대에 잊힌 저자의 글이나 후대에 두고두고 기억되는 저자의 글도 이 점에서는 마찬가지다. 익명으로 발표한 1773년의 『현재 식료품의 고물가 원인인 사치, 통화, 세금, 국채와의 관련성에 대한 에세이*An Essay on the Causes of the Present High Prices of Provisions, as Connected with Luxury, Currency, Taxes, and National Debt*』에서 다음과 같은 견해를 피력한다.

돈에 대한 접근 기회에 제약을 두지 않으면 실질적인 개선을 도모하는 이들뿐 아니라 프로젝트꾼들을 장려하게 된다. 그리고 이 후자 쪽 성향을 갖고 있는 양반들 중 일부는 자기 돈은 물론

3   Gerrard Winstanley, *A Declaration from the Poor Oppressed People of England, Directed To all that call themselves, or are called Lords of Manors, through this Nation, The Complete Works of Gerrard Winstanley*, ed. Thomas N. Corns et al. (Oxford: Oxford University Press, 2009) vol. 2, 32-33.

남의 돈을 손에 잡히는 대로 헤프게 써버리지만, 일부는 애초부터 아예 오직 공익으로 위장하여 사람을 속이고 근면하고 순진한 동료 인간들을 등쳐먹을 의도밖에는 갖고 있지 않다.[4]

여기서 등장한 '프로젝트꾼projector'이란 말은 18세기에 들어와 유독 자주 쓰인 단어로 투기성 프로젝트를 통해 비정상적 이윤을 남기려고 시도하는 자들을 가리킨다.

이 저자의 주장과 데이비드 흄의 다음과 같은 생각은 근본적으로 서로 다르지 않다.

크고 힘이 센 국가는 자신의 부를 위험하고 잘못 기획된 프로젝트로 탕진해버릴 것이고, 아마도 그와 함께 가장 값진 자산인 근로, 도덕, 인구도 파괴할 공산이 크다.

한 나라가 국채문제로 골병이 들 대로 들어 신음하게 되면 어떤 대범한 프로젝트꾼이 등장하여 빚을 단숨에 해결해주겠다는 환상적 방안을 제시하곤 한다.[5]

따라서 데이비드 흄은 국가와 사회의 건강을 위해 '프로젝트'를 자제하고 사람을 현혹하는 '프로젝트꾼'을 경계해야 한다고 충고한다.

'부'의 추구 그 자체를 전혀 비난할 의도가 없는 『국부론』의 저자도 근거 없고 무책임한 투기로서 '프로젝트'를 생산적 '근로'('industry산업' 참조)를 통한 착실한 부의 축적과는 상극으로 보았다. 그것은 무엇보다도 국가경제에 매우 해로운 행위로 진단했다.

만약 영국의 법정 이자율이 8퍼센트에서 10퍼센트까지 높게 책정된다면 대출되는 돈의 상당 부분은 방탕한 자들과 프로젝트꾼들에게 갈 것이다. 그들만이 이렇게 높은 이자를 기꺼이 지불할 의향이 있을 것이기 때문이다. 건전한 이들은 꼭 이득을 남길 것으로 예상하는 만큼만 대출 이자를 지불할 것이기에 그들과 경쟁하기 꺼릴 것이다. 그렇게 되면 국가 전체 자본의 상당 부분을 유익하고 값지게 활용할 사람들의 손에는 닿지 못하게 하고 낭비하고 파괴할 가능성이 큰 자들의 수중에 안기는 꼴이 될 것이다.[6]

『국부론』이 이와 같이 예측한 프로젝트꾼의 '프로젝트'는 한마디로 남의 돈을 굴려서 한밑천 챙기는 것이다. 그들은 17세기의 토머스 스콧이나 제라드 윈스탠리가 공격한 악마적 배금주의의 교활한 신봉자들이다.

물론 18세기 영국 지식인 모두 '프로젝트'를 부정적으로만 생

4   Adam Dickson, *An Essay on the Causes of the Present High Prices of Provisions, as Connected with Luxury, Currency, Taxes, and National Debt* (London, 1773) 79.

5   David Hume, *Essays Moral, Political, and Literary* 321, 361.

6   Adam Smith, *The Wealth of Nations* II.ii.71.

각한 것은 아니었다. 일찍이 1702년에 대니얼 디포는 『여러 프로젝트에 대한 에세이, 또는 나라의 이익을 증진하는 효과적 방안들*Essays upon Several Projects: Or, Effectual Ways for advancing the Interest of the Nation*』을 익명으로 출간했다. 걸인들을 수용할 구빈원, 공공 상해보험 등의 국익 증진 '프로젝트'를 상술하기 전에 그는 먼저 "우리 시대의 프로젝트들 중에서 정직한 것과 부정직한 것을 구분"하자고 제안한다. 건전하고 '정직한' 프로젝트를 장려할 필요가 있다고 주장하는 대니얼 디포도 '단순한 프로젝트꾼'은 사기꾼이나 다름없음을 인정한다. 다만 '정직한 프로젝터*projector*'는 이들과는 전혀 다른 인물임을 다음과 같은 점을 들어 강조한다.

> 그는 공정하고 평범한 상식, 정직성, 재주를 갖고 있고, 그 어떤 장치를 적절한 수준으로 고안하여 완성한 후 그것으로 무엇을 할 것인지 분명히 밝히며, 다른 사람 호주머니를 털지 않고, 자신의 프로젝트를 실행에 옮기며, 실제 결과물을 자신의 발명에 대한 보상으로 생각하고 그것에 만족한다.[7]

이와 같이 정직한 발명가를 '프로젝트꾼'으로 부를 수 없기에 '프로젝터'라는 말로 달리 번역했다.

대니얼 디포보다 한 세대 후에 파산자들에 대한 구제를 주장하는 익명 저자의 『파산자와 지불불능자의 입장을 고려함*The Case of Bankrupts and Insolvents Consider'd*』(1734)은 다음과 같은 논리로 건전한 '프로젝터'를 옹호한다.

모든 상업국가에서 늘 일정한 수의 사람은 새로운 프로젝트 때문에 패망하기 마련이다. 이러한 새로운 프로젝트는 대체로 첫 프로젝터들에게는 불운으로 다가올 테지만 나라 전체에는 유익이 되는 경우가 많다. 왜냐하면 다른 사람들이 첫 프로젝터들을 좌절하게 만든 암초가 무엇인지 간파했기에 그것을 피해 안전하게 프로젝트를 수행할 것이고, 그 결과 나라와 자신들에게 이익을 가져다주기 때문이다.[8]

용감한 선구자인 최초의 '프로젝터'들은 파산과 지불불능의 지경에 봉착할 가능성이 크다. 따라서 그들을 사기꾼이나 범죄자로 취급하는 것은 옳지 않다는 것이 저자의 입장이다.

제러미 벤담도 1787년 저서 『고리대금 변호』('business비즈니스' 참조)에서 같은 이유로 '프로젝트꾼'이란 말에 담긴 편견을 공격하며 다음과 같이 반문했다.

'프로젝트꾼'이라는 역겨운 명칭은 부를 추구하는 데 새로운 출구, 특히 발명을 통한 출구를 찾아내는 이들을 지칭하는 것이 아닌가?[9]

7   Daniel Defoe, *Essays upon Several Projects: Or, Effectual Ways for advancing the Interest of the Nation* (London, 1702) 11, 33, 35, 123, 168.

8   *The Case of Bankrupts and Insolvents Consider'd* (London, 1734) 51.

9   Jeremy Bentham, *Defence of Usury* 132.

이후 역사는 애덤 스미스보다는 제러미 벤담의 입장 쪽으로 기울었다. '프로젝트꾼'으로 옮긴 'projector'는 19세기가 지나면서 이러한 의미로는 더이상 쓰이지 않게 되었다. 『옥스퍼드 영어사전』이 수집한 이러한 용례 중 가장 최근 문장의 연도는 1907년이다. '프로젝트'에 대한 의구심은 20세기에 들어와 점차 사라졌고 'project'라는 단어의 사용 빈도는 앞서 살펴보았듯이 20세기에 들어와 급격히 증가했다. 아마도 현재나 가까운 미래까지 이 말의 사용 빈도는 꾸준히 유지되겠지만 '프로젝트꾼'의 음흉한 야심에서 완전히 자유로운 선한 '프로젝트'만 실행될 리는 없을 것이다.

reasonable

합리적

사법문화가 날로 발전하고 있는 대한민국에서 자주 거론되는 표현 중에는 '합리적 의심'도 포함될 듯하다. 이는 영미법의 'reasonable doubt'의 번역어다. '합리적 의심'의 정확한 원어는 'beyond a reasonable doubt(합리적 의심을 넘어서는)'다. 이 어구에는 형사재판에서 검사측이 제시한 증거가 배심원들의 무죄 추정 전제를 넘어설 수준이 되어야 한다는 원칙이 포함되어 있다. 그런데 번역어 '합리적'과 그에 해당하는 영어 형용사 'reasonable' 사이에는 어감과 의미에 다소 차이가 있다. 『표준국어대사전』은 '합리적'을 "이론이나 이치에 합당한 것"으로 정의한다. 반면 미국 형사법 소송에 적용되는 'reasonable'은 일반 시민들로 구성된 비전문가 배심원들의 상식을 말한다. 배심원들은 복잡한 '이론'을 탐구했거나 심오한 '이치'를 깨달은 특별한 개인들이 아니다. 법정에서 제시되는 증거들과 증언들이 누구나 인정할 수 있는 수준에서 신빙성이 있는지 판단해 달라는 요청이 '합리적 의심을 넘어서는'이라는 원칙의 취지다.

'합리적'과 'reasonable' 사이의 거리는 'reason'과 이 말을 번역할 때 사용되는 '이성理性' 사이에서도 발견된다. 다시 『표준국어대사전』에서 '이성'을 찾아보면 첫번째는 "개념적으로 사유하는 능력을 감각적 능력에 상대하여 이르는 말"이고, 두번째는 "진위眞僞, 선악善惡을 식별하여 바르게 판단하는 능력"이며, 세번째는 "절대자를 직관적으로 인식하는 능력"이다. 첫번째 정의는 개념적 사유를 이성의 실체로 규정했다. 개념을 미리 세워두지 않고 실제 벌어지는 현상과 현실을 곰곰이 관찰하는 능력은 배제되거나 부차적으로 밀려난 셈이다. 두번째, 세번째 정의 앞에는 "『철학』"이라는 단서를 달아놓았다. "진위, 선악"을 "식별"할 뿐 아니라 "바르게 판단하는" 능력이 이성이다? 이것은 특정 철학 유파의 독특한 이론을 염두에 둔 것처럼 보인다. 세번째 정의 "절대자를 직관적으로 인식하는 능력"은 더욱더 강하게 그러한 느낌을 준다. 어디 그뿐인가. 마지막 네번째로 제시하는 정의는 다음과 같이 사뭇 현학적이기까지 하다.

> 『철학』 칸트 철학에서, 선천적 인식 능력인 이론 이성과 선천적 의지 능력인 실천 이성을 통틀어 이르는 말. 좁은 의미로는 감성, 오성(悟性)과 구별되어 이데아에 관계하는 더 높은 사고 능력을 말하기도 한다.

이와 같이 고난도의 "사고 능력"을 일컫는 말이 '이성'이라면 '오성'을 비롯하여 그 수준에 미치지 못하는 다른 지적 능력들은 모두 '이성'의 영역에서 추방되어야 마땅할 것이다.

그러나 당장 이마누엘 칸트의 모국어인 독일어로 돌아가보면 '오성'이라고 번역된 'Verstand'나 '오성'과 구별된다는 '이성'의 원어 'Vernunft'는 질적으로 크게 다른 층위에 있거나 그 의미가 근본적으로 다르지 않다. 둘 다 '이성'을 가리키는 명사다. 이마누엘 칸트는 이 두 독일어 단어로 일종의 말장난을 했다. 그의 사변적 유희에 따른 인위적 분리를 대한민국 대표 사전은 그대로 따랐다. 이마누엘 칸트가 위대한 철학자임은 인정할 수 있다 해도 그 혼자 철학을 대표할 수 있는가? 어떠한 이유에서인지는 몰라도 이 사전은 다른 여러 서양철학 유파들을 제치고 이마누엘 칸트에게만 '이성'을 가장 복잡하고 특수하게 정의하는 업무를 맡겼다.

이 책의 관심사는 철학 논쟁이 아니다. 다시 '이성'을 그 파생어인 '합리적'으로 되돌리고 '합리적 의심'이 문제되는 형사 법정으로 돌아가보자. 배심원들이 『표준국어대사전』이 열거한 일련의 '능력'들로 '이성'을 발휘해야 할까? 만약 그렇게 하면 오히려 평결에 방해될 소지가 있다. 본인의 소신에 근거한 "개념"에 집착하고, 흑백논리와도 유사한 "진위, 선악" 식별을 고집하고, 구체적인 증거와 증언에는 별 관심이 없고, "이데아에 관계하는 더 높은 사고"만 하는 배심원에게 과연 쉽고 상식적인 판단을 기대할 수 있을까?

영어, 프랑스어, 이탈리아어 등에서 '이성'에는 '이유'라는 뜻도 내포되어 있다. 독일어에서는 '이성 Verstand, Vernunft'과 '이유 Grund'가 다르지만 'reason'(영어), 'raison'(프랑스어), 'ragione'(이탈리아어)는 맥락에 따라 '이유'가 되기도 하고 '이성'이 되기도 한다. 온갖 인간 만사에서 별의별 '이유'를 일컫는 말이 '이성'이라면 이 말은 '개념'이 앞서고 '선악'을 판단하고 '절대자'를 직관하는 등의 고등 능력으로서의 '이성'과는 다른 세계에 존재한다. 프랑스어에서 'raison'은 그 모습 그대로 다양한 의미와 관용구들을 만들어낸다. 『리트레』사전은 'raison'을 21개의 뜻으로 구분하고 있다. 그 용례만 200개에 육박한다. 참으로 매우 활용도 높은 프랑스어 단어라고 할 만하다. 반면 영어에서는 'reason'이 '이성'의 의미로 전개될 여러 상황에서는 'reasonable'이 형용사로 주로 사용된다. 형용사 'rational'도 그러한 역할을 하지만 훨씬 더 광범위하게 쓰이는 말은 'reasonable'이다. 이 형용사를 생긴 그대로만 보면 '이유가 될 만한'이라는 뜻도 된다. 『옥스퍼드 영어사전』은 'reasonable'을 '상식에 맞는', '적절한', '목적이나 상황에 적합한', "공평하고fair, 받아들일 수 있는acceptable 요구, 가격, 분량, 조건"을 의미하는 말로 정의한다. 사람에게 쓸 경우에는 "건전하고, 상식적이고, 신중하고, 현명한" 성품을 뜻한다.

　　근대 영국에서 'reasonable'의 사용 양태는 『옥스퍼드 영어사전』의 정의에 담긴 전반적인 경향과 일치한다. 선험적 '개념'보다는 여러 사람이 받아들일 수 있는 상식선에 맞는 상태나 수준을 가리켰다. '합리적 의심'으로 이 글을 시작했으니 법률의 세계로 바로 들어가보자. 미국법의 모체인 영국법을 정리한 윌리엄 블랙스톤('America아메리카' 참조)이 사유재산 소유자의 권리를 언급하는 대목에서 이 형용사는 중요한 역할을 부여받는다. 도로를 새로 내는 등의 공공 이익을 위해 사유지를 공적 권리를 위임받은 주체가 수용하고자 할 때 어떠한 원칙을 적용해야 하는가? 윌리엄 블랙스톤은 다음과 같이 답한다.

　　법은 그 어떠한 사람이나 사람들의 집단에게도 토지 소유자의
　　동의 없이 도로를 낼 수 있도록 허용하지 않는다. 개인의 유익이
　　공동체의 유익에 종속되어야 한다고 강변하는 것은 쓸모없는
　　일이다. 왜냐하면 그것은 사적 개인이나 심지어 공적 기관이 공
　　동의 이익이 무엇인지 판단하고 그것을 위해 어떠한 조치를 취
　　하는 것이 필요할지 알아서 결정하도록 허용하는 것이 되고, 매
　　우 위험하기 때문이다. 입법기관이 할 수 있는 일은 오직 소유자
　　가 자신의 사유지를 합당한(reasonable) 가격에 매도할 수 있도
　　록 강제하는 것일 뿐이다. 이러한 권한도 입법기관은 매우 신중
　　하게 행사해야 하고, 오직 선출된 입법자들만이 그렇게 할 수 있
　　어야 한다.

　　앞의 인용문에서 'reasonable'을 '합리적'으로 옮기지 않은 이
유는 '합리'의 기준을 권력기관에서 자의적으로 제시할 여지를 차단
하기 위해서다. 토지의 '합리적 가격'이란 공공기관이 일방적으로
확정한 가격이 아니다. 그것은 사유지 소유자가 '받아들일 수 있는'
가격이어야 한다고 윌리엄 블랙스톤은 강조한다.
　　윌리엄 블랙스톤은 그 밖에도 다음과 같은 사례에서 'rea-
sonable'을 사용한다. 외교관이 주재국의 법을 어겼을 경우 그가 피
해자에게 적절한 보상을 하는 것이 '합당하다.' 도제들이 도제 계약
을 파기할 경우에도 '합당한 이유'가 있으면 허용되어야 한다. 남편

이 아내의 행동에 책임져야 하기에 '적절한 범위 내에서' 아내를 징계할 수 있다.[1] '합당하다', '합당한', '적절한'으로 옮긴 원어는 모두 'reasonable'이다. 모두 이성적 판단 능력이나 구체적인 법조문에 부합하는지 여부가 아니라 특정 행위가 보편적 상식에서 벗어나는지 여부가 기준이 되는 상황들이다. '합리적 의심'은 형사재판의 기준이지만 '합리적'으로 옮긴 원어는 이렇듯 다양한 민사 영역에서 골고루 적용되는 술어다.

　　윌리엄 블랙스톤이 자주 논거로 삼는 17세기 최고의 법률가 에드워드 쿡 경('law / justice / equity법' 참조)도 소송 절차와 판결의 잣대를 제시하며 'reasonable'을 사용할 때가 많다. 판사들은 소송당사자들이 관련 문건들을 변호인에게 보여주고 자문을 구할 '적절한 시간'을 주어야 한다. 채무불이행으로 채권자에게 심각한 해를 입힌 자에게는 '적절한 벌을 주어야 하지만' 함부로 구금하는 것은 자제해야 한다. '합당한 근거 없이' 상대방을 비난하는 것은 처벌받아 마땅하다. 성직자들이 법적 절차를 받지 않고 무조건 누구를 이단으로 단죄하는 것은 '합당하지 않다.'[2] 이와 같은 지적에서 '적절한'과 '합당한'으로 옮긴 말은 모두 'reasonable'이다. 여기에서 예로 든 사례들은 모두 판사의 "개념적 사유"나 "선악 판별" 역량으로 정의한 '이성'과는 거리가 멀다. 빚을 갚지 않은 것은 비난받아 마땅하지만 어떠한 벌을 줄 것인지는 '개념'을 따르는 '합리성'이 아니라 사안에 따라 결정되어야 하는 '합당성'의 문제다. 본인의 '이성'에 맞지 않아 남을 비난하는 것은 좋으나 다른 사람들도 수긍할 만한 '합당한' 근거 없이 비난한다면 그것은 법에 저촉된다. 그 누구보다도 (국립국어원이 나열한 '이성'의 의미인) 선악 식별 능력은 물론 "절대자를 직관적으로 인식하는 능력"을 갖추었다고 자부하는 종교 지도자들도 법적 절차 없이 특정인을 단죄하는 것은 '합리성'보다는 '합당성'에 저촉된다.

법의 세계 밖에서도 'reasonable'은 일정한 역할을 수행했다. 가장 대표적인 예는 제목에 이 말이 포함된 존 로크의 『성서에 담겨 있는 기독교의 합리성 *The Reasonableness of Christianity, as Delivered in the Scriptures*』이다. 이 책의 제목은 '합당성'이나 '적합성'보다는 '합리성'으로 번역하는 것이 '합당'하다. 존 로크는 "하느님이 인간 이성에게 보여준 신성한 지혜"는 초자연적 기적뿐 아니라 "각기 자기 속성에 따라 작동되는" 창조된 세계의 이치를 통해서도 알 수 있다고 주장한다. 자연의 이치를 통해 드러나고, 또한 제목에서 말한 대로 '성서에 담겨 있는' 하느님의 지혜는 일반적인 이성적 능력으로도 이해할 수 있는 수준이다. 그것은 오랜 세월 특별한 훈련을 받은 사람들의 전유물이 아니다. 성서의 가르침과 자연의 이치는 모든 인간이 상식선에서 받아들일 수 있는 수준이기에 존 로크는 제목에 "reasonableness"라는 다소 우회적인 표현을 썼다. 오히려 그는 '자연 이성'에 대해서는 회의적 입장을 견지했다. 그는 이성 그 자체가 인간의 도덕성을 키워

---

1   William Blackstone, *Commenaries on the Laws of England in Four Books* 103, 170, 270, 280.

2   Edward Coke, *The Selected Writings and Speeches of Sir Edward Coke* 80, 134, 407-8, 435.

주는 역량이 없음을 다음과 같이 지적한다.

> 자연 종교의 모든 범위를 감안해도 내가 아는 한 도덕성이 자연 이성의 힘만으로 관리된 적은 전혀 없다. 지금껏 그 차원에서 성취된 것을 모두 모아놓고 보아도 이성만으로는 도덕을 분명하고 확실한 깨달음에 따라 올바른 토대 위에 세워놓는 것이 매우 힘에 부친 일이었음을 알 수 있다. 보다 더 확실하고 간단한 방법은, 특히 인류 대부분을 차지하는 일반 대중들이 이해 가능한 방법은 따로 있다. 그것은 하느님이 보낸 것이 명백한 한 분이 하느님이 부여한 가시적 권세를 행사하여 왕이자 법 제정자로서 사람들에게 도덕적 의무가 무엇인지 가르치는 것이고, 그 가르침에 복종하도록 요구하는 것이다. 반면 길고 때로 정교한 이성의 논증에 기대어 거기서 무언가를 얻어내려 시도하는 것은, 인류 대부분은 그런 것을 따져볼 여유도 없고 교육과 훈련을 충분히 받지 못해 판단할 기술도 갖추지 못했기에 별 소용이 없다.[3]

존 로크가 말하는 '합리성'은 성부 하느님이 보낸 성자 예수 그리스도의 직접적인 가르침이 그 중심에 있기에 성서의 계시로부터 단절된 또는 그로부터 독립한 '자연 이성'과는 전혀 그 성격이 다르다. 그는 일반 대중들의 '오성'과 '감각'을 초월하는 "길고 때로는 정교한 이성의 논증"이 소수 지식인들에게는 도덕성에 이르는 길이 혹여 될 수도 있으나, 그리스도교는 고매한 사유에 탐닉할 "여유도 없고 교육과 훈련을 충분히 받지 못"한 대중들도 이해하고 받아들일 수 있는 비전문적·대중적 "합리성"을 포용한다고 말한다. 그러한 느슨한 합리성을 이르는 말이 바로 'reasonableness'다.

존 로크와 동시대인이며 그보다는 좀더 '자연 이성'의 역량을 높이 평가한 편인 존 톨런드John Toland는 존 로크와 달리 『기독교는 신비롭지 않다. 복음서에 나오는 그 어떠한 것도 이성에 위배되거나 이성을 능가하지 않음을, 또한 그 어떠한 기독교 교리도 신비라고 할 수 없음을 보여주는 논설Christianity not mysterious, or, A treatise shewing that there is nothing in the Gospel contrary to reason, nor above it and that no Christian doctrine can be properly call'd a mystery』(1696)의 책 제목에 'reasonableness' 대신 'reason'을 사용했다. 그러나 본문에서 그가 강조하는 바는 존 로크와 그다지 다르지 않다. 사변적 이성의 개념적 사고력이 아니라 일상적이고 실용적인 이성이 그가 염두에 둔 'reason'임을 다음과 같은 대목이 말해준다.

> 사물의 명칭은 이들의 알려진 속성에서 빌려온 것이기에, 또한 그러한 속성으로 알려진 것은 우리와 상관있거나 그러한 상관성을 발견하는 데 도움이 되는 것이기에 우리는 그 밖의 다른 것을 이해할 의무가 없다. 합리적인(reasonable) 사람이라면 그 수준 이상을 요구하지 않듯이 모든 것을 아는 신은 더욱더 그럴 리 없다. 우리가 확실하고 쓸모 있는 지식을 얻는 가장 간결한 방법

3   John Locke, *The Reasonableness of Christianity, as Delivered in the Scriptures* 158, 265-66.

은 알아도 별 쓸모없는 것이거나 아예 알 수 없는 것으로 우리나 다른 사람들을 불편하게 하지 않는 것이다.[4]

존 톨런드가 말하는 '이성'은 '신이 존재하는가? 존재한다면 왜 세상에 악이 있는가? 존재하지 않는다면 우주는 누가 어떻게 만든 것인가?'처럼 '오성'을 초월한 '이성'이 던지는 형이상적 질문이 아니다. "합리적인reasonable" 사람이라면 그러한 "쓸모없는" 질문에 매달리지 않는다. 삶의 유익한 바를 깨닫고 이를 실천하는 것이 존 톨런드가 인정하는 '합리성'의 내용이기에 그것은 존 로크가 말하는 'reasonableness'와 유사하다.

'합리적 의심'은 윌리엄 블랙스톤, 에드워드 쿡 경, 존 로크, 존 톨런드가 이해한 신축적인 실천성과 실무적 감각을 법정에 적용한 법 원칙이다. 그러한 '합리성'은 상식의 또다른 이름일 뿐이다. 한 피고인의 권리와 심지어 생명에까지도 영향을 줄 수 있는 형사 판결을 비전문가 일반 시민들의 상식에 근거한 판단에 맡기는 것이 배심원 재판이다. 법률 전문가들의 뒤틀린 말장난과 정치판의 편싸움에 끼어드는 기괴한 논리에 따라 사법 정의가 왜곡되는 일이 비일비재한 대한민국에서 이 표현이 나온 배경을 충분히 이해할 자세를 기대하기란 쉽지 않을 법하다.

---

[4] John Toland, *Christianity not mysterious, or, A treatise shewing that there is nothing in the Gospel contrary to reason, nor above it and that no Christian doctrine can be properly call'd a mystery* (London, 1696) 78-9.

reform / reformation

개혁

최근 대한민국 정치 담론에서 '개혁'이란 말이 고정 메뉴가 된 것은 다행인 점이 있다. '개혁'을 놓고 벌이는 말의 전쟁이 어지럽게 느껴질 수 있겠지만 그러한 어지러움은 '혁명'의 이름으로 한 나라, 한 지역, 한 도시 사람들이 총칼을 들고 서로 죽이려 달려드는 내전을 피할 수 있는 안전한 대안이기는 하다. '개혁'은 '혁명'보다 덜 급격한 변화이겠지만 '혁명'과 '가죽 혁革' 자를 공유한다. 또한 정치혁명은 온갖 '개혁'을 수반하기 마련이다. '개혁'은 사실상 '혁명적인' 변화를 낳기도 한다. 19세기 영국의 선거법 개혁(Reform Act, 선거법 개정 법안)들이 전형적인 예다.

영국에서 유권자들이 뽑은 의원으로 구성된 하원('constitution 헌법' 참조)이 국가 운영에 결정적 역할을 해온 역사는 오래되었지만 하원의원으로 선출되거나 그들을 선출할 권리를 갖는 사람들은 전체 인구 중 소수에 불과했다. 하원 중심의 정치질서가 정착된

18세기에도 하원의원은 보수가 없는 명예직이라 생활비 걱정이 큰 사람은 하원의원으로 입후보하기 어려웠다. 선거권도 도시와 농촌 지역이 다르기는 했으나 일정 정도 수준의 부동산을 소유한 이들만 이 행사했다. 직접세가 부동산 소유자들에게만 부가되었기에 세금 을 책정하는 하원에 자신들의 대표를 보낼 권리는 납세자들만이 가 져야 한다는 것이 그 논리였다.

　17세기 영국혁명 와중에 재산 소유 여부와 상관없는 보편적 선 거권을 주장하는 '수평주의자'들은 물론 생각이 달랐다('freedom / liberty자유' 참조). 그러나 그들의 '수평주의'는 시대를 너무나 앞선 이념이었다. 참정권이 본격적으로 재산권에서 분리되기 시작한 시 기는 19세기로 들어선 후부터였다. 산업화로 사회의 모든 부분이 변 하던 이 시대에 1832년 개정안과 1867년 개정안을 거쳐 1884년 선 거법 개혁까지 점진적으로 소유나 임차한 부동산 가치와 무관하게 성인 남성 세대주라면 누구나 투표할 수 있게 되었다. 세기가 바뀐 후인 1918년에는 부동산 소유나 임차 여부와 관계없이 21세 이상 모 든 성인 남성과 30세 이상 여성도 선거권을 얻었고 1928년에는 여성 의 선거 자격 연령이 남성과 마찬가지로 21세로 낮아졌다.

　1832년부터 1928년까지 거의 100년 가까이 이어진 영국 선거 법 '개혁'은 그때마다 대규모 군중집회와 숱한 언론 논쟁, 때로는 폭 력 시위를 수반하며 진전되었다. 그러나 유럽 역사에서 '개혁'이란 말이 늘 그렇게 시끌벅적하고 혼잡한 소동을 의미했던 것은 아니었 다. '개혁'으로 번역되는 'reform'의 어원은 라틴어 'reformatio'다. 이 라틴어 단어의 내력은 사뭇 길다. 4세기 말에서 5세기 초에 걸쳐 번역된 라틴어 성서 『불가타Vulgata』는 그때 이후로 길고 긴 세월 동안 서유럽 로마가톨릭교회가 공인하는 유일한 성서 판본으로서의 권위를 지녔다. 개신교 종교개혁이 성공한 문화권에서는 독일어, 영어, 네덜란드어 등 각 지역 언어로 새로 성서가 번역되었지만 가톨릭 문화권에서 『불가타』의 절대적인 위상은 1960년대 제2차바티칸공의회 때까지 크게 흔들리지 않았다.

『불가타』에서 'reformatio'는 두 차례 사용된다. 첫번째 문장은 '로마서' 12장 2절에서 사도 바울이 "여러분은 이 세상을 본받지 말고 마음을 새롭게 하여 새사람이 되십시오"(『공동번역성서』)라고 한 충고다. 여기서 "새롭게 하여"에 해당되는 말이 『불가타』에서는 'reformatio'의 수동형 "reformamini(새롭게 되어)"다. '로마서' 원문에 사용된 그리스어 단어는 "metamorphosmai(변형되다)"다. 사람이 '다시 형성되어야 할' 필요성을 강조한 원문의 취지에 맞추어 라틴어 번역은 'reformatio'를 번역어로 택했다. 두번째도 같은 저자의 서한인 '빌립보서' 3장 21절이다.

그분이 오시면 모든 것을 자기에게 복종시킬 수 있는 그 능력으로 우리의 천한 몸을 변화시켜 자기의 영광스러운 몸과 같게 하실 것입니다.

—『현대인의 성경』

『불가타』에서 "변화시켜"에 해당되는 동사는 'reformatio'의 미래형 "reformabit"이다. 그리스도 안에서 부활한 몸이 완전히 달라질 것임을 말하는 원문의 "metaschematisei(형태가 달라질 것이다)"를 『불가타』는 "reformabit"으로 이어받았다. 이처럼 『불가타』에서 'reformatio'는 단순한 '개혁'이 아니라 사실상 변신의 수준에 이르는 혁명적 변화를 말한다.[1]

　　『불가타』 밖에서도 중세 유럽은 'reformatio'와 친숙했다. 중세 이탈리아 자치도시 중에서도 유독 정파와 계층 간 갈등이 극심했던 피렌체공화국 역사를 기술한 조반니 빌라니('freedom / liberty 자유' 참조)는 귀족들의 무력 당파 싸움을 제어하기 위해 채택한 피렌체공화국의 조치가 피렌체를 '개혁한riformare' 것이라고 평가했다. 1306년 피렌체공화국 시민들이 조직한 자치민병대가 무장한 귀족들의 반발을 진압했다. 그리고 새로운 법령을 제정했다. 새로운 제도 및 체제는 "인민의 개혁reformazione di popolo"을 의미했다.[2] 『불가타』의 'reformatio'가 개인의 내면적 변화를 언급하고 있다면, 피렌체공화국의 'reformazione'는 인민의 주체적 역량을 신장한 제도적 '개혁' 내지는 '재구성'을 의미한다.

　　종교적 자율공동체인 수도원은 무장투쟁이 빈번했던 중세 자치도시들을 포함한 중세 유럽의 도시 및 전원지대에 산재해 있었다. 중세의 문명화를 이끄는 데 결정적으로 기여한 수도공동체는 'reformatio'를 중요한 개념으로 받아들였다. 이 말은 10세기부터 수도원들이 원래의 설립 정신으로 되돌아가 제 모습을 다시 찾는 것을 의미했다. 보다 개선된 '미래'로 나아가는 것이 아니라 세속화의 때를 씻고 수도회 설립자들이 구상한 순수한 '과거'로 되돌아가 '다시 형체를 잡아주는re-formatio' 재정비를 의미했다. 서구 중세의 대학은 수도회와 밀접한 관련성을 맺으며 형성되었다. 수도원에서 파생된 중세 대학에도 이러한 'reformatio'의 개념이 적용되었다 ('university / college대학' 참고). 중세 대학의 'reformatio'는 대학의 토대가 되는 기독교적 미덕인 겸손, 이웃 사랑, 경건, 평화로운 공동 생활 및 학문에 대한 열정을 다시 복원한다는 의미로 이해되었다.

서구 역사에서 제일 유명한 '혁명'이 프랑스혁명이라면 가장 널리 알려진 '개혁'은 16세기 개신교 종교개혁이다. 마르틴 루터Martin Luther, 필리프 멜란히톤Philip Melanchthon, 울리히 츠빙글리Ulrich Zwingli, 마르틴 부처Martin Bucer 등 독일어권 지역에서 종교개혁을 이끈 지도자들은 대학이 양성하고 대학에서 활동한 학자들이었다. 프랑스 종교개혁가 장 칼뱅Jean Calvin도 프랑스의 대학들과 인연이 깊었다. 그들은 자신들의 신념에 따라 가톨릭교회를 변화시키려는 노력을 '개혁reformatio'(독일어로 'die Reformation,' 프랑스어로 'la Réforme', 영어로 'Reformation')이라 불렀다. 서구 대학의 역사에서 자주 쓰인 이 단어가 이들 개혁가에게 친숙한 용어이기도 했을뿐더러 그리스도교를 출발점으로 되돌리는 재정비라는 뜻으로, 즉 '순수한 초대교회'의 모습을 복원하려는 운동이라는 의미에서 'reformatio'로 이해했다.

종교개혁의 결실 중 하나는 앞서 언급했듯이 『불가타』를 대체

---

1   Latin Vulgate Bible. https://www.drbo.org/lvb ; Holynet 다국어성경 ; *Online Greek Interlinear Bible — Scripture4All.*

2   Giovanni Villani, *Nuova Cronica* 655-56.

하는 민족어 성서 번역이었다. 그중에서도 국왕이 주도한 국가적 기획인 『흠정역』에도 'reformatio'의 영어식 형태인 'reform'이 사용된 대목이 나온다. 구약성서 '레위기'에서 "이렇게 해도 너희가 내 꾸지람을 듣지 아니하고 반항한다면, 나도 너희와 맞서 너희 죄를 일곱 배로 하여 너희를 치리라"(『공동번역성서』, 26장 23절)고 하느님이 준엄하게 경고한다. 이 구절에서 "내 꾸지람을 듣지 않고"에 해당하는 『흠정역』의 표현은 "will not be reformed by me"다. 문자 그대로 옮기면 '나를 통한 개혁 / 교정을 거부한다면'이다. 『흠정역』 번역자들은 신약성서 '히브리서'에 나오는 다음 구절을 옮기며 "reformation"을 번역어로 선택했다.

> 그것은 다만 먹을 것과 마실 것과 여러 가지 씻는 예식에 관한 인간적인 규칙들로서 하느님께서 모든 일을 바로잡으시는 때가 올 때까지 유효할 뿐입니다.
>
> ─ 『공동번역성서』, 9장 10절

음식에 대한 유대인들의 형식적인 종교 규범은 그리스도가 메시아로 온 이후인 이제는 더이상 의미가 없다. 이와 같은 논지를 펼치는 맥락에서 유대인의 구습을 하느님이 "바로잡으시는 때"가 『흠정역』의 표현으로는 "the time of reformation"이다. 이와 같은 번역은 로마가톨릭교회의 "인간적인 규칙들"을 폐기한 개신교 종교개혁의 역사적 의미를 부각하려는 어휘 선택으로 볼 여지가 충분히 있다. 『흠정역』에서 'reform' 또는 'reformation'은 이스라엘 민족의 '교화'

와 '개혁'을 언급하고 있기에 영국의 종교개혁이 실제로 그러했듯이 단순한 개인의 내면적 변화 그 이상의 사회적·정치적 변화도 함축하고 있다.

종교개혁이 확산되던 시기인 1560년대에 태어나 활동한 윌리엄 셰익스피어 작품에서 'reform'이 사용되는 양상은 『흠정역』의 사례와 대체로 유사하다. 예를 들어 『베로나의 두 신사*The Two Gentlemen of Verona*』 5막 4장에서 밀라노 공에게 대들었다가 추방된 자들이 이제는 뉘우치고 있다며 "그들은 개심했고^{reformed}, 예의바르고, 선함으로 가득차 있다"(156행)는 대사가 나온다. 여기서 쓰인 'reform'에는 개인의 내면적 변화와 정치적 입장 전환이 서로 얽혀 있다. 『헨리 4세 1부*The First Part of King Henry IV*』에서 세자 시절 방탕한 생활을 즐기던 할 왕자는 그것이 자신의 정적들의 경계심을 누그러뜨리기 위한 전략임을 독백을 통해 관객에게 다음과 같이 미리 귀띔한다.

> 내가 이 게으른 행실을 벗어던지고,
> 내가 약속한 바 없는 빚을 청산하고 나면,
> 나는 내 말보다 훨씬 더 나아 보이겠지.
> 인간들은 희망이 그릇된 것임을 깨닫게 될 테고.
> 침침한 배경에 갖다놓은 밝은 금속처럼
> 나의 개심(reformation)은 내 흠 위에서 빛날 것이야.
> ─『헨리 4세 1부』 1막 2장, 203~209행³

정치 고수 할 왕자에게는 비행도 계산된 것이고 "개심"도 계산된 것이다. 이 인물에게 인격적 변화와 정치적 계략은 사실상 서로 동의어다.

할 왕자는 『헨리 4세 2부』 마지막에서 순조롭게 왕좌에 올라 헨리 5세가 된다. 난봉을 부리던 시절의 동반자 폴스타프('consumption소비' 참조)는 마침 행차하던 헨리 5세와 마주친다. 그는 옛정을 내세워 정겨운 말투로 왕에게 아부하려 든다. 그러나 왕은 근엄하게 다음과 같이 충고한다.

> 짐이 그대가 자신을 개혁했다는(reform) 말을 들으면
> 그대의 능력과 자질에 따라 짐이
> 출셋길을 열어주겠네.
>
> ─『헨리 4세 2부』 5막 5장, 67~69행

주정뱅이 겸 만성 채무자 폴스타프가 자신을 '개혁'할 가능성은 거의 전무하다. 그러나 헨리 5세는 할 왕자와는 전혀 다른 사람이다. 이렇듯 새 왕의 극적인 변화를 보며 주변 사람들은 놀라움을 금치 못한다. 『헨리 5세』 1막 1장에서 신하들은 "개심reformation이 그렇게 홍수처럼 몰려오며 진행되다니 / 쏜살같은 물살이 흠들을 싹 쓸어 없애니 말이야"(32~33행)라고 수군거리며 그의 도덕적 '개혁'을 품평한다.

윌리엄 셰익스피어가 만들어낸 고도의 정치꾼 할 왕자에게 'reformation'은 치밀한 계산에 따른 '변신'을 의미한다. 연극 무대 밖 현실에서 'reformation'이란 말은 명백히 개신교 종교개혁을 지칭

했다. 독일에서 종교개혁에 처음 불을 지핀 마르틴 루터의 '초대 교회의 회복'으로서의 'reformatio'는 로마가톨릭교회 수장인 교황에 대한 혁명적인 도발이었다. 그럼에도 불구하고 마르틴 루터는 그것이 사회경제적 '혁명'으로 확산되는 것을 경계했다. 그러나 역사가 그의 뜻대로 움직일 리 만무했다. 참 기독교인이라면 교황과 가톨릭 교회의 거짓된 가르침으로부터 해방된 존재라고 가르친 마르틴 루터는 자신의 '개혁'이 종교 영역에만 국한되기를 희망했다. 그러나 그의 가르침에 영향을 받은 독일 민중들은 대지주와 부자들에게 무력으로 저항했다. 가난하고 억눌린 서민들은 종교적 개혁뿐 아니라 경제적·정치적 개혁을 갈구했다. 마르틴 루터는 그들이 폭력적인 수단을 사용하자 격한 말투로 봉기 세력을 꾸짖었다. 다른 한편 '독일농민전쟁Deutscher Bauernkrieg'(1524~1525)으로 불리는 이 처절한 혁명 사태에 적극 가담한 종교개혁가도 있었다. 그의 이름은 토마스 뮌처Thomas Müntzer로 독일농민전쟁 초기인 1524년에 민중을 배반한 마르틴 루터를 "거짓말쟁이 박사"라고 비난했다. "하느님 없는 자들을 경멸하지 않고, 하느님을 두려워하는 이들을 악마, 반항의 영에 사로잡힌 자들이라고 공격하다니! 그는 부와 명예를 받아먹느라 악한 자들의 흠을 눈감아주는 것 아닌가!"[4]

수도사 출신 신학 교수 마르틴 루터는 윌리엄 셰익스피어의 할

---

3   William Shakespeare, *The First Part of King Henry IV,* ed. A. R. Humphreys (London: Methuen, 1974).

4   Thomas Müntzer, "Vindication and Refutation," *The Collected Works of Thomas Müntzer,* ed. and trans. Peter Matheson(Edinburgh: T. & T. Clark, 1988) 334.

왕자 / 헨리 5세 급의 정치적 감각을 갖고 있지는 못했다. 마르틴 루터의 반대편에 선 개혁가 토마스 뮌처의 정치 감각도 현실성이 없기는 마찬가지였다. 독일농민전쟁은 짧은 시기 동안 무려 10만여 명의 사망자를 남기고 종식되었다. 사망자 대부분은 종교'개혁'이 사회경제적 '개혁'으로 확대되기를 꿈꾸며 무장봉기에 가담했던 농민들이었다.

　　종교개혁은 토마스 뮌처보다는 마르틴 루터 쪽 방향으로 진행되었다. 루터교파를 비롯한 새로운 개신교 종파는 해당 군주나 공화정의 보호를 받으며 법과 질서를 유지하는 사회의 버팀목 역할을 기꺼이 떠맡았다. 그중에서 마르틴 루터보다는 장 칼뱅을 추종한 네덜란드인들은 1571년에 새로운 종교 조직을 출범시키고 그 이름을 '네덜란드개혁교회Nederlandse Hervormde Kerk'(화란개혁교회)로 지었다. '개혁'을 뜻하는 수식어는 이미 완성된 수동형, 과거분사 'Hervormde(reformed)'로 명칭에 포함되어 있다. 현재진행형이나 미래 시제의 '개혁'은 이 명칭에 끼어들 틈이 없었다. '네덜란드개혁교회'는 네덜란드인들이 건설하고 이주한 남아프리카에서도 중심적인 종교 조직이었다. 남아프리카의 '개혁교회'는 아프리카 원주민들에 대한 인종 분리 / 차별 정책인 '아파르트헤이트Apartheid' 폐지와 개혁을 오랫동안 거부했다. 세계기독교인들의 여론이 좋지 않자 마지못해 1986년에는 아파르트헤이트에 대한 입장을 바꾸기는 했으나 이 종파의 이름에 새겨진 'reformatio'는 모든 인종을 한 형제로 보는 그리스도교의 근본 원리로 되돌아가기를 주저했다.

review

리뷰

'리뷰'는 오늘날 대한민국에서 매우 자주 접할 수 있는 외래어다. 구매한 상품이나 경험한 서비스에 대한 소감을 온라인상에 써서 올리고 공유하는 '리뷰 달기'에 참여하는 시민은 날로 늘어나고 있는 듯하다. '피드백'도 '리뷰'와 유사하게 쓰이기는 하지만 '리뷰'는 상품 제작자나 서비스 제공자에게 의견을 전하는 '피드백'과 달리 제3자인 일반 시민과 잠재적 사용자를 독자로 상정한 '보편적 글쓰기'다. 이러한 '리뷰'의 역사는 18세기 영국에서 시작되었다. 물론 당시 '리뷰' 대상이 된 상품은 인쇄 출판물이었다는 점에서 인터넷시대 소비자의 '리뷰'와는 그 규모나 성격이 다르다. 그러나 시장의 공급자와 소비자 사이에 끼어들어 상품에 대한 평가 그 자체를 공적인 매체에 발표한다는 점에서는 다르지 않다.

영어에서 'review'가 원래부터 '비평'이나 '평가'의 뜻을 포함하고 있었던 것은 아니었다. 17세기 초까지의 용례를 살펴보면 '다시 보다re-view'는 말 생김새 그대로 '다시 수정하다', '검토하다'라는 뜻이 지배적이었다. 게다가 남의 저술을 논평하는 것이 아니라 저자 스스로가 "검토하고reuewed(16세기 철자) 교정했다"는 제목을 흔히 볼 수 있다.[1] 이 말이 갖고 있던 '검토'의 의미에 '비평'의 뜻이 더해지기 시작한 것은 17세기 중반이다. 영국 내전(청교도혁명) 시기(1640대와 1650대)의 극심한 '갈라치기'와 상호비방 분위기가 그러한 변화를 가져왔다. 그 무렵부터 17세기 말까지 상대 정파 쪽 입장을 지지하는 출판물을 "검토하고 심사하다review and examination"라는 비판적 의도를 제목에서부터 밝히는 책자들이 자주 출간되었다.[2] 이러한 저술의 대체로 매우 긴 제목은 먼저 "A Review of"라는 말로 시작한 후 자신이 공격하는 상대방 저서의 제목을 구체적으로 적시한다. 그러고는 그 핵심 주장을 "완전하고도 명확하게 반박함" 같은 표현으로 제목을 마무리한다.[3] 이러한 '리뷰' 소책자들은 적대적인 비평을 설득력 있게 개진하기 위해서라도 상대방 저술의 내용을 어느 정도 충실히 소개하고 요약해야 했다. 그러한 '검토'의 의미에서 '다시 본다'는 뜻의 'review'를 제목에 사용했다.

그러나 비평이 목적인 일부 출간물의 제목에서만 사용되는 한 'review'가 보편화된 장르로 발전할 가능성은 크지 않았다. '리뷰'가 사람들에게 친숙한 말로 굳어지게 된 데는 이 말을 제목에 올린 한 정기간행물의 역할이 컸다. 대니얼 디포는 1704년부터 〈프랑스 상황 리뷰 및 국내 사건들에 대한 관찰A Review of the Affairs of France: With Observations on Transactions at Home〉이라는 제목의 8쪽짜리 얇은 정기간행물을 일주일에 세 번 발간했다. 저자는 오직 대니얼 디포 한 명이었지만 익명으로 출간했기에 누가 글을 썼는지는 쉽게 알 수 없었다.[4] 글 재주가 뛰어난 대니얼 디포가 시사 논평을 이렇듯 신속하고 빈번하게 제공하자 독자들은 호의적으로 반응했다. 1706년부터는 제목을 〈영국 형편에 대한 리뷰*A Review of the State of the English Nation*〉(1707년부터는 "British Nation"으로 수정)로 바꾸고 꾸준히 발간했다.[5] 그러다가 1712년부터는 이 매체의 제목을 아예 〈리뷰*Review*〉로 축약했다. 자신이 부여한 '리뷰'의 의미가 이제는 독자들에게 곧장 전달되리라는 자신감의 표현으로 볼 수 있다.

대니얼 디포가 정착시킨 'review'는 정치와 시사 문제에 대한 논평을 의미했다. 이 말을 출판물에 대한 소개 및 평가로 확대하고 전환한 이는 런던의 군소 출판업자 랠프 그리피스*Ralph Griffiths*였다. 그는 1749년 5월에 〈먼슬리 리뷰〉라는 제목의 월간 정기간행물을

1   William Perkins, *An Exposition of the Symbole Or Creede of the Apostles According to the Tenour of the Scriptures, and the Consent of Orthodoxe Fathers of the Church: Reuewed and Corrected by William Perkins*(Cambridge, 1596).

2   George Hutcheson, *A Review and Examination of a Pamphlet Lately Published Bearing the Title Protesters no Subverters, and Presbyterie no Papacy*(Edinburgh, 1659).

3   Robert Baillie, *A Review of the Seditious Pamphlet Lately Published in Holland by Dr. Bramhell, Pretended Bishop of London-Derry; Entitled, His Faire Warning Against the Scots Discipline. in which, His Malicious and most Lying Reports, to the Great Scandall of that Government, are Fully and Clearly Refuted*(London, 1649).

4   Daniel Defoe, *A Review of the Affairs of France*, vol. 1: *1704-5*, ed. John McVeagh (London: Pickering & Chatto, 2003).

5   Daniel Defoe, *A Review of the State of the English Nation*(London, 1706-8).

출간하기 시작했다. 대니얼 디포의 〈리뷰〉에 비해 훨씬 더 두꺼운 80쪽 분량의 책자였다. 글자가 큼직큼직해서 가독성이 좋았다. 다만 가격은 조금 비싼 편이었다. 1731년부터 꾸준히 발행되던 — 그리고 '매거진'이라는 말을 정기간행물에 붙인 원조인 —〈젠틀맨스 매거진 The Gentleman's Magazine〉이나 이를 모방한 다른 '매거진'은 6펜스에 팔렸다. 월간 '매거진'들은 랠프 그리피스의 신종 간행물보다는 훨씬 더 많은 글자가 2단으로 나뉜 페이지에 가득 채워져 있었다. 랠프 그리피스는 〈먼슬리 리뷰〉의 가격을 1실링, 즉 기존 월간지의 두 배로 책정했다. 매우 위험한 상업적 도박이었다. 그럼에도 불구하고 〈먼슬리 리뷰〉는 독자를 확보하는 데 성공했고 그 덕에 필진에게도 상당히 후한 원고료를 지불할 수 있었다. 그리고 서평을 써주는 고급 필진 덕분에 지면의 수준을 꾸준히 유지할 수 있었다.

　　18세기 중반 영국은 출판의 자유가 사실상 전면적으로 보장되어 있었다. 출판물을 통해 특정 인물을 심하게 비방하면 명예훼손 소송에 휘말릴 수 있었으나 소송 비용이 만만치 않았고 그 과정도 번거로웠다. 이러한 조건에서 온갖 종류의 출판물은 매달 시장에 쏟아졌다. 모든 책은 장황하게 부제를 달아 자화자찬하는 문구를 나열하곤 했다. 그 말만 믿고 돈을 지불하고 책을 살 것인가? 막상 사서 보면 실망하지 않을까? 이러한 불편을 해소해주는 것이 〈먼슬리 리뷰〉의 취지였다. 첫 호(1749년 5월) 「공고문 Advertisement」에서는 다음과 같은 주장을 폈다.

　　이렇듯 일반화된 질병에 대한 처방은 명백히, 또한 오로지, 인쇄된 출판물이 나오는 대로 그만한 가치가 있는 것들을 추려 그 내용에 대한 상세한 설명을 제공하는 것이 유일한 목적인 정기 간행물에서만 찾을 수 있다.[6]

〈먼슬리 리뷰〉가 상세한 서평 대상으로 선택한 책들은 대개 매호당 열 권 내외였다. 이 저술들은 가벼운 오락물이 아니라 역사, 신학, 철학, 과학, 상업 등을 다룬 '진지한' 책들이었다. 〈먼슬리 리뷰〉는 1750년부터 부제에서 "새로운 문학 저널New Literary Journal"임을 주장했으나 이 시대가 이해한 '문학'은 후대의 개념과는 사뭇 달랐다. 불가피하게 '문학/문학적'으로 번역할 수밖에 없는 'literature/literary'는 허구를 지어낸 글을 지칭하는 말이 아니라 장르 불문 모든 출판물을 총괄하는 집합명사였다. 물론 거기에는 시, 소설, 희곡도 포함될 수 있었다. 그러나 이러한 책들의 위상이 'literature' 내에서 그다지 높다고 할 수는 없었다.

〈먼슬리 리뷰〉 1757년 7월호의 차례를 보면 첫번째 서평 대상의 책은 농업서, 두번째는 역사 지리, 세번째는 수의학 관련 전문서, 네번째는 고대 로마 역사, 다섯번째는 시집, 여섯번째는 희곡이다. 따라서 '문학'이 전혀 배제된 것은 아니다. 그러나 다시 일곱번째 책은 여행기, 여덟번째는 '증류법'을 설명한 생활 과학서를 다룬다. 본문에서 한 자리씩 차지하지 못한 그 밖의 책은 상세한 서평

---

6   *The Monthly Review*, May 1749, vol. 1, 79.

에세이가 끝난 후에 나오는 '월간 카탈로그Monthly Catalogue' 난에서 간략하게 다루었다. 이렇게 한 급 아래 위치로 밀려난 저술들은 장르별로 묶었다. 〈먼슬리 리뷰〉1757년 7월호의 경우 출판물들을 "잡문Miscellaneous", 정치, 시, "종교 및 신학 논쟁", 의학서, "설교"로 분류했다. 현대사회에서 '문학'을 대표하는 '소설'은 아직 독자적 장르 명칭을 사용하지 못했다. 그러한 종류의 책은 "잡문"에 배정되었다.

〈먼슬리 리뷰〉는 새로운 정기간행물의 모델을 제시했다. 시장의 자연스러운 작동방식에 따라 경쟁자 및 모방 상품이 등장하기까지는 오래 걸리지 않았다. 1756년에 첫 호를 선보인 〈크리티컬 리뷰The Critical Review〉는 〈먼슬리 리뷰〉의 강력한 라이벌로 급부상했다. 〈크리티컬 리뷰〉는 〈먼슬리 리뷰〉보다 쪽수가 더 많았다. 매달 출간되는 〈먼슬리 리뷰〉는 평균 80쪽이었으나 〈크리티컬 리뷰〉는 처음부터 96쪽까지 늘려 서평을 실었다. 〈크리티컬 리뷰〉의 부제는 "Annals of Literature"로 〈먼슬리 리뷰〉와 마찬가지로 'literature'가 제목에 포함되어 있었다. 그 의미는 〈먼슬리 리뷰〉와 마찬가지였다. 이 표현을 굳이 번역한다면 '저술들의 연대기'가 될 것이다.

〈크리티컬 리뷰〉는 '비평criticism'에 대한 자의식을 〈먼슬리 리뷰〉보다 좀더 전면에 내세웠다. 제목 자체에 'critical'이 등장할뿐더러 영인본 1권 서문은 이 월간지의 공정성을 다음과 같은 말로 강조했다.

이들(〈크리티컬 리뷰〉 기고자들)은 비평함에 있어 무오류성을 주장하지 않고 교조적인 권위에 따라 판결하려 들지 않는다. 이들은 오직 자신들이 느낀 바를 의견으로만 제시할 따름이다. 행여나 그 판결에 오류가 있다고 해도 이들은 자신들의 생각을 편견이나 두려움이나 편애함 없이 선포한다.[7]

서평 기고자가 소신껏 자신의 판단을 공유하고 있다는 〈크리티컬 리뷰〉의 주장에 독자들은 대체로 수긍했다. 〈먼슬리 리뷰〉의 독자들도 마찬가지였다. 다른 내용은 전혀 없이 오직 그달의 주요 출판물에 대한 논평과 소개만 제공하는 이 두 월간 서평 잡지는 18세기 말까지 영국 출판시장에서 공급자와 수요자 사이를 매개하는 중재자 역할을 굳건히 수행했다. 〈크리티컬 리뷰〉는 〈먼슬리 리뷰〉와 함께 그 어떤 출판사나 저자, 독자도 무시할 수 없는 권위를 나란히 행사했다. 1778년에 자신의 첫 소설 『에블리나Evelina』를 익명으로 출판시장에 내놓은 여성작가 프랜시스 버니Frances Burney는 자신의 작품을 "〈먼슬리 리뷰〉와 〈크리티컬 리뷰〉 저자들에게" 바친다는 '헌사Dedication'를 책 앞에 적어놓았다. "출판계 판사들이자 공중도덕의 수호자들인" 이들의 "공정함"과 "선의"를 기대한다는 것이 이 '헌사'의 요지였다.[8]

〈크리티컬 리뷰〉와 그보다 먼저 창간된 경쟁 잡지 〈먼슬리 리뷰〉가 내세우는 '공정성'은 두 잡지의 공통적인 수사적 관행에도 배

---

7   *The Critical Review: Or, Annals of Literature,* 1756, vol. 1, preface.

8   Frances Burney, *Evelina,* ed. Edward Bloom(Oxford: Oxford University Press, 2002) 507.

어 있었다. 각 서평은 한 명이 쓴 것이나 평가의 주체를 지시하는 대명사는 항상 복수 'we'/'us'를 사용했다. 마치 여럿이 모여 앉아 회의하고 결정한 평가라는 뉘앙스를 노린 것이었다. 이들이 평가하는 저자도 이에 따라 "우리의 저자"라고 불렀다. 자신들은 "공정한 비평가"로서 "모든 공정한 독자들"을 위해 글을 쓰고 있다는 말을 주기적으로 하는 것도 잊지 않았다.[9] 물론 공정성은 말투로만 보장되는 것이 아니다. 보다 중요한 것은 각 서평의 구성이었다. 서평가의 장황하고 상세한 해설이나 논평보다는 해당 저서의 주요 부분을 길게 연속해서 보여주는 발췌 인용이 이 두 잡지 기고문의 2분의 1 또는 심지어 3분의 2를 차지했다. 독자 스스로 샘플을 보고 "우리의 저자"가 내놓은 결과물이 어떠한 수준인지를 평가할 기회를 '공정하게' 제공한다는 것이 이와 같은 발췌 인용의 취지였다.

18세기가 저무는 시기에 이 두 서평 잡지의 전성기도 함께 저물었다. 영국 출판시장은 1790년대에 들어와 급격히 팽창하기 시작했다. 넘치는 양 때문에 매달 서평으로 신간들을 추적하는 것 자체가 점점 더 힘겨운 과제가 되어가고 있었다. 게다가 1790년대에는 프랑스혁명을 지지할지 여부를 놓고 영국 여론이 '진보'와 '보수'로 양분되고 있었다. 모든 면에서 〈먼슬리 리뷰〉와 〈크리티컬 리뷰〉가 추구한 '공정성'을 유지하기 어려운 분위기로 급변하고 있었다. 이 시대에 등장한 〈애널리티컬 리뷰The Analytical Review〉는 급진적인 '진보' 시각에서 책들을 선정하고 평가하는 데 몰두했다. 반대쪽에서는 〈반자코뱅 리뷰The Anti-Jacobin Review〉가 급진 세력을 타도하는 역할을 자임했다.

세기가 바뀌어 19세기로 들어서자 신간 범람과 정치 진영 간의 대결이라는 새로운 조건에 대응한 새로운 형태의 서평 장르가 탄생했다. 1802년에 창간된 〈에든버러 리뷰The Edinburgh Review〉는 18세기 서평 잡지들이 유지했던 월간 발행 모델을 포기하고 1년에 네 번 발간하는 '계간 리뷰quarterly review' 형식을 채택했다. 〈에든버러 리뷰〉는 보수·급진 파와 모두 거리를 둔 온건한 자유주의 노선을 표방했다. 〈에든버러 리뷰〉는 모든 책을 다룬다는 야심은 애초부터 버린 채 출발했다. 영인본 1권 서문에서 밝혔듯이 이 계간지는 "선별"을 핵심 원리로 삼았다.[10] 〈에든버러 리뷰〉는 "가장 저급한 류의 출판물"은 과감히 제외할 것이고 "일정 정도 명성을 얻은" 저서들만 다룰 것임을 독자들에게 선포했고 또한 약속했다. 또한 월간이 아니라 계간이기에 각 평론은 몇 달씩 곁에 두고 읽을 수 있도록 길고 상세하게 서평 겸 에세이의 모습을 갖추었다. 원문 발췌 인용의 비율도 18세기 서평들에 비해 현저히 줄었다. 이에 따라 평론가의 소견 또는 '편견'이 개입될 여지가 늘어났다.

〈에든버러 리뷰〉나 이 계간지에 대항하여 보수적 정치 성향을 표방한 〈쿼털리 리뷰The Quarterly Review〉(1809 창간) 시대까지만 해도 'review'는 여러 종류의 신간 서적에 대한 서평으로 이해되었다. 그

---

9 *The Critical Review,* Aug. 1762, vol. 14, 131; *The Monthly Review,* Sept. 1757, vol. 17, 279.

10 *The Edinburgh Review, or Critical Journal: for Oct. 1802 ... Jan. 1803,* 1803, vol. 1, "Advertisement."

러나 19세기 말에 이르면 'review' 앞에 'book'을 달아 'book review'로 자신의 정체를 밝혀야 했다. 그렇게 해야만 원래 이 말이 탄생되었을 때처럼 '문학'뿐 아니라 모든 출판물을 두루 비평하고 소개하는 제 역할을 이어갈 수 있었다. 동시에 20세기로 넘어오면 책이 아닌 다른 문화 상품에 대한 평가도 'review'로 불리게 된다. 이 말의 쓰임새가 더 확장된 것이다.

오늘날 영어권 인쇄 형태 언론매체에는 영상물에서부터 음악, 공연에서 레스토랑까지 다양한 분야를 다루는 'review'를 게재한다. 영어에서 이러한 'review'를 고정적으로 쓰는 전문가에게는 18세기 서평 잡지 기고자가 쓰던 'critic'이라는 칭호를 붙여준다. 그중에서 가장 부러운 직종은 아마도 고급 레스토랑을 돌아다니며 애매한 언사로 맛을 품평하는 글을 고급 매체에 기고하는 'restaurant critic'일 듯하다.

revolution

혁명

'혁명'은 한반도 남북에서 모두 환영받는 말이다. 북한은 '주체적인 혁명로선'을 국가 운영의 지침으로 삼는다. 대한민국 역사에서 '4·19 혁명', '5·16혁명' 등 결정적 사건에는 '혁명'이라는 말이 따라붙는다. 최근에는 '촛불혁명'으로 탄생되었음을 자임한 정권도 있었다.

'혁명'은 동아시아 정치사상 개념의 하나인 '역성혁명易姓革命'을 줄인 말이다. 왕조는 '천명天命'에 따라 세워지는 것이기에 새로운 성을 쓰는 왕실이 들어서는 사건이 '혁명'이었다. 북한에서 말하는 혁명은 한 가문의 세습을 정당화하기에 '역성혁명'의 의미와 닿아 있다. 대한민국의 '혁명'은 군사혁명이건 학생혁명이건 촛불혁명이건 왕조의 탄생보다는 영어 'revolution'과 프랑스어 'révolution'에 가깝다. 『표준국어대사전』이 제시한 '혁명'의 첫번째 뜻은 "헌법의 범위를 벗어나 국가 기초, 사회 제도, 경제 제도, 조직 따위를 근본적으로 고치는 일"이다. 헌법의 범위를 벗어났거나 새로운 헌법을 만들어낸 경우가 4·19혁명과 5·16혁명에는 확실히 해당된다. '촛불혁명'은 이 조건을 충족시키지 못한다. 실제로 '혁명'이라기보다는 하나의 비유적인 의미에서 혁명적 변화를 지향한다는 뜻으로 받아들여야 할 것이다.

서구 근대사에서 '혁명'을 논하려 하면 으레 프랑스혁명을 예로 들어야 할 것으로 생각할 법하다. 그러나 "헌법의 범위를 벗어나" 진행된 변혁이 별 탈 없이 성공한 곳은 영국이다. 국가정체성이 개신교 교파의 하나인 영국교회Church of England(성공회)와 직결되어 있던 이 나라에서 로마가톨릭교도인 제임스 2세가 국왕이 되는 '반헌법적' 위기가 발생한다. 본인은 물론 그의 아들 왕세자도 가톨릭교도로 키울 것이 확실해지자 영국 의회는 혈통으로만 따지면 결격 사유가 없는 제임스 2세를 추방하고 그의 네덜란드인 사위 오라녀 공 빌럼Willem, Prins van Oranje을, 그의 부인이자 제임스 2세의 딸인 메리와 함께 공동 군주로 초빙한다. 새로 등극한 윌리엄 3세와 메리 여왕 부부는 왕권을 제한하고 상하원 의회의 막강한 권력을 보장하는 문서에 서명했다. 이와 함께 군주는 백성들에게 세금을 걷는 일부터 시작하여 모든 통치 행위를 의회의 동의와 개입 없이 마음대로 실행할 수 없는 입헌군주제가 출범한다.

의회 주도 왕정 체제를 정착시킨 1688년에서 1689년까지의 이 변혁을 18세기에는 대문자를 써서 'the Revolution'으로 일컫는 것이 고착된 관행이었다. 수식어를 군이 보탤 필요가 없는, 당대의 모든 삶에 가장 큰 영향을 미친 제일 중요한 '혁명'이었던 까닭이다. 전형적인 예는 새뮤얼 존슨이 자신의 『영어사전』에서 이 단어의 세번째 의미를 제시하며 "한 나라의 정치 체제의 변화. 우리나라에서는 윌리엄 왕과 메리 여왕의 행정부를 출범시킨 변화를 지칭한다"고 한 것이다.

영어 'revolution'이나 프랑스어 'révolution'은 원래 어원적 의미만 따지면 획기적인 정치적 격변과는 별로 상관이 없다. 라틴어 어원 'revolutus'를 그대로 따른다면 '원래 자리로 되돌아갔다'는 뜻이다. 앞으로 '전진'하는 혁명과는 오히려 정반대다. 새뮤얼 존슨의 『영어사전』에서 'revolution'의 첫번째 의미는 "시작 지점으로 다시 돌아가는 운동"이다. 그 용례로 존 밀턴의 『실낙원』에서 천체의 "쉼 없이 매일 반복되는 회전diurnal revolution"이라는 표현을 제시했다. 두번째 의미도 "그러한 회전을 통해 측정된 공간"이다. 두번째 의미의 예문은 "한 시대가 회전하는 시기에revolution 페르시아 군인은 단 한 사람도 살아남지 못했다"이다. 네번째 의미는 "회전·원형 운동"이다.

영국의 명예혁명을 'the Revolution'으로 지칭한 것도 이 단어에 '되돌리다'는 의미를 염두에 둔 단어 선택이다. 명예혁명을 성공적으로 완수한 세력은 그 혁명적 속성을 내세우기는커녕 최대한 숨기려 진력했다. 그들은 이 대사건이 헌정질서의 비정상을 정상화하고 법과 질서를 회복하여 원래 영국의 본 모습으로 되돌아간 과정일 뿐이라고 강변했다. 이 혁명은 이전에 전혀 없던 새로운 체제를 고안해낸 것이 아니라 예부터 내려온 영국의 "오래된 권리와 자유권ancient rights and liberties"을 되찾은 사건이라고 명예혁명의 핵심 문서인 '권리장전Bill of Rights'(1689)에서 설명한다.[1] 새로 생겨나서 유행하는 이념이 아니라 과거 시대의 선례와 전통에 근거하여 잠시 왜곡되었던 헌정질서를 다시 원상태로 돌려놓았다는 것이 혁명 주도 세력의 공식 입장이었다. 이러한 주장은 전적으로 정치적 수사만은 아니었다. 명예혁명의 실상을 보면 의회의 위상을 확연히 올려놓은 정치혁명이기는 하나 혁명 주도자 그 누구도 기존의 사회질서나 제도의 과격한 변화를 선동하거나 사주하지는 않았다.

새뮤얼 존슨이 『영어사전』에서 'revolution'의 다섯번째 의미로 제시한 것은 "회전운동"이다. 그가 채택한 이 예문도 존 밀턴의 『실낙원』에서 가져왔다. 새뮤얼 존슨은 이브를 따라 선악과를 먹는 죄를 저지른 아담이 자신에게 주어질 '죽음'이라는 벌에 대해 생각하며 불안과 걱정 속에 내뱉는 독백에서 다음과 같은 구절에 주목했다.

아 내 처지라니! 그 공포가
끔찍하게 되돌아오며(with dreadful revolution) 천둥처럼
방어할 도리 없는 내 머리를 가격하는구나.
—『실낙원』 10권, 813~815행[2]

죽음이 모든 것의 끝이 아니라 죽음 후 이어지는 고통이 있으리라는 생각이 아담을 부메랑처럼 공격하며 괴롭히는 모습을 존 밀턴은 'revolution'으로 표현했다. 이 단어의 뜻이 획기적인 개선을 야기한 정치적 변혁일 뿐 아니라 과거의 '회복'이며 단순한 '회전'이기도 하고 고통스러운 '회귀'일 수도 있음을 18세기까지는 이 단어의 사용자들이 인지하고 있었다.

선례를 존중한다는 명예혁명이었지만 정작 'revolution'을 정치

적 의미로 사용한 18세기 선례는 대체로 부정적인 편이었다. 『옥스퍼드 영어사전』에 수록된 용례 중에 "나폴리왕국보다 혁명revolution, 변혁, 핍박, 유혈 사태가 더 극심한 나라는 없다"가 그러한 예다. 에드먼드 버크가 영국동인도회사의 비리를 고발하며('constitution헌법' 참조) 나열한 항목에는 다음과 같이 'revolution'도 포함된다.

그들은 혁명이 혁명을 낳게 하는 것이 첫번째 투기꾼들에게 그러했던 것처럼 아주 괜찮은 돈벌이 수단이라고 생각했습니다. 이에 따라 그들은 꼭두각시 군주를 왕좌에 앉혀놓고는 즉시, 아니면 얼마 후에 새로운 혁명을 꾸며냈으니 이 혁명은 이전의 혁명들을 다 뒤엎어서 새로운 전쟁과 소요를 일으켰고, 일련의 횡령이 줄줄이 이어지며 그 나라를 괴롭게 하고 신음하게 했습니다.[3]

에드먼드 버크가 보기에 토착 지배층 내의 분쟁을 인위적으로 조성한 후 새로운 야심가들에게 뇌물을 받고 그들을 지원하여 본인들의 금전적 이득을 취한 영국동인도회사 고위층들은 '혁명 장사꾼'들이었다. 혁명이 혁명을 낳는 사태는 인도인들에게 크나큰 고통을 주었으나 정변 와중에 재산을 축적한 자들에게 혁명은 수익률이 제

1   1688 CHAPTER 2 1 Will and Mar Sess 2, https://www.legislation.gov.uk

2   John Milton, *Paradise Lost. The John Milton Reading Room.*

3   Edmund Burke, *The Writings and Speeches of Edmund Burke,* vol. 6, 317.

법 괜찮은 사업 아이템이었다. 새뮤얼 존슨의 『영어사전』에 예문으로 쓰이지는 않았지만 윌리엄 셰익스피어의 『햄릿Hamlet』(1604) 5막 1장에서 묘지에 뒹굴고 있는 해골들을 굽어보는 햄릿이 친구 허레이쇼와 주고받는 대화에도 'revolution'이 나온다. 햄릿은 그 해골들이 생전에 유명 정치인이나 고관대작일지도 모른다며 "이거 참으로 대단한 역전revolution일세"(75행)라고 벗에게 말한다.⁴ 고관대작의 목이 날아가고 해골로 변하는 인도의 혼란은 개인 인생의 '역전'을 뜻하는 용례와 한 나라의 '격변'을 뜻하는 용례가 뒤엉킨 'revolution'이었다.

근대시대의 가장 유명한 또는 가장 악명 높은 혁명인 프랑스혁명은 에드먼드 버크의 명성을 후대까지 이어주는 데 결정적으로 기여했다. 오늘날 에드먼드 버크는 주로 『프랑스혁명에 관한 성찰Reflections on the Revolution in France』(1790)의 저자로 기억되기 때문이다. 그가 보기에 1789년에 일어난 프랑스혁명의 근본적인 문제는 영국 명예혁명과는 정반대의 지향점을 갖고 있었다는 데 있었다. 옛 선례가 아니라 새로운 시대정신을 신봉하는 프랑스혁명가들은 제도와 문화를 자신들의 관념적 기준에 맞추어 송두리째 바꾸어놓는 일련의 변혁을 시도했다. 에드먼드 버크가 보기에 이것은 지극히 위험한 일이었다. "공동체를 구성하거나 갱신하거나 개혁하는 것은 다른 모든 경험적 과학이 그렇듯이 선험적으로 가르칠 수 있는 것이 아님"에도 그들은 "형이상학적 권리"를 구현할 새로운 세상을 건설하고자 했다. 에드먼드 버크는 그러한 혁명은 실패할 수밖에 없을 것이라고 경고했다.⁵ 에드먼드 버크가 예견한 대로 이후 프랑스혁명이 진행되는 과정에서 숱한 목들이 단두대에서 잘려나갔다. 잘린 목들은 썩어 해골로 변했다. 햄릿 말대로 "참으로 대단한 역전"을 당한 이들의 수는 헤아릴 수 없었다.

혁명의 나라 프랑스에서 '혁명'을 일컫는 말의 뜻은 어떠했을까? 『리트레』가 나열한 'la révolution'의 의미는 18세기 영국에서 이해한 이 말의 뜻과 일단은 유사하다. 이 프랑스어 대사전에도 이 말의 어원적 의미를 따르는 '순환'과 관련된 용례가 다수 나열되어 있다. 첫번째 뜻은 "한 별이 시작점으로 다시 돌아가는 것", 두번째는 "원래대로 돌아가는 어떤 것의 상태"다. 『리트레』는 여덟번째에 이르러서야 비로소 "한 국가의 정치 및 통치의 급작스럽고 과격한 변화"라는 '혁명'의 근대적 정의를 적시한다. 그리고 그 예문으로 제시하는 일련의 문장 중 첫번째 것은 샤를 드 몽테스키외의 다음과 같은 문장이다.

우리의 역사는 혁명이 없는 내전으로 가득차 있다. 반면 전제적 국가들의 역사는 내전이 없는 혁명으로 가득차 있다.

혁명은 "전제적 국가들^{états despotiques}"의 특징이라고 하는 이 진

---

4 William Shakespeare, *Hamlet, Prince of Denmark,* ed. Philip Edwards (Cambridge: Cambridge University Press, 2003).

5 Edmund Burke, *The Writings and Speeches of Edmund Burke,* vol. 8, 81-87, 121-2.

술의 저자는 'la révolution'을 무력을 통해 왕조를 교체하는 동양적 의미에서의 '역성혁명'으로 이해하고 있다. 반면 프랑스혁명 이전 시대를 산 샤를 드 몽테스키외는 "내전 guerre civile"을 프랑스 역사의 특징이라고 보았기에 적어도 프랑스왕국은 '전제 왕정'이 아님을 분명히 인정한 셈이다. 『리트레』의 예문 중에는 유독 내전이 빈번했던 프랑스 역사에서도 가장 잔혹한 내전이었던 프랑스혁명 초기에 주도적 역할을 했던 미라보 백작Comte de Mirabeau의 발언도 등장한다. 이 사전의 예문에서 미라보 백작은 다음과 같이 질문한다.

혁명이란 수많은 희생자가 혁명을 위해 목숨을 바치지 않고서는 실현될 수 없는 것인가?

미라보 백작은 다행히도 단두대가 등장하기 전인 1791년에 자연사했으나 이 질문에 대한 혁명 세력의 답은 단호하고도 분명했다. '죽음 없이는 실현될 수 없다!' 끝없는 유혈 사태에 도취해 있던 프랑스공화국은 결국 패망했다. 1804년에는 나폴레옹의 '프랑스제국'이 들어섰다. 나폴레옹의 제국도 1814년에 몰락했고 프랑스에서는 왕정이 복고되었다. 프랑스에서도 'la révolution'은 '출발 지점으로의 회귀'라는 이 단어의 원뜻을 말끔히 극복하지는 못했다.

프랑스에서 정치, 사회, 문화, 종교의 격변이 진행되는 동안 영국 중북부 지방 공장지대에서는 '산업혁명'이 세상을 바꾸어놓고 있었다. 이러한 변화가 제 모습을 확연히 드러낸 시대에 나온 앤드루 유어의 『제조의 철학』('industry산업' 참조)에는 'revolution'이란 말이 이따금 등장한다. 단 대부분의 경우에는 기계의 동력을 가리킨다. 저자는 기계가 분당 수십 회 돌아가던 수준에서 증기력에 힘입어 분당 100회에서 150회 회전하는 revolution 경지로 도약했음을 상세히 기술하며 그 엄청난 발전에 감탄한다. 이 책에서 이러한 동력의 발전이 생산 양식의 획기적이고 결정적인 변화까지 야기하는 '혁명'의 뜻으로 단 한 번 'revolution'이 사용된다. 그 문장은 다음과 같다.

> 아크라이트의 정교한 기계적 발명과 배치를 통해 면방직에서 실을 뽑는 기술이 곧 양모의 두 핵심 품목 생산에도 적용되자 모직 및 털실 업종에서 완전한 혁명(revolution)을 일으켰다(138).

앤드루 유어가 실명을 들어 언급하는 리처드 아크라이트 Richard Arkwright는 그의 책에 여러 번 등장하는 산업혁명의 영웅이다. 앤드루 유어는 이 시대의 여러 발명가와 기업가들 중에서 오직 리처드 아크라이트만이 다음과 같이 산업화의 본질을 꿰뚫어보았다고 칭송한다.[6]

> 인간의 생산적 근로 능력이, 그 속성상 불규칙적이고 변덕스러울 수밖에 없는 근력의 결과에 더이상 맞춰지지 않고, 지칠 줄 모르는 물리적 동력의 엄청난 속도에 따라 규칙적으로 추동되

---

6   Andrew Ure, *The Philosophy of Manufactures* 15, 35-36, 138.

는 기계 장치의 손과 팔의 작동을 안내하는 역할에 국한될 때 얼마나 거대한 규모로 생산성이 늘어날 수 있는지를 아크라이트는 간파했다.

이와 같이 획기적인 '산업혁명'이 가져온 사회적 파급효과에 대해 앤드루 유어는 큰 관심을 기울이지 않았다. 그가 보기에는 오직 인간의 "근력"을 능가하는 "기계 장치의 손과 팔"이 중요했다. 손과 팔뿐 아니라 감정과 영혼의 소유자인 인간들의 형편과 상관없이 기계 장치를 통한 생산력 증가 그 자체가 앤드루 유어에게는 지고의 선이었다.

transportation / traffic

교통

바쁘게 돌아가는 현대사회에서 '교통'이 얼마나 중요한지는 여러 말로 강조할 필요가 없다. 복잡하게 얽혀 있는 시장경제 사회의 정상적인 작동은 사람과 물건이 한 나라 안에서는 물론이고 바닷길과 하늘길로 원활하고 신속하게 이동할 수 있음을 전제로 한다.

'교통' 및 '물류'가 경제 영역에서 차지하는 엄청난 비중을 감안할 때 자유시장경제의 선례를 보여준 근대 영국에서 후대에 '교통'을 일컫게 된 단어인 'transportation'(주로 미국), 'transport'(주로 영국), 'traffic'의 역사에는 흥미로운 점이 있다. 윌리엄 셰익스피어의 『자에는 자로 Measure for Measure』(1603~1604)에서 'transport'는 사형집행을 뜻한다. 빈센티오 공작은 자기가 다스리는 빈에 극도로 엄격한 법을 제정하여 집행을 공언한 후 그 법이 얼마나 잘 지켜지는지 확인하기 위해 수도자로 변장하고 도시를 암행한다. 그러한 와중에 그는 형무소에 수감된 사형수 바나딘을 찾아가 이제 죄를 참회하고 죽을 준비를 하라고 충고한다. 바나딘의 대응은 단호하다. 자기는 밤새 마신 술이 아직 덜 깨서 더 자야 하니 오늘은 "그 누가 설득을 해도 죽지 못하겠소"라고 한다. 그의 모습을 보고, 또한 그의 말을 듣고 빈센티오 공작은 다음과 같이 말하며 발길을 돌린다.

> 죽을 준비가 전혀 안 되어 있는
> 저 마음 상태로 보내버리는(transport) 것은
> 저주받을 일이지.
>   -『자에는 자로』 4막 3장, 58~60행 [1]

바나딘에게 '교통 transport'은 이 세상에서 내세로 이동하는 것이므로 아무리 최고권력자라 해도 무조건 신속하게 형을 집행하는 것은 주저한다.

'교통'을 뜻하는 또다른 단어인 'traffic'은 18세기까지는 주로 '상업적 거래'라는 뜻으로 사용되었다. 윌리엄 셰익스피어의 『베니스의 상인』에서 '베니스의 상인' 안토니오에게 말을 거는 한 인물이 안토니오가 엄청난 규모로 무역을 하는 거상임을 인정하며 다음과 같이 말한다.

> 당신의 마음은 대양에 둥둥 떠 있지요.
> 거기서 댁의 거대한 상선들이 듬직한 돛을 펼치고 있으니,
> 큰 행사에서 행차하는 고관대작이나 부유한 시민들처럼
> 아니면 마치 바다의 행렬에서

왜소한 교역선들(petty traffickers) 위로 우뚝 솟아

제조된 날개를 달고 추월하여 훨훨 날아갈 때

이들이 절하며 예우한다고 할까요.

　　　　　　　　－『베니스의 상인』 1막 1장, 8~15행

　안토니오의 거창한 화물선들이 지나갈 때 고개 숙여 절하는 "왜소한 교역선들"을 지칭하기 위해 사용된 표현이 'traffic'의 파생어다. 그렇지만 이 단어가 반드시 부정적인 어감을 띤 것만은 아니었다. 윌리엄 셰익스피어의 『말괄량이 길들이기 $^{The\ Taming\ of\ the\ Shrew}$』 (1590~1592)에서 파두아 ^{Padua}(파도바)로 공부하러 온 루센티오는 본인의 부친을 언급하며 그를 "온 세상에서 큰 무역 $^{great\ traffic}$을 하는 상인"이라고 소개한다(1막 1장 12행).[2] 다른 나라와 도시들 사이를 오가는 무역에서 사람과 물건의 '교통'이 반드시 수반되기는 할 테지만 셰익스피어시대에서 'traffic'은 전적으로 상품 교역만을 의미했다.

　윌리엄 셰익스피어보다 한참 후배 문인인 새뮤얼 존슨의 『영어사전』에서도 'traffick'(당시 철자대로)의 첫번째 의미는 "상업·물품 거래, 큰 규모의 상품 교역"이다. 두번째 의미는 "그렇게 거래되

1　William Shakespeare, *Measure for Measure,* ed. Brian Gibbons(Cambridge: Cambridge University Press, 2006).

2　William Shakespeare, *The Taming of the Shrew,* ed. Brian Morris(London: Methuen, 1981).

는 상품"이다. 새뮤얼 존슨은 'traffick'에 대해 다음과 같이 추가 설명도 했다.

예전에는 국제적 거래를 지칭할 때만 사용되었고 일반적인 상업은 'trade'라고 했다.

오늘날 현대 영어에서 'trade'는 해외무역을 일컫게 되었고 상거래를 뜻할 때 'traffic'은 'drug trafficking(마약 밀거래)'처럼 부정적인 의미로만 주로 쓰이게 된 것과는 대조된다.

18세기 중반까지만 해도 일반적인 거래를 지칭하던 경제 용어 'traffic'에 부정적 뉘앙스가 선명하게 덧씌어진 시기는 19세기다. 새뮤얼 존슨으로부터 대략 1세기 후 소설가 찰스 디킨스 Charles Dickens가 편집하고 운영하던 주간지 〈하우스홀드 워즈 Household Words〉 1850년 3월 1일자에는 "노예거래 traffic in slaves를 특징짓던 그 모든 잔혹함"이라는 표현이 나온다.[3] 이 기사에서 노예무역을 떠올린 것은 매우 자연스러운 수사법이다. 18세기 말에 전개된 폐지론자들('constitution 헌법', 'consumption 소비' 참조)의 반노예무역운동은 아프리카인 노예를 물건처럼 사오는 거래를 비난할 때 주로 'traffic'이란 말을 선택했다. 예를 들어 미국 필라델피아의 퀘이커교도 폐지론자 앤서니 베네제 Anthony Benezet는 아프리카인 노예무역을 개척한 포르투갈 상인들에 대해 그들이 "이 끔찍한 교역 horrid traffic"에 손을 댄 이유는 "정당화될 수 없는 이유에 대한 탐욕" 때문이라고 비판했다.[4] 노예무역 폐지운동가 중에서도 가장 열정적인 인물이었던 토머스 클라크슨

Thomas Clarkson은 노예거래가 아프리카인들 간에 늘 있었던 관행이었다고 해도 유럽인들에게 결정적 책임이 있음을 다음과 같이 지적했다.

> 오직 돈밖에 모르는 유럽인들과의 교역(traffic)의 영향을 받아 이들 아프리카인은 모든 정의의 원칙에 역행하여 이웃 부족들에게 먼저 전쟁을 걸었고, 적이 도주하거나 아니면 다른 우발적 요인으로 노예사냥에 실패할 경우 이들은 전혀 주저함 없이 즉시 자기 부족 사람들에게 무기를 들이대고 생포했다.[5]

토머스 클라크슨 등 운동가들의 노력은 마침내 1807년에 첫 결실을 맺게 된다. 그때 제정된 노예무역 금지법 **Slave Trade Act**은 'traffic'을 제목에 쓰지 않았다. 그러나 이들의 담론에서 노예무역을 'traffic'으로 일컬었던 전통은 19세기 중반까지 이어졌음을 〈하우스홀드 워즈〉의 기사에서 확인할 수 있다.

19세기 중반 'traffic'을 불미스러운 거래를 언급하는 말로 주로 사용하던 시기에 이 단어에 새로운 역할이 부여된다. 증기기관이 상용화됨에 따라('machine / engine기계' 참조) 물품과 사람의 이동이 마차시대에 비해 그 속도와 양이 현저히 늘어나면서 이러한 새

---

3   *Dickens Journals Online.* https://www.djo.org.uk/household-words.html

4   Anthony Benezet, *Some Historical Account of Guinea, its Situation, Produce, and the General Disposition of its Inhabitants*(Philadelphia, 1771) 58-59.

5   Thomas Clarkson, *An Essay on the Slavery and Commerce of the Human Species, Particularly the African*(London, 1786) 48.

로운 종류의 유통 상황을 'traffic'을 사용하여 지칭하게 된 것이다. 1850년 4월 6일에 발행된 〈하우스홀드 워즈〉의 한 기사에는 증기선을 띄워 강으로 시신을 운반할 경우 "일반 교통common traffic과 길거리 군중들을 방해하지 않는다"는 표현이 나온다. 당시 런던의 중심도로가 마차들과 사람들로 꽉 막혀 교통이 마비되던 상황을 염두에 둔 맥락에서 'traffic'이 쓰인 것이다. 현대 영어에서 미국이건 영국이건 'traffic' 하면 연상되는 어구는 'traffic jam(교통체증)'이고 '교통사고'를 'traffic accident'라고 한다. '상업'에서 '교통'으로 무대를 옮긴 이 단어에도 여전히 부정적인 꼬리표가 달려 있는 셈이다.

윌리엄 셰익스피어 희곡에서 '사형 집행'을 뜻하던 'transport'는 어떻게 되었을까? 18세기로 들어선 후 이 말은 사형 집행을 유예하고 사형수의 목숨을 살려주는 법적 조치를 일컫게 된다. 영국의 형법은 남의 물건을 강탈하거나 몰래 훔친 자를 원칙적으로 사형에 처할 중범죄로 분류했다('constitution헌법' 참조). 런던처럼 번화한 도시에서 온갖 종류의 절도 행위는 오늘날과 같은 경찰 조직이 존재하지 않았기에 매우 심각한 문제였다. 그렇기는 해도 물권에 대한 범죄를 살인과 동급으로 취급하여 모두 사형으로 벌하는 것은 지나치게 엄격한 원칙이었다. 이 점을 그 누구보다도 절실히 인지하는 이들은 배심원의 유죄 평결이 나온 후 받을 벌이 무엇인지 선고할 책임이 있는 판사들이었다. 살인자들이 받는 벌인 사형이 상해나 살인이 수반되지 않은 강도 행위나 절도범에게도 똑같이 적용되는 것은 일반적인 상식에 어긋나는 일이었다. 그러나 이들을 사형으로 다스릴 중범죄자로 여기지 않는다면 법을 두려워하지 않는 범죄자들이 더욱더 활개를 칠 것이기에 함부로 형법 원칙을 바꿀 수도 없었다.

그러면 어떻게 해야 좋을까? 런던의 좀도둑들이 급속히 늘어날 시기에 영국은 북아메리카의 식민지들을 발전시키는 과제를 수행해야 했다. 목소리가 크고 말이 많은 뉴잉글랜드는 만만치 않은 상대였지만 남부 버지니아와는 협상이 어렵지 않았다. 이에 버지니아를 왕래하는 배편에 사형 판결을 받은 도둑들을 태워 보낸 후 다시 돌아올 경우에만 사형을 집행하는 판결들이 쌓이기 시작했다. 이때 사용되던 법률 용어가 'transportation'이었다.[6] 인력이 부족한 버지니아로서는 도덕성이 다소 의심스럽지만 같은 백인인 영국인들이 많이 정착하는 것을 마다할 이유가 없었다. 영국의 도시들에는 극심한 빈부격차로 남의 물건에 손을 댈 유혹에 시달리는 이들이 넘쳐났다. 나라의 질서를 수호해야 할 지도층은 이러한 유혹에 넘어간 자들을 극형에 처하지 않고 처리할 수 있는 방편으로 이보다 더 좋은 것이 없음을 이내 깨달았다. 마침내 1718년부터는 아예 의회에서 제정한 '유배법Transportation Act'에 의거하여 타인의 물권을 침해한 범죄자들을 미국으로 유배하는 것이 정식으로 제도화되었다.[7]

'유배법'에 따라 미국으로 이송된 인원은 1776년까지 잉글랜드와 스코틀랜드에서 약 3만 명, 아일랜드에서 약 1만 명에 육박했다.

6　J. H. Baker, *An Introduction to English Legal History* (Oxford: Oxford University Press, 2007) 512, 516.

7　J. B. Beattie, *Policing and Punishment in London 1660-1750: Urban Crime and the Limits of Terror* (Oxford: Oxford University Press, 2001) 424-62.

그러나 이 세상에서 영원한 것은 없는 법. 1776년에 미국이 영국으로부터 독립을 선언하는 사태가 벌어졌다. 곧이어 영국은 반역자 미국과의 전쟁에 들어갔으나 그들의 저항을 꺾기란 쉽지 않았다. 전쟁을 하느라 정신이 없는 시기에도 남의 재산과 소유물에 손을 대는 범죄자 수는 줄어들 기미가 전혀 보이지 않았다. 이들을 버지니아 등 남부 식민지로 보내는 방법은 이제 더이상 사용할 수 없었다. 영국의 좀도둑들을 어떻게 처리할 것인가? 고민에 빠진 영국 정부는 처음에는 연안에 정박해 있는 감옥선^{hulks}에 죄수들을 가두어두는 임시 조치를 취했으나 장기적인 해결책은 아니었다.

영국이 미국을 군사적으로 제압하려는 시도를 포기하고 1783년에 독립을 정식으로 인정한 후에는 대체 유배지 문제를 더이상 미룰 수 없었다. 몇 가지 안이 제시되었으나 결정이 쉽지는 않았다. 그러다가 마침내 당대 최고의 항해사 제임스 쿡^{James Cook} 선장이 항로를 개척하여 접근할 수 있게 해놓은 '뉴홀랜드^{New Holland}'(당시 오스트레일리아대륙의 명칭)가 가장 유력한 후보지로 떠올랐다. 그곳이 미국보다 훨씬 더 멀기는 했으나 어차피 유배를 보낼 것이라면 다시 탈출하기 어렵게 멀수록 좋았다. 또한 원주민이 구석기시대 수준 원시인들이었던 터라 문명화를 이루기 위한 인력이 절대적으로 부족한 곳이란 점도 안성맞춤이었다. 1786년 미국 식민지 독립을 인정해준 지 3년이 지나 영국 의회는 새로운 유배지를 법으로 확정했다. 영국인들이 '보터니만^{Botany Bay}'이라고 부른 그곳은 오늘날 오스트레일리아 시드니 시내에서 남쪽으로 13킬로미터 떨어진 항구를 말한다.[8]

남의 돈이나 물건에 손을 대다가 또는 사기를 치다가 법망에 걸려들어 쇠고랑을 차고 배에 실려온 영국인과 아일랜드인은 보터니만에 꾸준히 조달되었다. 그들의 노동에 힘입어 오스트레일리아 대륙에 첫 영국인 정착지 시드니가 '보터니만'에 들어섰다. 시드니를 중심으로 오스트레일리아 땅에 새로운 대영제국의 영토 뉴사우스웨일스 New South Wales 가 개발되었다. '유배형'의 뜻으로 보나 '교통'의 뜻으로 보나 'transportation' 역사상 이보다 더 극적인 인력과 물품의 운송은 아마 없을 것이다.

역사적으로 '유배형'을 뜻하는 말인 'transportation'이 교통 및 교통수단을 뜻하게 되는 쪽으로 변형된 시기는 『옥스퍼드 영어사전』 용례를 보면 대략 19세기 중반이다. 영국보다는 주로 미국에서 그러한 의미로 널리 사용되기 시작했다. 영국에서는 'traffic'이 교통을 의미하는 명사로도 쓰였지만 형용사로도 사용되었다. 런던 시내의 특정 장소로 승객들을 태우고 정기적으로 다니는 대형 마차를 'traffic omnibus'라고 부르기 시작한 시기는 1850년대. 라틴어로 '모든 곳으로 / 그 어떤 곳이건'이라는 뜻의 'omnibus' 마차 서비스는 1830년대에 파리에서 상용화되기 시작했다. 20세기에 마차에서 전동차로 변신하며 이름이 간소화되어 'motor bus'로 불렸다.[9] 우리

---

8 Manning Clark, *A History of Australia Volumes I & II: From the Earliest Times to 1838* (Carlton South: Melbourne University Press, 1999) 61-72.

9 Stephen Inwood, *A History of London* (London: Macmillan, 1998) 548-49, 565-67.

말에서도 '버스'는 매우 친숙한 외래어 목록에 편입되어 있다.

　　대중교통수단에 몸을 싣고 도시를 오가는 현대인들은 강제노동을 할 운명으로 먼 이국땅으로 유배되는 죄수들의 처지와는 확연히 다르다. 그러나 노동력과 임금을 맞바꾸는 '거래'로서 'traffic'에서 자유롭지 못한 이들의 집단적 이동은 대도시마다 '교통 과부하 heavy traffic'를 상습적으로 유발한다. 품을 팔지 않고는 살 수 없는 이들은 매일 일터로 유배되는 'transportation'을 겪고 있는 셈이다.

university / college
대학[1]

2020년 기준 25세에서 64세에 해당하는 대한민국 성인의 고등교육 이수율은 50퍼센트로 경제협력개발기구^{OECD} 평균보다 높았다. 25세에서 34세의 청년층에만 국한하면 이 비율은 69.8퍼센트로 OECD 국가 중 2위다. 대학교육은 한국 사회의 근간 중 하나로 자리잡았다. 대한민국에서 대학입시는 국가 차원에서 관리하는 신성한 통과 의례다. 유달리 평등의식이 강한 대한민국 사람들이건만 그 수준과 내용이 차등적일 수밖에 없는 대학교육에서 비롯된 개인과 개인 간의 사회적·경제적·문화적 지위의 차이는 쉽게 수긍한다.

대한민국을 비롯한 오늘날 전 세계의 고등교육기관은 중세 유럽에서 설립되어 발전한 고등교육 모델에 기초한다. 물론 '대학大學'은

---

[1]   이 글의 일부 내용은 저자의 학술논문 「자율 공동체로서 서구대학의 역사와 조선기독대학(연희전문학교)」, 『인문과학』 120 (2020년 12월)에 발표한 바 있다.

유교의 주요 경전 중 하나이기에 동아시아 문명권에서는 명성이 높은 단어였다. 말 자체가 '큰 배움'이란 뜻이므로 고등교육기관을 일컫기에 별문제 없었다. 이 단어를 영어로 옮길 때 'university'와 'college'를 사용한다. 오늘날 대한민국에서 'university'는 '대학교'로, 'college'는 '(단과)대학'으로 옮기곤 한다. 그러나 이 두 단어의 원뜻은 이러한 행정적 구별과는 그다지 상관이 없다.

　　대학은 분명 '큰 배움', 즉 고급 지식을 탐구하고 전수하는 공동체지만 'university'의 원형인 라틴어 'universitas'는 지식의 등급을 나타내는 단어가 아니었다. 이 말이 지칭하는 바는 고급 지식을 전수받기 위해 모인 학생들의 공동체였다. 12세기 이탈리아 볼로냐와 파리에는 고급 지식을 배우고자 하는 학생들과 그들을 가르치는 학자들의 공동체가 형성되었다. 이들 공동체는 도시 내의 'universitas,' 즉 자치 길드 중 하나로 인정받았다. 그리고 이러한 자치 길드의 '업종' 내지는 정체성을 명시하기 위해 "universitas magistorum et scholarium(선생들과 학생들의 자치 길드)" 또는 "universitas studii (교육 자치 길드)" 등의 용어를 사용했다. 일반적인 맥락에서는 이 교육 자치 길드를 "studium generale(보편교육원, 축약하여 studium 또는 studio)"라고 불렀다. 이 명칭에서 'generale'는 길드의 참여 자격이 해당 길드가 위치한 도시나 지역에 국한되지 않고 누구에게나 열려 있음을 뜻했다.[2]

　　교수와 학생 자치 길드인 'universitas'에서는 전수되는 지식의 수준보다도 그들이 해당 도시에서 누리는 자치권과 '특권'이 가장 중요한 고려사항이었다. 유럽 전역에서 청년들이 법을 배우러 볼로냐로 모여들었다. 볼로냐 도시 정부가 그들을 통제할 것인가? 아니면 누가 할 것인가? 신성로마제국 황제 프리드리히 1세는 1155년에 볼로냐의 법학도들에게 볼로냐 도시 정부의 간섭을 받지 않을 권리를 황제 칙령으로 보장했다. 이러한 선례에 따라 도시에 있는 교육공동체는 스스로를 통제할 권리를 행사하게 되었다. 1209년 영국 케임브리지에 교수-학생 공동체가 형성되자 1233년에 교황 그레고리우스 9세가 해당 공동체를 'universitas'로 인정하는 칙령을 수여했다. 이 칙령은 케임브리지공동체의 구성원들이 도시 정부가 아니라 학자들의 대표 또는 그 지역의 최고 종교지도자 일리Ely 주교에게만 재판을 받도록 하라고 명시했다.

자치공동체의 절대다수는 오늘날로 치면 중고생 나이였다. 이들 어린 학생에게는 공부도 중요했지만 낯선 도시에서 자고, 먹고, 절제된 생활을 하는 것이 급선무였다. 파리의 경우 학생들은 특정 교수의 제자로 등록되어야 했고 해당 교수가 소속되어 있는 'collegium'에서 거주했다. 이 용어에서 영어의 'college'가 비롯되었다. 중세의 'collegium'은 숙식 제공뿐 아니라 교육 서비스까지 포함했다. 그러나 'collegium'의 책임자들은 말 그대로 '같은 법lege을 따르는 공동체'로서 엄격한 종교생활은 물론 명시적 규범을 모든 구성원이 지키도록 지도하는 데 가장 큰 역점을 두었다.

2   중세대학 역사 출처는 *A History of the University in Europe*, vol. 1: *Universities in the Middles Ages,* ed. H. de Ridder-Symoens(Cambridge: Cambridge University Press, 1992).

중세 유럽의 'universitas'는 세속사회에 속해 있으나 순수한 비실용적 학문을 추구한다는 점에서, 미국의 문명비평가 루이스 멈퍼드Lewis Mumford의 표현을 빌리면, "능동적 수도원"이었다.[3] 중세 대학의 교육 및 기숙 공동체인 'collegium'은 건물 외형부터 운영방식까지 수도원의 모델을 응용했다. 또한 ('reform / reformation개혁'에서 언급한 대로) 수도원의 감사 및 재정비를 뜻하는 'reformatio'는 대학에도 그대로 도입되었다. 대학의 'reformatio'를 실시할 경우에도 '새로운 지식'을 얼마나 많이 생산해냈는지는 따지지 않았다. 중세 지식인들은 과거 대가들이 이미 성취한 바탕 위에서만 학문 발전이 가능하다고 믿었다. 학문을 새로 배우고 익히는 것은 마치 거인의 어깨 위에 올라서선 난쟁이가 거인보다 조금 더 멀리 볼 수 있는 것과 같다고 생각했다. 학문 탐구 그 자체를 지속적으로 과거 대가들에게로 돌아가 자신의 지식을 재정초하는 'reformatio'로 이해했다.

중세 대학이 남긴 대학 관련 말 목록에는 '모교'와 '상아탑'도 포함되어 있다. 먼저 '모교'라는 말은 최초의 대학인 볼로냐의 공식 명칭에서 유래한다. 볼로냐대학이 중세 시절부터 지금까지 사용하고 있는 학교의 정식 명칭은 'Alma Mater Studiorum'이다. '학문을 육성하고 학생을 양육하는 어머니'라는 뜻이다. 볼로냐는 고대 로마에서 농업 관련 여신을 지칭하던 라틴어 표현 'Alma Mater'를 되살리고 거기에 'studiorum'을 붙여 이 어구를 만들어냈다. 원래 고유명사이던 이 세 단어가 이후 두 단어 'Alma Mater'로 간소화되었고 이 형태로 영국에서 일반적으로 자신이 나온 대학이나 학교를 말하기 시작한 것은 대략 17세기부터였다. 이 표현은 미국에서 19세기부터 널리 쓰였다. 미국의 영향을 받아 근대화된 동아시아에서 만들어낸 한자어 '모교母校'는 엄밀히 말하면 'Alma Mater'를 번역한 것이 아니다. 라틴어 어구의 한 단어(母)는 그대로 옮겼고 거기에 원어의 뜻을 반영하여 '校(학교 교)'를 덧붙였다. 사뭇 창의적인 번안이라고 할 만하다.

'상아탑ivory tower, turris eburnea'은 19세기 후반에 이르러 부정적인 의미를 얻게 된 말이다. '상아탑'에 안주하고 현실을 모르는 서생들을 비난하는 맥락에서 이 말이 쓰이곤 했다. 그러나 12세기부터 대학을 일컬을 때 사용되기 시작한 이 비유에는 대학이 세상을 구원하는 데 동참하는 사명을 띠고 있음을 표명하는 거룩한 뜻이 담겨 있었다. '상아탑'은 성모마리아 공경에서 비롯된 비유다. 성모의 순수한 처녀 수태를 상아의 하얀색이 상징했고 탑은 대학의 자율성을 지켜주는 방패막이를 뜻했다. 중세 탑들에는 내부 계단이 있었다. 그 점에서 탑은 학문의 계단을 올라가는 수련과정을 의미하기도 했다. '상아탑'으로서 대학은 학문과 정신의 순수함을 지켜내므로 세상의 빛을 비추는 곳이었다.

'순수한 과거의 복원'이라는 취지의 'reformatio'의 정신은 근세로 넘어오면서 중세 대학이 행사한 광범위한 자치권을 빼앗는 도구로 전락했다. 권력자들은 대학 구성원들의 법적 지위를 자신들이

---

3   Lewis Mumford, *The City in History: Its Origins, Its Transformations, and Its Prospects* (New York: Harcourt Brace Jovanovich, 1961) 276, 412.

직접 보호하고 동시에 제약하려 시도했다. 1391년 페라라는 그 도시에 있던 대학에 '개혁관reformatores'을 파견하여 페라라 공작과 도시 정부가 공동으로 대학 운영 및 교수직 임명에 관여할 길을 터놓았다. 1406년 베네치아공화국 정부도 유사한 목적으로 자신들의 영토인 파도바에 있는 대학에 개혁관을 파견했다. 이탈리아 및 유럽 최초의 대학 볼로냐에도 그 도시가 교황 영토로 확고히 굳어진 1506년에 로마교황청에서 추기경과 16명의 개혁관을 파견하여 대학을 직접 관리하려 시도했다.

중세 대학의 자치권은 근세로 넘어오면서 다각적인 도전에 직면했다. 세속군주와 통치자들은 대학교육에 간섭하는 재미를 발견했다. 대학의 운영뿐 아니라 중세 대학의 교과과정인 '7개 자유 학문septem artes liberales'도 공격 대상이 되었다. 대학에서 가르치는 지식이 'artes liberales'라고 불린 것은 그 지식이 현실적 유용성으로부터 '자유롭기' 때문이었다. 문법, 논리, 수사, 산술, 천문, 음악, 기하로 구성되는 '7개 자유 학문'을 배운 후 신학, 법학, 의학의 전문 분야를 연구하면 전문직으로 생업을 꾸릴 수는 있었다. 그러나 근본적으로 중세 대학은 취업 준비기관이 아니었다.[4] 바로 그러한 전통 자체가 점차 '개혁'의 대상 목록에 오르게 되었다.

18세기에 들어와 '새로움'과 '실용성'을 중시하는 정신이 지식인들과 관료들을 사로잡자 중세 대학을 획기적으로 개편하거나 아예 대체하려는 움직임이 활발히 전개되었다. 기존 대학의 타성에 대한 비판의 목소리를 낸 저자 중에는 애덤 스미스도 있었다. 그는 자신이 글라스고대학 학부과정을 졸업한 후 장학금을 받아 여러 해 수

학했던 옥스퍼드대학에 대해 『국부론』에서 다음과 같이 싸늘한 평가를 내렸다.

교수들을 총괄하는 권력이 집단공동체, 즉 자신이 소속되어 있는 칼리지나 대학에 있고, 그 공동체 구성원 대부분이 자신처럼 교육자거나 교육자여야 마땅한 경우에도 그들은 단일한 대오를 형성하여 피차간에 매우 너그러운 입장을 견지할 가능성이 크다. 그리하여 각 구성원은 자신의 동료가 의무를 소홀히 해도 좋다고, 자신도 그렇게 소홀히 하는 것이 허용되는 한, 기꺼이 동의한다. 옥스퍼드대학에서는 임명된 교수 중 상당 수가 현재 여러 해째 무슨 교육을 한다는 시늉조차 하지 않고 있다.[5]

옥스퍼드를 구성하는 각 칼리지에서 교수들에게 주는 봉급과 각종 혜택의 재원은 학생들의 수업료가 아니었다. 오랜 세월 축적된 기부금과 칼리지 소유 부동산 등 자산이 이 기관의 재정을 뒷받침했다. 애덤 스미스는 이러한 특권에 편승하여 게으른 자들의 아성으로 변질된 옥스퍼드 등 잉글랜드의 대학을 '독점'의 일종으로 지목했다. 애덤 스미스의 대체로 조용하고 온화한 품성을 감안할 때 앞의 인용

---

4   근세 서구대학 역사 출처는 *A History of the University in Europe*, vol. 2: *Universities in Early Modern Europe*(1500-1800), ed. by Hilde de Ridder-Symoens (Cambridge: Cambridge University Press, 1996).

5   Adam Smith, *The Wealth of Nations* V.i.f.8.

에 담긴 비판의 어조는 매우 강하다.

중세에서 이어진 대학에 대한 적개심은 18세기 계몽주의 지식인들 사이에서 널리 확산되었다. 그들이 날로 전문화되고 기계화되는 군비 경쟁에 뛰어들지 않을 수 없었던 군주들을 설득하기란 어렵지 않았다. 군주들로서는 기존의 대학에 직접적으로 관여하는 것이 정치적으로 부담스러웠다. 대신 국가와 사회가 활용할 수 있는 특수한 전문 지식을 가르치는 전문 고등교육기관을 창설하는 쪽의 전략을 택했다. 오스트리아 합스부르크 왕실은 1717년 빈에 새로 공업전문학교를 세웠다. 빈에는 1365년에 설립된 대학이 있었으나 이곳 학자들이 실용 기술을 연구하고 가르치기를 기대할 수는 없었다. 1768년에 출범한 함부르크 상업전문학교, 1773년에 개교한 러시아의 상트페테르부르크 광산전문학교 등도 모두 이러한 대학을 대체할 목적으로 세워진 고등교육기관이었다. 1789년에 발발한 프랑스혁명 주도 세력은 모든 면에서 극단적이었다. 그들은 파리대학 등 중세 때부터 내려오던 프랑스의 대학들을 전면 폐교했다. 그 대신 새로운 세속공화국에 필요한 관료들과 전문가들을 전문 교육과정을 통해 양성하기 위해 문자 그대로 '大學 grandes écoles (고등교육원)'을 설립했다.

프랑스의 전문화된 국립학교들은 국가가 교육과정의 세세한 부분까지 간섭할뿐더러 학생들의 복장까지 규제하는 일종의 사관학교였다. 권력의 집중화를 꿈꾸는 유럽의 여러 군주가 프랑스식 모델에 매력을 느낀 것은 당연했다. 그러한 시대 분위기 속에서도 빌헬름 폰 훔볼트 Wilhelm von Humboldt 는 프랑스식 국립전문학교를 세우고자 했던 프로이센왕을 설득하여 1810년에 순수 학문을 연구하는 베를

린대학을 설립하도록 유도했다. 빌헬름 폰 홈볼트와 베를린대학 창설에 함께 관여했던 개신교 신학자 프리드리히 슐라이어마허Friedrich Schleiermacher는 실용적 지식의 생산이나 전수보다는 지식 탐구 그 자체가 대학의 존재 이유라고 믿었다. 대학이 이러한 임무를 수행하는 데 절대적으로 필요한 것은 '자유'였다. 이 자유는 중세 대학의 자율 공동체가 물려준 '자치 Selbstverwaltung'뿐 아니라 개별 구성원 각자의 자유, 즉 "가르치는 자와 배우는 자의 자유 Lehr-und Lernfreiheit"를 강조한다는 점에서 개인을 중시하는 근대정신을 따랐다. 국가가 재정적 지원은 하되 '자치'와 '자유'를 보장해주는 것이 빌헬름 폰 홈볼트와 프리드리히 슐라이어마허가 생각한 국가와 대학 간의 이상적인 관계였다. 이러한 이상은 현실적으로는 여러 가지 제약과 문제점에 봉착하기 일쑤였다. 그럼에도 불구하고 중세의 'universitas'의 자율정신을 계승하고자 한 19세기 독일 대학 모델은 이후에 미국과 영국, 나아가 메이지유신 이후 일본에도 커다란 영향을 미쳤다.[6]

1924년 한반도에 설립된 '경성제국대학'(오늘날 서울대학의 일부 단과대의 모체)은 빌헬름 폰 홈볼트의 자율정신을 얼마나 실천했을까? 그 실상은 상세히 따져보아야 할 테지만 적어도 '대학'이라는 말을 썼다는 점은 유념할 만하다. '경성제국대학'이 세워지기 전인 1917년에는 '연희전문학교'가 인가를 받았다. 이 학교의 영어 이

---

6 근현대 서구 대학 역사 출처는 *A History of the University in Europe*, vol. 3: *Universities in the Nineteenth and Early Twentieth Centuries(1800-1945)*, ed. by Walter Rüegg(Cambridge: Cambridge University Press, 2004).

름은 '조선기독대학 Chosen Christian College'이었다. 이 학교는 북아메리카 출신 개신교 선교사들이 세운 미국식 학부 중심 대학 liberal arts college이었고 문과, 상과, 수물과 전공과정으로 나누어 학생을 뽑고 가르쳤다. 그러나 일본 식민지 정부는 국가의 통제에서 벗어난 자율적 교육기관에 '대학'의 지위를 부여하기를 거부했다. 연희전문 구성원들 및 동문들의 열망은 하루속히 '전문학교'의 족쇄를 풀고 '대학'으로 도약하는 것이었다. 초기 졸업생 한 사람은 〈연희동문회회보〉에 「모교의 장래를 위하야 기대하는 몟가지」라는 글에 다음과 같은 간절한 마음을 담았다.

무엇보다도 나의 급선무적 기대는 내부적 발전에 잇다. 첫재는 대학으로의 승격이니 과거에 우리 학교가 조선의 최고학부로 인정되엿든 것처럼 현금과 장래에도 그러하여야 할 것이다. 그리하야 각 과에 과목제도를 실시함으로써 학생의 학구적 정신을 발휘케 하야 세계적으로 학술연구의 중진이 되도록 하여야 될 것이오.[7]

그의 희망은 일본이 조선을 다스리고 있는 한 실현될 수 없었다. 일본제국이 패망한 후 1년 뒤(1946)에 연희전문학교가 가장 먼저 한 일은 '연희대학'으로 이름을 바꾸는 것이었다.

---

7   〈연희동문회회보〉 4(제1호, 1932). 가독성을 위해 원문에 없는 띄어쓰기와 마침표를 넣었다.

utopia

유토피아

번역하지 않고 외국에서 들어온 말 그대로 우리말로 정착한 외국어 중에서 '유토피아utopia'의 지위는 확고해 보인다. 이 말은 원래 형태로도 쓰이지만 다양한 파생어로 진화하기도 한다. 대한민국의 한 세탁업 체인은 '유토피아'의 '-토피아'를 따서 '크린토피아'라는 상호로 쓴다. 일반명사로는 '테크노토피아'라는 말이 자주 쓰이는 편이다. '에코토피아'라는 어휘도 이따금 접한다.

『표준국어대사전』은 '유토피아'의 뜻을 "인간이 생각할 수 있는 최선의 상태를 갖춘 완전한 사회"로 정의한다. 과연 그러한 완전한 사회가 생각 속에서가 아닌 현실에서 실현 가능할까? 이 말을 이렇게 정의하면 곧장 제기될 법한 질문이다. 물론 그러한 '생각'을 해보는 것이 현실의 변화를 이끌어내는 데 기여할 수는 있을 것이다. 더욱이 '유토피아'라는 말을 지어낸 사람은 현실성 없는 이상향이나 꿈꾸는 것이 취미인 몽상가는 아니었다. 다만 그가 생각해본 '최선의 상태'가 과연 그가 진심으로 믿었던 바람직한 미래의 지향점이었는지는 논란의 소지가 될 만하다.

16세기 종교개혁 시대 영국의 법률가이자 정치인이며 인문주의 지식인이었던 토머스 모어('industry산업' 참조)는 반쯤은 재미로, 반쯤은 진지하게 라틴어로 쓴 원고를 친구이자 유명한 인문주의자였던 에라스뮈스^{Erasmus}에게 보냈다. 영국 왕을 대표하는 외교사절 자격으로 플랑드르 지방에 머물던 중에 쓴 글이었다. 애초에 에라스뮈스가 아니었으면 이 책은 탄생하지 않았을지도 모른다. 에라스뮈스는 『유토피아』 집필을 적극 장려했고 출판을 주선했다. 원고는 플랑드르 뢰번에서 1516년에 출간되었다. 출판업자가 예상한 독자들은 에라스뮈스의 『우신예찬^{Encomium Moriae}』(1511)을 반겼던 이들이었다. 라틴어가 능숙할 뿐 아니라 이 작품에 등장하는 그리스어 말장난의 의미를 간파할 정도로 그리스어도 조금 아는 유럽 지식인들이 이 책을 사서 볼 것으로 예상했다. 출판업자의 예상은 적중했다. 유럽대륙에서 이 라틴어 책의 인기는 대단했다. 저지대(오늘날의 벨기에와 네덜란드), 프랑스, 스위스, 이탈리아, 독일에서 12개 이상의 라틴어 판본이 연이어 출간되었다.[1]

책 제목에 나오는 '유토피아^{Utopia}'는 고전 희랍어를 아는 유식한 지식인들만이 감지할 수 있는 말장난이었다. 'Utopia'는 '없다'라는 뜻의 접두사 'ou'와 'topos(장소)'를 결합하고 라틴어식으로 '-ia'를 붙인 신조어였다. 이 단어는 '어디에도 없는 나라'로 의역할 수 있다. 아니면 '행복하다'는 뜻의 접두사 'eu'로 앞의 첫 글자를 해석할 수도 있다. 이 경우 '행복한 나라'가 될 것이다. 영어로 'Eutopia'의 발음은 'Utopia'와 같다. 이렇듯 '없는'과 '행복한'을 동시에 뜻하는 이중성을 토머스 모어는 충분히 의도했을 법하다.

『유토피아』라틴어 원본 제목을 그대로 옮기면 다음과 같다.

진실된 작은 책, 흥미로울 뿐 아니라 유익하며, 최상의 정치 체제 (optimo rei publicae statu)와 새로 발견된 유토피아 섬을 다룬다.

책의 1부에서는 현실정치의 문제점을 지적하는 여행자 라파엘과의 대화를 기록한다. 유럽의 정치 현실은 왜 정의롭지 못한가? 명예, 권력, 재산을 탐하는 과도한 욕심 때문이다. 유럽에서는 군주들의 경쟁심과 과욕으로 전쟁이 끊이지 않는다. 영국의 대지주들은 농지를 용도 변경하여 양을 키운다. 양모를 팔아 돈을 벌기 위함이다. 그 결과 "양들이 사람을 잡아먹는" 꼴이 되고 있다.

꼭 세상이 그래야만 하는가? 라파엘의 답은 '아니다'이다. 책의 2부에서 라파엘은 신대륙 어딘가에 있고 자신이 직접 방문하고 체류했던 '유토피아 섬'을 소개한다. 그곳의 삶은 유럽과 너무나 다르다. 유럽 나라들과는 달리 그곳 사람들은 '최상의 정치 체제'를 이루어냈다. 어떤 점에서 그 나라의 체제가 '최상'인가? 사유재산과 사생활이 없다는 점에서 그렇다. 그곳에서는 돈을 사용하지 않는다. 돈이

---

1 Reed Edwin Peggram, "The First French and English Translations of Sir Thomas More's 'Utopia.'" *Modern Language Review* 35(1940) 330.

필요 없는 이유는 누구나 똑같이 노동하기 때문이다. 꼭 필요한 만큼만 생산하고 불필요한 사치는 하지 않는다. 따라서 그들은 똑같은 옷을 입고 똑같은 집에서 산다.

토머스 모어의 '유토피아'는 앞서 언급했던 17세기의 급진사상가 제라드 윈스탠리('project프로젝트' 참조)가 꿈꾸었던 노동공동체다. 그러나 제라드 윈스탠리나 이후 시대의 공산주의자들과는 달리 토머스 모어의 '유토피아' 나라는 사유재산 폐지나 노동의 공유 그 자체를 목적으로 삼지 않는다. '유토피아'는 오직 정신적 가치만을 숭상하는 지혜롭고 고매한 이들의 나라다. 육체보다는 정신의 풍요로움이, 욕구 충족보다는 도덕적 만족이 '유토피아' 사람들이 추구하는 삶의 목적이다. 과연 그것이 가능할까? 그러한 나라가 진짜 있을까? 이 나라의 이름은 '유-토피아', '없는 곳'이다. 책 제목이 이 질문에 대해 미리 답해놓았다.

토머스 모어는 영국 사법부의 수장인 '국새상서Lord Chancellor'였다. 공인 토머스 모어는 영국을 떠나 있을 때 내용이 상당히 유별나고 파격적인 『유토피아』를 지식인들만이 읽을 수 있도록 라틴어로 썼다. 또한 영국이 아닌 해외에서 이 책을 출간했다. 만약 누가 자신의 책을 영어로 번역하여 영국인들에게 읽히려고 시도했다면 그 누구보다도 토머스 모어 본인이 나서서 이를 금지했을 것이라고 지적하는 학자들이 있다.[2] 토머스 모어는 대중들이 아는 언어로 민초들이 이해할 수 없는 복잡하고 어려운 문제들, 특히 미묘한 신학적 논쟁을 소개하는 것이, 심지어 성서조차도 속어로 옮겨놓는 것이 사회의 질서와 전통을 해하는 위험한 행위라고 생각했다. 그는 그러한 무분별한 내용을 담은 책의 출판을 통제하고자 시도했고 한참 바람이 불기 시작한 개신교 종교개혁을 열렬히 반대했다.

토머스 모어는 독실한 로마가톨릭 신자였다. 당시 독일에서 시작된 마르틴 루터의 종교개혁운동은 가톨릭교회의 타락을 질타하는 데 그치지 않고 새로운 교회 조직을 만드는 데까지 이르렀다. 토머스 모어로서는 절대 허용할 수 없는 사탄적인 교만의 극치였다. 토머스 모어가 영국에서 출판한 책의 제목은 그의 실제 생각과 신념이 어떠했는지를 생생히 보여준다.

종교개혁 초기인 1523년에 토머스 모어는 『루터에게 대답함 *Responsio ad Lutherum*』을 런던에서 출간하여 '영국과 프랑스의 군주'이자 아직은 가톨릭 '신앙의 수호자' 호칭을 갖고 있던 헨리 8세의 이름으로 새로운 이단을 공격했다. 그 밖에 토머스 모어가 영국에 스며들고 있던 루터파 이단을 혁파하기 위해 분투하며 쓴 저서들은 다음과 같다.

- 『기사 토머스 모어 경의 대화편』(1529)
- 『틴들의 대답에 대한 반박, 잉글랜드의 국새상서 기사 토머스 모어 경 지음』(1532)
- 『기사 토머스 모어 경의 편지, 존 프리스의 잘못된 글에서 제단의 축복받은 성례를 비판한 데 대해 의문을 제기함』(1533)

---

2   Dominic Baker-Smith, "On Translating More's Utopia," *Canadian Review of Comparative Literature / Revue Canadienne de Littérature Comparée* 41.4 (Dec. 2014) 493.

- 『저 독약 같은 책의 첫 부분을 반박함, 한 익명의 이단자가 주님의 성찬 운운한 바에 대해』(1533)
- 『틴들의 반론을 반박하는 두번째 속편으로 여기에서 틴들의 교회 조작을 반박함』(1533)
- 『기사 토머스 모어 경의 변론』(1533)[3]

제목부터 의도와 입장을 큰 목소리로 선포하는 이 저서들은 같은 저자의 『유토피아』와는 너무나 다른 분위기와 색채를 띠고 있다. 1533년 한 해에만 네 편의 소책자를 발간할 정도로 그의 종교적·정치적 열정은 뜨거웠고 그가 믿는 대의를 위한 헌신은 진지하고, 심지어 처절하기까지 했다.

그러나 토머스 모어의 이와 같은 노력에도 불구하고 영국의 상황은 토머스 모어의 입장에서 볼 때 급격히 악화되고 있었다. 그가 섬겨야 하는 군주 영국 왕 헨리 8세는 교황을 제쳐놓고 교회의 수장이 되었다. 왕은 교회 재산을 강탈하여 자신이 챙기고 멀쩡히 살아 있는 첫번째 아내를 버린 후 새로운 아내를 맞을 욕망에 사로잡혀 있었다. 토머스 모어가 보기에는 하느님의 계명과 교회법을 어기는 엄청난 범죄였다. 토머스 모어는 왕에게 사직서를 내고 조용히 사저로 돌아갔다. 그러나 간신들과 토머스 모어의 정적들의 눈에는 왕의 탐욕과 색욕을 적극 찬미하지 않은 것 자체가 반역 행위였다. 반역 죄인으로 몰린 토머스 모어는 1535년에 처형되었다. 반역 죄인은 온갖 고통을 준 후에 서서히 죽이는 것이 원칙이었으나 왕은 옛정을 생각하여 토머스 모어의 목을 곧장 치도록 특별히 배려했다.

토머스 모어의 죽음과 함께 그가 쓴 반종교개혁 저서들도 런던 출판시장에서 점차 자취를 감추었다. 한동안 그의 이름은 영국의 정치판은 물론 출판계에서도 뒷전으로 밀려나 있었다. 런던 출판시장에서 그의 이름이 다시 등장한 것은 1551년 영역본 『유토피아』의 저자로서였다. 『유토피아』의 영어 번역은 다른 유럽 언어 번역본에 비해 늦게 나온 편이었다. 최초의 속어 번역은 1548년에 출간된 이탈리아 번역본이었고, 2년 후인 1550년에 최초의 프랑스어 번역본이 나왔다. 프랑스어 번역본보다 한 해 늦게 1551년에야 영어로 번역되어 출간되었다. 게다가 번역이 그다지 정확하거나 유려하다고 하기는 어려웠다. 만족스러운 영어 번역본은 1680년대에 가서야 출간되었다.[4]

세월이 흐르자 토머스 모어는 가톨릭교회에 의해 순교자로 인정되었고 처형당한 지 400년 후인 1935년에 성인으로 추앙되었다. 가톨릭교회가 그를 성인으로 공경하는 이유에 『유토피아』를 지은 업적은 포함되지 않는다. '유토피아'는 그가 성인으로 오르기 한참 전에 이미 영어를 비롯한 서구 언어의 일반명사로 통용되고 있었다. 『옥스퍼드 영어사전』에서 '유토피아'가 토머스 모어의 작품을 지칭하는 것이 아니라 일반적으로 상상 속에서나 가능한 이상사회를 일

3 English Short Title Catalogue(ESTC)--British Library, http://estc.bl.uk

4 이 판본은 *Utopia: written in Latin by Sir Thomas More, Chancellor of England: translated into English*(London. 1685)이다. 앞에서 토머스 모어의 『유토피아』의 내용에 대한 언급 출처는 이 판본이다.

컫는 용어로 사용된 예는 17세기 초부터 광범위하게 발견된다. 그의 이야기를 모방하거나 거기에 착안한 소설도 이후 시대에 꾸준히 등장했다. 토머스 모어는 유토피아를 '섬'이라는 대안적 공간으로 생각했다. 그러나 산업혁명이 세상을 바꾸어놓은 19세기 말부터는 '먼 미래'라는 대안적 시간에 유토피아를 배치했다.

    1888년에 발표한 미국 작가 에드워드 벨러미 Edward Bellamy의 장편소설 『뒤를 돌아보면서 : 2000~1887 Looking Backward: 2000-1887』는 '먼 미래'를 2000년으로 설정했다. 주인공이 깊은 잠에 빠졌다가 깨어보니 때는 2000년, 세상이 혁명에 혁명을 거쳐 훌륭한 사회주의 사회로 변해 있다는 설정이다.[5] 에드워드 벨러미의 소설은 종교에 관한 한 로마가톨릭교회를 지키려 분투했던 순교자 토머스 모어와는 정반대되는 입장이지만 토머스 모어가 그린 『유토피아』의 사유재산 폐지에 근거한 비개인적 공동체와 적어도 그 외형은 같다.

    꿈속에 방문한 미래 이야기는 영국에서도 1890년에 등장했다. 에드워드 벨러미와 마찬가지로 이번에도 작가는 사회주의자로 그의 이름은 윌리엄 모리스 William Morris였다. 다만 그는 미국인 에드워드 벨러미와는 한 가지 점에서 매우 달랐다. 윌리엄 모리스는 보다 진전된 산업화를 통한 사회 통합 가능성에 대해서는 별로 기대하지 않는 '중세주의자'였다. 주인공이 어느 날 잠에서 깨어보니 영국은 21세기다. 같은 땅이기는 하나 자신이 살고 있는 19세기 말과는 너무나도 다르다. 영국은 사유재산 없이 서로 배려하며 사는 낙원으로 변해 있다. 증기기관을 이용하는 기차 등 산업혁명의 기적도 모두 사라졌다. 윌리엄 모리스의 소설 제목은 『없는 곳에서 온 소식 News *from Nowhere*』이다. 그의 '없는 곳', '유-토피아'는 산업화로 인한 오염을 말끔히 제거한 채 맑은 공기를 마시며 수작업으로 물건을 만들며 소박하게 살아가는 목가적 세계다.[6] 이러한 특색을 강조하느라 한 번역자는 이 소설을 우리말로 옮기며 제목을 과감하게도 "에코토피아 뉴스"라고 바꾸었다.[7]

같은 영국인 H. G. 웰스Wells는 윌리엄 모리스와는 정반대로 '테크노토피아'를 제시했다. 그의 1933년 장편소설 『다가올 것들의 형체The Shape of Things to Come』는 2016년을 묘사한다. 그사이 테크놀로지와 과학은 세상을 바꾸어놓았고 사람들을 개조했다. 종교는 사라졌고 과학 기술의 놀라운 발전의 혜택을 모두 골고루 누리며 즐겁게 살고 있다.[8] H. G. 웰스는 이미 현실에서 발견되는 요소와 측면을 극대화한 면이 있다. '종교'가 물러가기 시작했고 과학 기술의 위상은 날로 높아지고 있었다. 현실과 모든 면에서 정반대되는 토머스 모어의 '유토피아' 섬을 계승했다기보다는 자신이 생각하는 바람직한 미래의 청사진을 제시한 셈이다.

지금 이 글을 쓰고 있는 현재는 2023년이다. 21세기도 이미

---

5   Edward Bellamy, *Looking Backward: 2000-1887,* ed. Matthew Beaumont(Oxford: Oxford University Press, 2009).

6   William Morris, *News from Nowhere and Other Writings,* ed. Clive Wilmer (London: Penguin, 1993).

7   윌리엄 모리스 지음, 박홍규 옮김, 『에코토피아 뉴스』, 필맥, 2008.

8   H. G. Wells, *The Shape of Things to Come,* ed. John Partington(London: Penguin, 2005).

20대 청년기에 진입했다. 이 시점에서 세상을 둘러본다. 에드워드 벨러미와 윌리엄 모리스, H. G. 웰스가 꿈꾸었던 미래가 조금이라도 실현되었나? 아마도 사람에 따라, 이 지구상 어디에서 어떤 삶을 살고 있는지에 따라 다른 답을 할 듯하다. 과학 기술은 발전하지만 오히려 세상은 점점 더 끔찍해지고 있지 않은가? 이렇게 반문하는 이들도 많을 것이다.

　'유토피아'의 일종이지만 동시에 그 반대어이기도 한 '디스토피아'도 우리말에 정착해 있다. 현실은 '유토피아'보다 '디스토피아'에 더 가깝다고 주장할 근거를 제시하기는 어렵지 않다. 영어의 경우 'dystopia'를 처음 사용한 사례는 존 스튜어트 밀의 1868년 저서에 나오지만 『옥스퍼드 영어사전』은 본격적으로 사용되기 시작한 시기를 1950년대로 추적하고 있다. '테크노토피아'가 본격적으로 전개되기 시작한 시대에 '디스토피아'도 함께 확산되기 시작했다.

참고문헌[✦]

Addison, Joseph and Richard Steele. *The Spectator: A New Edition.* 3 vols. Ed.
Henry Morley. Vol. 1. London, 1891. https://www.gutenberg.org

Alcock, Thomas. *Observations on the Defects of the Poor Laws, and on the Causes
and Consequences of the Great Increases and Burden of the Poor.* London,
1752.

Anderson, Adam. *An Historical and Chronological Deduction of the Origin of
Commerce, from the Earliest Account to the present Time. Containing, An
History of the great Commercial Interests of the British Empire.* London,
1764.

Aristotle. *Politics.* Trans. H. Rackham. Loeb Classical Library. Cambridge,
MA: Harvard University Press, 1932.

Baillie, Robert. *A Review of the Seditious Pamphlet Lately Published in Holland
by Dr. Bramhell, Pretended Bishop of London-Derry; Entitled, His Faire*

✦ 지면을 절약하기 위해 1차 문헌만 수록한다. 2차 자료는 본문의 주 참조.

Warning Against the Scots Discipline. in which, His Malicious and most Lying Reports, to the Great Scandall of that Government, are Fully and Clearly Refuted. London, 1649.

Barbon, Nicholas. *An Apology for the Builder: Or A Discourse Shewing the Cause and Effects of the Increase of Building.* London, 1685.

_____, *A Discourse of Trade.* London, 1690.

Bellamy, Edward. *Looking Backward: 2000-1887.* Ed. Matthew Beaumont. Oxford: Oxford University Press, 2009.

Benezet, Anthony. *Some Historical Account of Guinea, its Situation, Produce, and the General Disposition of its Inhabitants.* Philadelphia, 1771.

Bentham, Jeremy. *Defence of Usury; Shewing the Impolicy of the Present Legal Restraints on the Terms of Pecuniary Bargains; in Letters to a Friend.* London, 1818.

Blackstone, William. *Commentaries on the Laws of England.* Vol. 1. Philadelphia: Lippincott, 1908.

Bunyan, John. *The Pilgrim's Progress.* Ed. W. R. Owens. Oxford: Oxford University Press, 2003.

Burke, Edmund. *The Writings and Speeches of Edmund Burke.* Vol. 6: *India: The Launching of the Hastings Impeachment 1786-1788.* Ed. P. J. Marshall. Oxford: Clarendon, 1991.

_____, *The Writings and Speeches of Edmund Burke.* Vol. 8: *The French Revolution 1790-1794.* Ed. L. G. Mitchell. Oxford: Clarendon, 1998.

Burney, Frances. *Evelina.* Ed. Edward Bloom. Oxford: Oxford University Press, 2002.

Butler, Joseph. *The Analogy of Religion, Natural and Revealed, to the Constitution and Course of Nature.* London, 1736.

Campbell, John. *Candid and Impartial Considerations on the Nature of the Sugar Trade.* London, 1763.

Campbell, R. *The London Tradesman. Being a Compendious View of All the*

Trades, Professions, Arts, both Liberal and Mechanic, now practised in the Cities of London and Westminster. London, 1747.

Cantillon, Richard. Essays on the Nature of Commerce in General. Trans. Henry Higgs. New Brunswick, NJ: Transaction Publishers, 2001.

Carlyle, Thomas. Past and Present. London, 1843.

The Case of Bankrupts and Insolvents Consider'd. London, 1734.

Cassell's Latin-English / English-Latin Dictionary. Ed. D. P. Simpson. London: Cassell, 1968.

The Charter of New England, 1620. http://www.let.rug.nl/usa/documents

Cheyne, George. The English Malady: or, a Treatise of Nervous Diseases of all Kinds, as Spleen, Vapours Loweness of Spirits, Hypochondriacal, and Hysterical Distempers. London, 1733.

City-Liberties: Or, the Rights and Privileges of Freemen. Being a Concise Abridgment of all the Laws, Charters, By-Laws, and Customs of London, down to this Time. London, 1732.

Clarkson, Thomas. An Essay on the Slavery and Commerce of the Human Species, Particularly the African. London, 1786.

The Codex of Justinian: A New Annotated Translation, with Parallel Latin and Greek Text. 3 Vols. Trans. Fred H. Blume. Ed. Bruce W. Frier. Cambridge: Cambridge University Press, 2016.

Coke, Edward. The Selected Writings and Speeches of Sir Edward Coke. Vol. 1. Ed. Steve Sheppard. Indianapolis: Liberty Fund, 2003.

Conseil constitutionnel. https://www.conseil-constitutionnel.fr

The Constitution of the United States: A Transcription. https://www.archives.gov

Cooper, Thomas. Letters on the Slave Trade. The British Transatlantic Slave Trade. Vol. 3: The Abolitionist Struggle: Opponents of the Slave Trade. Ed. John Oldfield. London: Pickering and Chatto, 2003. 21–56.

The Critical Review: Or, Annals of Literature. 1756–1762.

Darwin, Charles. The Origin of Species. Ed. Gillian Beer. Oxford: Oxford

University Press, 1996.

_____, *Descent of Man and Selection in Relation to Sex.* Princeton: Princeton University Press, 1981.

Defoe, Daniel. *Essays upon Several Projects: Or, Effectual Ways for advancing the Interest of the Nation.* London, 1702.

_____, *The Life and Strange Surprizing Adventures of Robinson Crusoe.* London, 1719.

_____, *Political and Economic Writings of Daniel Defoe.* Vol. 7: *Trade.* Ed. John McVeagh. London: Pickering & Chatto, 2000.

_____, *Political and Economic Writings of Daniel Defoe.* Vol. 8: *Social Reform.* Ed. W. R. Owens. London: Pickering and Chatto, 2000.

_____, *A Review of the Affairs of France.* Vol. 1: *1704-5.* Ed. John McVeagh. London: Pickering & Chatto, 2003.

_____, *A Review of the State of the English Nation.* London, 1706–8.

Deutsches Wörterbuch. http://dwb.uni-trier.de.

D'Holbach, Paul Henri Thiry, baron. *Système de la nature, ou des lois du monde physique et du monde moral.* Les classiques des sciences sociales pdf, http://classiques.uquac.ca

Dickens Journals Online. https://www.djo.org.uk/household-words.html

Dickson, Adam. *An Essay on the Causes of the Present High Prices of Provisions, as Connected with Luxury, Currency, Taxes, and National Debt.* London, 1773.

Disraeli, Benjamin. *Sybil or The Two Nations.* Ed. Sheila M. Smith. Oxford: Oxford University Press, 1981.

Disraeli, Benjamin. "The Maintenance of the Empire, 1872." https://en.wikisource.org/wiki/The_Maintenance_of_Empire

Donne, John. *The Complete Poetry and Selected Prose of John Donne.* Ed. Charles M. Coffin. New York: Modern Library, 1994.

Eden, William. *Principles of Penal Law.* London, 1771.

The Edinburgh Review, or Critical Journal: for Oct. 1802 ... Jan. 1803. 1803, vol. 1.

Élysée. https://www.elysee.fr.

The English Levellers. Ed. Andrew Sharp. Cambridge: Cambridge University Press, 1998.

English Short Title Catalogue (ESTC)--British Library, http://estc.bl.uk

Federalist Papers. https://guides.loc.gov/federalist-papers/full-text

Ferguson, Adam. *An Essay on the History of Civil Society.* Ed. Fania Oz-Salzberger. Cambridge: Cambridge University Press, 1995.

The First Virginia Charter (April 10, 1606). http://www.let.rug.nl/usa/documents

Founders Online. https://founders.archives.gov/documents/Washington

Fox, William. *An Address to the People of Great Britain, on the Utility of Refraining from the Use of West India Sugar and Rum. The British Transatlantic Slave Trade.* Vol. 3: *The Abolitionist Struggle: Opponents of the Slave Trade.* Ed. John Oldfield. London: Pickering and Chatto, 2003. 323–34.

The Fundamental Constitutions of Carolina. London, 1669.

Gay, John. *Beggar's Opera: Libretto.* Oxford Text Archive. https://ota.bodleian.ox.ac.uk

George, Henry. *Progress and Poverty: An Inquiry into the Cause of Industrial Depressions and of Increase of Want with Increase of Wealth: The Remedy.* New York, 1881.

Gibbon, Edward. *The History of the Decline and Fall of the Roman Empire.* Vol. 1. New York, 1836. https://www.gutenberg.org

Gratian. *The Treatise on Laws (Decretum DD. 1-20) with The Ordinary Gloss.* Trans. Augustine Thompson and James Gordley. Washington, DC: The Catholic University of America Press, 1993.

Harvey, William. *Exercitatio Anatomica de Motu Cordis et Sanguinis in Animalibus.* Springfield, IL: Charles C. Thomas, 1928.

Hobbes, Thomas. *Leviathan.* Ed. Richard Tuck. Cambridge: Cambridge University Press, 1996.

Hogarth, William. *Engravings by Hogarth*. Ed. Sean Shescreen. New York: Dover, 1973.

The Holy Bible: Quatercentenary Edition. Oxford: Oxford University Press, 2011.

Hooker, Richard. *Of the Laws of Ecclesiastical Polity. The Works of that Learned and Judicious Divine Mr. Richard Hooker*. Vol. 1. Oxford, 1888.

Hume, David. *Essays Moral, Political, and Literary*. Ed. Eugene F. Miller. Indianapolis: Liberty Fund, 1987.

Hutcheson, George. *A Review and Examination of a Pamphlet Lately Published Bearing the Title Protesters no Subverters, and Presbyterie no Papacy*. Edinburgh, 1659.

Jaurès, Jean. *Études socialistes*. Paris: Éditions des Cahiers, 1901.

Johnson, Samuel. *A Dictionary of the English Language*. London, 1755–6.

_____, *Samuel Johnson*. Ed. Donald Greene. Oxford University Press, 1984.

Kames, Lord (Henry Home). *Sketches of the History of Man*. Edinburgh, 1774.

Kant, Immanuel. "Beantwortung der Frage: Was ist Aufklärung?" https://de.wikisource.org

Keynes, John Maynard. *The General Theory of Employment, Interest, and Money*. Amherst, NY: Prometheus Books, 1997.

Laclos, Pierre–Ambroise Choderlos de. *Les Liaisons dangereuses*. Bibliothèque numérique romande. https://www.ebooks–bnr.com

La Mettrie, Julien Offray de. *Machine Man and Other Writings*. Trans. Ann Thomson. Cambridge: Cambridge University Press, 1996.

Latin Vulgate Bible. https://www.drbo.org/lvb

Law, John. *Money and Trade Consider'd; with a Proposal for Supplying the Nation with Money*. London, 1720.

Légifrance. https://www.legifrance.gouv.fr

Legislation.gov.uk. https://www.legislation.gov.uk

Le Littré. https://www.littre.org

Locke, John. *The Conduct of the Understanding: A New Edition.* London, 1801.

_____, *The Reasonableness of Christianity, as Delivered in the Scriptures.* London, 1695.

_____, *Two Treatises of Government.* Ed. Peter Laslett. Cambridge: Cambridge University Press, 1988.

Magna Carta Libertatum. https://www.orbilat.com

Malthus, Thomas Robert. *An Essay on the Principle of Population.* Online Library of Liberty pdf. https://oll.libertyfund.org

_____, *Principles of Political Economy.* London, 1836.

Marx, Karl. Das Kapital: Kritik der politischen Ökonomie. Erster Band. Berlin: Dietz Verlag, 1962.

Mackenzie, George. *The Moral History of Frugality, with its Opposite Vices, Covetousness, Niggardliness, and Prodigality, Luxury.* Edinburgh, 1691.

Mill, John Stuart. *Principles of Political Economy, with Some of their Applications to Social Philosophy.* London, 1848.

Millar, John. *The Origin of the Distinction of Ranks.* Ed. Aaron Garrett. Indianapolis: Liberty Fund, 2006.

Milton, John. *Paradise Lost. The John Milton Reading Room.* https://milton.host.dartmouth.edu/reading_room

Montesquieu. *De l'esprit des lois.* Les Classiques des sciences sociales pdf. http://classiques.uquac.ca

The Monthly Review. 1749–1764.

More, Thomas. *Utopia: written in Latin by Sir Thomas More, Chancellor of England: translated into English.* London. 1685.

Morris, William. *News from Nowhere and Other Writings.* Ed. Clive Wilmer. London: Penguin, 1993.

Morton, Richard. *Phthisiologia, or, A treatise of consumptions wherein the difference, nature, causes, signs, and cure of all sorts of consumptions are explained.* London, 1694.

Müntzer, Thomas. *The Collected Works of Thomas Müntzer.* Ed. and trans. Peter Matheson. Edinburgh: T. & T. Clark, 1988.

North, Dudley. *Discourses upon Trade.* London, 1691.

Online Greek Interlinear Bible--Scripture4All. https://www.scripture4all.org/ OnlineInterlinear

Oxford English Dictionary. https://www.oed.com

Perkins, William. *An Exposition of the Symbole Or Creede of the Apostles According to the Tenour of the Scriptures, and the Consent of Orthodoxe Fathers of the Church: Reuewed and Corrected by William Perkins.* Cambridge, 1596.

Petty, William. *Political Arithmetick.* London, 1690.

Plato. *Laws.* Trans. R. G. Bury. Loeb Classical Library. Cambridge, MA: Harvard University Press, 1967.

Ramsay, James. *An Essay on the Treatment and Conversion of African Slaves in the British Sugar Colonies.* London, 1784.

Ricardo, David. *On the Principles of Political Economy and Taxation.* Amherst, NY: Prometheus Books, 1996.

Robertson, William. *The Works of William Robertson.* Vol. 6: *History of America, Vol. 1.* London, 1840.

_____, *The Works of William Robertson.* Vol. 3: *The History of the Reign of the Emperor Charles V, Vol. 1.* London, 1840.

_____, *The Works of William Robertson.* Vol. 5: *The History of the Reign of the Emperor Charles V, Vol. 3.* London, 1840.

Scott, Thomas. *The High-waies of God and the King. wherein all men ought to walke in holinesse here, to happinesse hereafter: Deliuered in two sermons preached at Thetford in Norfolke, anno 1620.* London, 1624.

Sharp, Granville. *An Essay on Slavery, Proving from Scripture its Inconsistency with Humanity and Religion.* Burlington, 1773.

_____, *The Law of Liberty, or, Royal Law, by which All Mankind will Certainly*

be Judged! Earnestly recommended to the Serious Consideration of all Slaveholders and Slavedealers. London, 1776.

Shakespeare, William. *All's Well That Ends Well.* Ed. G. K. Hunter. London: Methuen, 1982.

_____, *Hamlet, Prince of Denmark.* Ed. Philip Edwards. Cambridge: Cambridge University Press, 2003.

_____, *King Henry V.* Ed. Gary Taylor. Oxford: Oxford University Press, 1994.

_____, *Measure for Measure.* Ed. Brian Gibbons. Cambridge: Cambridge University Press, 2006.

_____, *The Merchant of Venice.* Ed. M. M. Mahood. Cambridge: Cambridge University Press, 2003.

_____, *Othello.* Ed. Norman Sanders. Cambridge: Cambridge University Press, 2003.

_____, *The First Part of King Henry IV.* Ed. A. R. Humphreys. London: Methuen, 1974.

_____, *The Second Part of King Henry IV.* Ed. A. R. Humphreys. London: Methuen, 1980.

_____, *The Taming of the Shrew.* Ed. Brian Morris. London: Methuen, 1981.

_____, *The Tempest.* Ed. Frank Kermode. London: Methuen, 1977.

_____, *The Two Gentlemen of Verona.* Ed. Clifford Leech. London: Methuen, 1981.

Smiles, Samuel. *Self-Help; with Illustrations of Character and Conduct.* London, 1859.

Smith, Adam. *An Inquiry into the Nature and Causes of the Wealth of Nations.* Ed. R. H. Campbell and A. S. Skinner. Oxford: Clarendon, 1976.

_____, *The Theory of Moral Sentiments.* Ed. D. D. Raphael and A. L. Macfie. Oxford: Clarendon, 1976.

Spencer, Herbert. *Essays: Scientific, Political and Speculative.* Vol. 1. London,

1891. Online Library of Liberty pdf. https://oll.libertyfund.org

"Steam Engines, &c. AD.1769--No.913." DPMA, Deutsches Patent-und Markenamt-Startseite https://www.dpma.de

Tocqueville, Alexis de. *De la démocratie en Amérique*. I. Les Classiques des sciences sociales, pdf. http://classiques.uquac.ca

Toland, John. *Christianity not mysterious, or, A treatise shewing that there is nothing in the Gospel contrary to reason, nor above it and that no Christian doctrine can be properly call'd a mystery*. London, 1696.

Tucker, Josiah. *Four Tracts, Together with Two Sermons, on Political and Commercial Subjects*. Glocester, 1774.

Ure, Andrew. *The Philosophy of Manufactures: Or, An Exposition of the Scientific, Moral, and Commercial Economy of the Factory System of Great Britain*. London, 1835.

Vespucci, Amerigo. "Account of His First Voyage, 1497." Internet History Sourcebooks Project. https://sourcebooks.fordham.edu

Vico, Giambattista, *La scienza nuova*. Ed. Paolo Rossi. Milano: Rizzoli, 1959.

Villani, Giovanni. *Nuova Cronica*. Ed. G. Porta. Parma: Fondazione Pietro Bembo/Guanda, 1991.

Waldseemüller, Martin. *Universalis Cosmographia*. https://www.loc.gov/collections

Wells, H. G. *The Shape of Things to Come*. Ed. John Partington. London: Penguin, 2005.

Winstanley, Gerrard. *The Complete Works of Gerrard Winstanley*. Ed. Thomas N. Corns et al. 2 vols. Oxford: Oxford University Press, 2009.

Holynet 다국어성경. http://www.holybible.or.kr

'日本國憲法' 세계법제정보센터 https://world.moleg.go.kr

〈연희동문회회보〉 제1호, 1932.

『표준국어대사전』 https://stdict.korean.go.kr

찾아보기

근대 용어의 탄생

역사의 행간에서 찾은 근대문명의 키워드

—

초판 1쇄 발행   2024년 1월 5일
초판 4쇄 발행   2024년 4월 23일

—

지은이   윤혜준

—

편집   박민영 정소리
디자인   김하얀
마케팅   김선진
브랜딩   함유지 함근아 고보미 박민재 김희숙 박다솔 조다현 정승민 배진성
저작권   박지영 형소진 최은진 서연주 오서영
제작   강신은 김동욱 이순호
제작처   천광인쇄사

—

펴낸곳   (주)교유당
펴낸이   신정민
출판등록   2019년 5월 24일 제406-2019-000052호

—

주소   10881 경기도 파주시 회동길 210
전화   031.955.8891(마케팅) | 031.955.2692(편집) | 031.955.8855(팩스)
전자우편   gyoyudang@munhak.com

—

인스타그램   @gyoyu_books | 트위터 @gyoyu_books | 페이스북 @gyoyubooks

—

ISBN   979-11-92968-90-2 03700

—

교유서가는 (주)교유당의 인문 브랜드입니다.